高等职业教育物流类专业系列教材

智慧物流与供应链基础

主　　编　朱占峰
副 主 编　陈　勇　朱　耿
参　　编　胡泽胜　姜　庆　胡丽丽
　　　　　孙美娇　朱一青　李　贝

机械工业出版社
CHINA MACHINE PRESS

本书是全国物流职业教育教学指导委员会“基于新专业标准的物流类专业教材建设”专项课题研究成果教材，基于新专业标准编写，是由长期耕耘在高等职业教育院校一线、具有理论和实践阅历的教师团队编写的创新教材。

本书的主要特色：一是政治立场的坚定性，以习近平总书记关于职业教育工作和课程教材工作的重要指示批示为指导，全面贯彻党的教育方针；二是职业教育的类型性，以高层次技术技能培育为主线，深化产教融合、校企合作、科教融合、科创融通；三是资源案例的鲜活性，坚持在头部企业的物流与供应链领域选取案例素材。

本书分 3 个模块 10 个单元进行设计，包括智慧物流、智慧供应链、智慧物流供应链管理、智慧物流系统等基础知识点、技能点的认知、构建、优化、运作、控制和维护等内容。

本书立足高等职业教育本科、专科院校，既可以作为物流类及财经商贸类其他各专业的基础教材，也可以作为物流与供应链企业其他岗位人员的培训教材。

图书在版编目（CIP）数据

智慧物流与供应链基础 / 朱占峰主编. -- 北京 : 机械工业出版社, 2025. 2. --（高等职业教育物流类专业系列教材）. -- ISBN 978-7-111-77843-1

Ⅰ. F252.1-39

中国国家版本馆 CIP 数据核字第 20259MW704 号

机械工业出版社（北京市百万庄大街 22 号　邮政编码 100037）
策划编辑：孔文梅　胡延斌　　责任编辑：孔文梅　胡延斌　单元花
责任校对：韩佳欣　李小宝　　封面设计：马精明
责任印制：任维东
北京瑞禾彩色印刷有限公司印刷
2025 年 2 月第 1 版第 1 次印刷
184mm×260mm · 13.5 印张 · 280 千字
标准书号：ISBN 978-7-111-77843-1
定价：49.00 元

电话服务
客服电话：010-88361066
010-88379833
010-68326294

网络服务
机　工　官　网：www.cmpbook.com
机　工　官　博：weibo.com/cmp1952
金　书　网：www.golden-book.com
机工教育服务网：www.cmpedu.com

前　言

为深入贯彻党的二十大精神，落实《国家职业教育改革实施方案》《"十四五"职业教育规划教材建设实施方案》《教育部关于印发〈职业教育专业目录（2021年）〉的通知》（教职成〔2021〕2号）等有关文件的部署和要求，推进物流类专业教材建设和专业数字化升级改造，经全国物流职业教育教学指导委员会（以下简称物流行指委）研究决定，开展"基于新专业标准的物流类专业教材建设"专项课题研究（以下简称专项课题）工作，本书就是这项专题研究的其中一项成果。

编者作为首批国家物流管理教学资源库建设专家，在长期的课程开发和建设过程中，深刻感受到在新时代高职院校（含职业本科院校）课程体系中素养网络、技能网络和知识网络融合交织的重要性。本书在每一单元的目标要求上，均设置了明确的知识目标、技能目标和素养目标，并以此要求遴选知识点、技能点和素养案例。

基于上述理念，本书通过知识目标、技能目标、素养目标、思维导图、情景案例、素养园地、技能训练、同步测试等栏目的设置，明确了教材的知识结构和逻辑结构，有利于学生整体把握和局部认知。鉴于该课程的基础引导属性，本书特设了视野拓展、微课堂、小思考等栏目，既降低了学生基础认知的难度，又增添了内容的可读性。

为方便教师授课和读者学习，本书还配套了课件、补充视频案例、习题参考答案和模拟试卷等资料，凡使用本书的教师均可登录机械工业出版社教育服务网 www.cmpedu.com 下载。咨询电话：010-88379375，或加入QQ群：962304648。

本书由南昌职业大学二级教授朱占峰博士任主编，商丘职业技术学院物流与供应链博士陈勇副教授、宁波工程学院物流与供应链博士朱耿副研究员任副主编，南昌职业大学物流与供应链两位在读博士孙美娇副教授和胡泽胜、雅安职业技术学院姜庆副教授、山西工程职业学院全国技术能手胡丽丽、京东物流授权服务商李贝总经理、浙江万里学院物流与供应链博士朱一青副教授参加编写。

本书在编写过程中，参阅了相关教材、网络资源、研究成果和文献，并得到了机械工业出版社职业教育分社副社长胡延斌副编审、经管策划部主任孔文梅老师的大力支持，在此一并表示感谢。由于编者理论和实践水平有限，本书疏漏之处在所难免，恳请广大读者不吝指正。

编　者

二维码索引

（续）

目 录

模块1

智慧物流与供应链的认知基础

1

单元1
智慧物流的认知

知识目标

- 了解智慧物流的发展脉络
- 理解现代物流与信息流的关系
- 掌握智慧物流的定义
- 熟悉智慧物流系统的要素、功能和架构
- 掌握智慧物流的作用和特点

技能目标

- 能够划分物流的发展阶段
- 能够识别智慧物流系统的要素
- 能够操作智慧物流系统

素养目标

- 培养高质量发展观，提升对产业升级的认识
- 培养技术创新意识，强化对运营效益的思考

思维导图

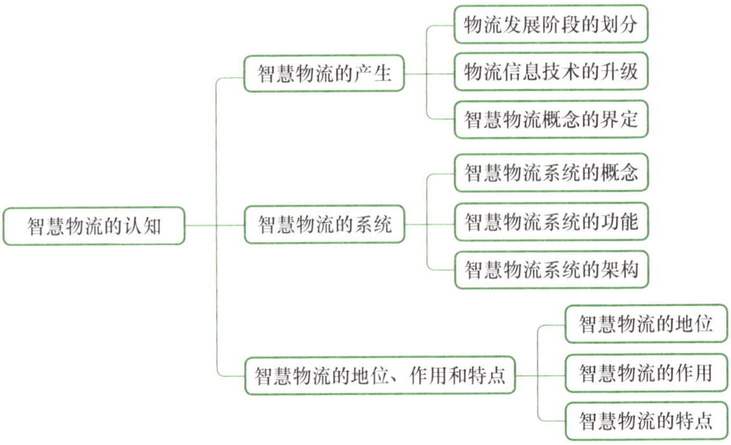

情景案例

交通运输智慧物流标准体系建设加速推进

2022年9月，中华人民共和国交通运输部和国家标准化管理委员会联合印发《交通运输智慧物流标准体系建设指南》（简称《指南》），指出智慧物流是物联网、大数据、云计算、区块链等信息技术与现代物流业深度融合的新兴领域，具有联通性强、融合度广、经济成本低、运行效率高、生态效益好等显著优势，代表着现代物流业的发展方向。

同时，标准化是智慧物流体系建设的重要基础。近年来，新型交通基础设施、自动驾驶与智能航运、网络货运、电子单证、快递无人机等方面的标准化需求非常强烈，有必要加快出台交通运输智慧物流标准体系，指导各领域标准制定与修订工作。

根据通知要求，交通运输智慧物流标准体系包括基础通用标准、设施设备标准、系统平台与数据单证标准、服务与管理标准4个部分，包括标准72项，其中现行有效标准28项，在研标准9项，待制定标准35项。具体而言，一是基础通用标准，包括术语、编码与标识、数据资源等基础性标准；二是设施设备标准，包括智慧物流枢纽、智能化运输工具、运载单元以及智能化终端设备（如车载终端、便携式移动设备等）相关标准；三是系统平台与数据单证标准，包括交通运输智慧物流建设中各类平台、系统软件、电子单证等标准，以及数据传输与交换、信息互联、开放共享等标准；四是服务与管理标准，包括智慧化运输作业流程、运营服务、监测管理、质量评价等标准。

思考：

《指南》显示交通运输领域的智慧物流已发展到标准化建设的新阶段。

请你根据对专业和行业发展的认知，分别谈谈推进运输物流、仓储物流、配送物流智慧化和标准化建设的现实意义。

1.1　智慧物流的产生

1.1.1　物流发展阶段的划分

纵观物流发展史，中国是最早践行物流活动的国家，而现代意义上的物流理论却肇始于西方。

回顾20世纪，是现代意义上物流业态发展变化的快速期[㊀]。1901年，约翰·F. 格鲁维尔（John F. Crowell）在《农产品流通产业委员会报告》中首次论述了对农产品物流配送产生影响的各种因素和费用。1915年，阿奇·萧（Arch Shaw）在《市场流通中的若干问题》一书中指出“物流是与创造需求不同的一个问题”。1927年，拉尔夫·布索迪（Ralph

㊀ 朱占峰. 城乡一体化物流配送体系研究：以中原经济区为例[M]. 武汉：武汉大学出版社，2013.

Borsodi）在他的《流通时代》一书中，第一次使用 Logistics 称呼物流。

1989 年，第八届国际物流会议在北京召开，“物流”一词开始正式在我国使用。2001 年，国家标准《物流术语》第一次在我国发布实施，物流的基本功能得以明晰（见图 1-1）。

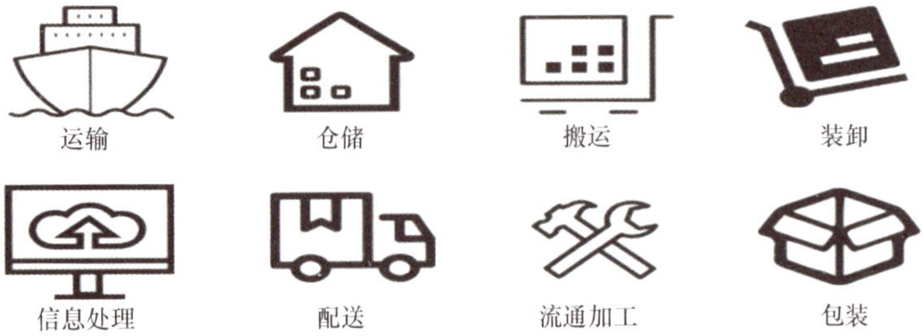

物流的基本功能

图 1-1　物流的基本功能

根据物流发展史，物流大体上可以划分为四个阶段。

1. 人工物流阶段

中国是世界上唯一一个上下五千年文明史连续传承的国家，教育及文献记载的物流实践活动可以追溯到夏商周时期。官学和私学都传教“六艺”之一的“御”，即驾车技术。驾车技术的获得不仅仅是为“贵族”服务，也涉及运输货物。尤其是夏末商部落的第七任国君王亥，用牛（马）车开展以物易物的交换（见图 1-2），《世本·作篇》记载“胲作服牛”“相土作乘马”，这是历史上最早有文字记载的物流活动㊀。

图 1-2　华商始祖王亥率队以物易物

古代物流实践活动的另一表现形式是仓储。据史料记载，随着汉代农业高度发展，人们储存剩余粮食的热情不断高涨。在实践中，劳动人民根据不同地区的气候、地理条件，因地制宜地修建了各种形式的粮仓。汉代粮仓储藏技术也随着各种仓房的修建而不断完善，并对后代的粮仓建筑产生了深远的影响。汉代粮仓示意图如图 1-3 所示㊁。

图 1-3　汉代粮仓示意图

㊀ 朱占峰，等. 物流枢纽经济发展模式与运行机理研究 [M]. 北京：中国财富出版社，2020.

㊁ 朱占峰. 物流工程技术 [M]. 武汉：武汉理工大学出版社，2010.

从古代开始，物流活动一直处于人工物流阶段。无论是传说中远古时代的“燧人氏以匏济水，伏羲氏始乘桴”（《淮南子·物原》），那时就制作出了水上交通工具，还是早期底格里斯河和幼发拉底河流域的苏美尔人制造的动物拖动的轮车，均属于人工物流范畴。

小思考

从隋唐到清末，大运河漕运及镖局托运持续兴盛。这些运输方式所使用的运输工具及其驱动力主要是什么？

2. 机械化物流阶段

18 世纪 60 年代，蒸汽机的发明与应用引发了第一次工业革命，机械工业的发展促进了物流载体的革新。物流的机械化水平明显提升，机械化物流时代正式开启。

由于蒸汽机的动力作用，火车、汽车等物流载体相继出现，物流活动的效率大幅提升。

视野拓展

科学技术是第一生产力

科学技术是第一生产力。人类历史上第一次工业革命是 18 世纪 60 年代从英国发起的，是技术发展史上的一次巨大革命，它开创了以机器代替手工劳动的时代。这不仅是一次技术改革，更是一场深刻的社会变革。它使工厂制代替了手工工场，用机器代替了手工劳动。从社会关系来说，工业革命使依附于落后生产方式的自耕农阶级消失了，工业资产阶级和工业无产阶级形成和壮大起来。它不仅提升了生产效率，还极大地密切、加强了世界各地之间的联系，改变了世界的面貌。

3. 电子化物流阶段

20 世纪 70 年代末到 80 年代初，条码技术、射频识别技术和 EDI 技术相继诞生，并迅速投入物流应用领域，加速了物流与信息流的融合，开启了电子化物流阶段。

物流条码如图 1-4 所示。

图 1-4　物流条码示意图

部分类型的射频阅读器如图 1-5 所示。

图 1-5　部分类型的射频阅读器

射频识别技术如图 1-6 所示。

EDI 交换技术如图 1-7 所示。

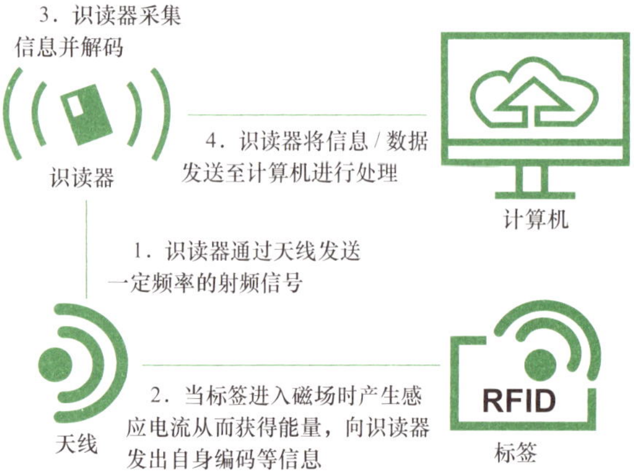

图 1-6　射频识别技术示意图

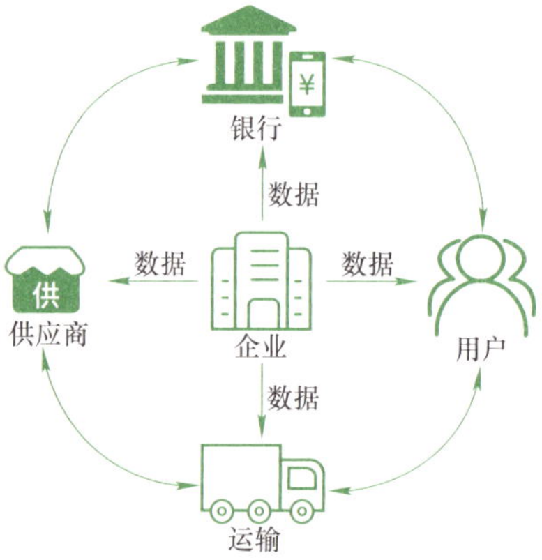

图 1-7　EDI 交换技术示意图

4．智慧化物流阶段

2009 年，伴随国家《物流业调整与振兴规划》的实施，物联网、大数据、云平台技术逐步被推广应用，“智慧化物流”一词迅速被学术界和实业界捕捉和接受，全球开启了“智慧物流”体系建设阶段。

综合以上分析，如果以物流技术应用为标准，物流的发展阶段可划分为人工物流阶段、机械化物流阶段、电子化物流阶段和智慧化物流阶段（见图 1-8）。

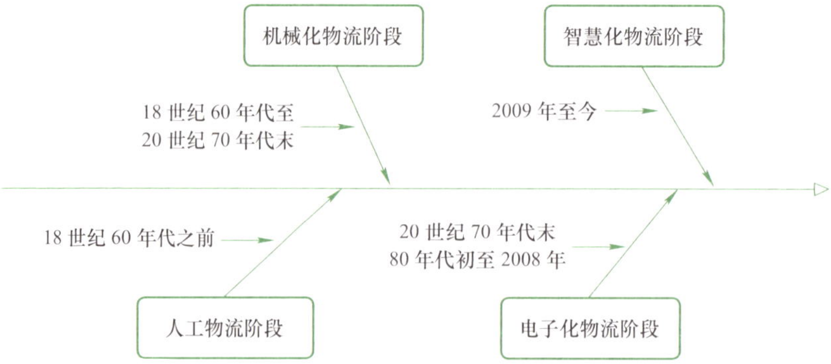

图 1-8　物流发展阶段示意图

1.1.2　物流信息技术的升级

1. 物流系统运作中的“6 流”

基于系统动力学理论，物流系统运作过程存在“6 流”，可分别表述为订单（Order）流、人员（People）流、资金（Money）流、设备（Equipment）流、物料（Material）流与信息（Information）流，这 6 种流归纳了物流系统运作所包含的基本结构[㊀]。

在“6 流”中，信息流发挥着基础支撑作用。物流信息化是全社会信息化的必然诉求，物流信息（Logistics Information）是反映物流各种活动内容的知识、资料、图像、数据的总称（GB/T 18354—2021）。基于信息技术的高度发达，造就了现代物流过程的可见性场景（见图 1-9），库存积压、延期交货、送货不及时、库存与运输不可控等风险大大降低，从而加强了供应商、物流商、批发商、零售商在物流过程中的协调和配合以及对物流过程的控制。

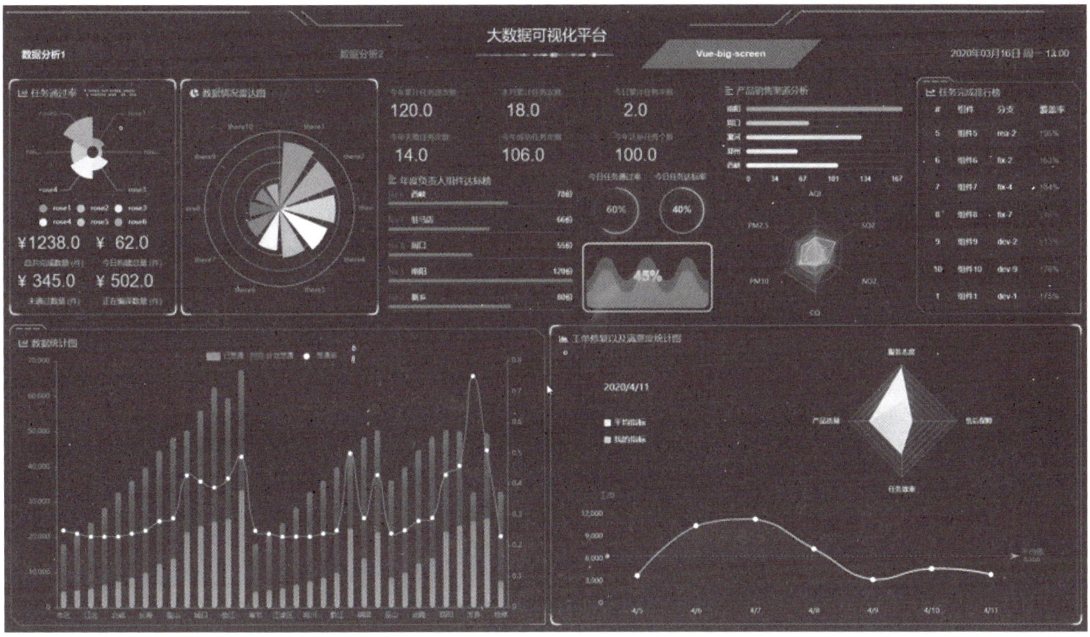

图 1-9　现代物流过程的可见性场景

> **小思考**
>
> 新一代信息技术对物流全过程的支撑为用户带来了什么体验？对物流业态的高质量发展有什么推动？

2. 现代物流过程中的“7 化”

伴随新一代信息技术的快速升级，现代物流产业的高质量发展呈现出网络化、协同化、标准化、数字化、智能化、绿色化和全球化态势。

㊀ 朱占峰. 物流工程导论 [M]. 北京：人民邮电出版社，2016.

随着 5G 技术、大数据、物联网、人工智能等现代信息技术与现代物流全链条融合应用，现代物流全流程、全要素资源数字化水平正在全面提升。高端标准仓库、智能立体仓库的建设在加快。末端智能配送设施在迅速完善，自助提货柜、智能生鲜柜、智能快件箱（信包箱）等配送设施快速进入社区，“7 化”场景更加丰富多彩。

3. 现代物流的“一站式”服务

放眼物流产业的数字化转型，全链条、一站式服务成为现实。人们利用现代信息技术大力推动物流要素在线化和数据化，并开发多样化应用场景，实现物流资源线上与线下联动；通过推动“一站式”物流数据中台应用，平台企业和数字化服务商开发面向中小微企业的云平台、云服务的热情在增加；通过物流大数据采集、分析和应用，提升了物流数据的价值。国家致力于培育物流数据要素市场，统筹数据交互和安全需要，完善市场交易规则，以促进物流数据安全、高效地流通。京东电商物流平台的全链条服务如图 1-10 所示。

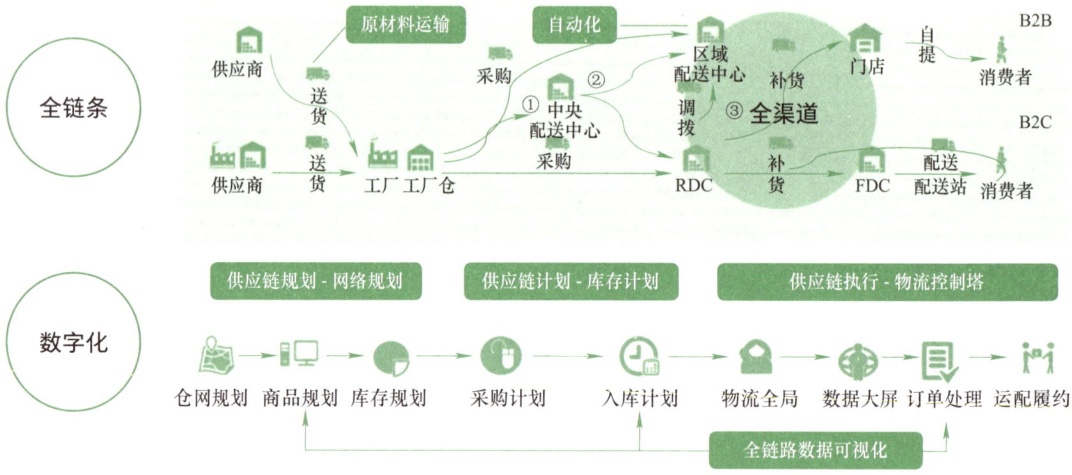

图 1-10 京东电商物流平台的全链条服务

由于现代物流与信息流深度融合，决定了信息化、数字化环境对现代物流业态升级具有强大的支撑作用。物流信息技术的持续升级，由量变带来质变，使智慧物流融入社会生产和生活。

视野拓展

地方智慧物流信息化平台架构展示

2023 年 1 月 31 日，上海市市场监督管理局发布并于 2023 年 5 月 1 日正式实施的上海市地方标准《智慧物流中心规划和运营规范》（DB31/T 1397—2023），明确智慧物流中心（Smart Logistics Center）是以物联网技术为基础，综合运用大数据、云计算、区块链及相关信息技术，能够实现人、货、场、车、设施、设备、能源等全面感知和物流作业、信息全面跟踪，以及技能优化决策、管理服务数字化全面监控的物流中心。智慧物流信息化平台架构如图 1-11 所示。

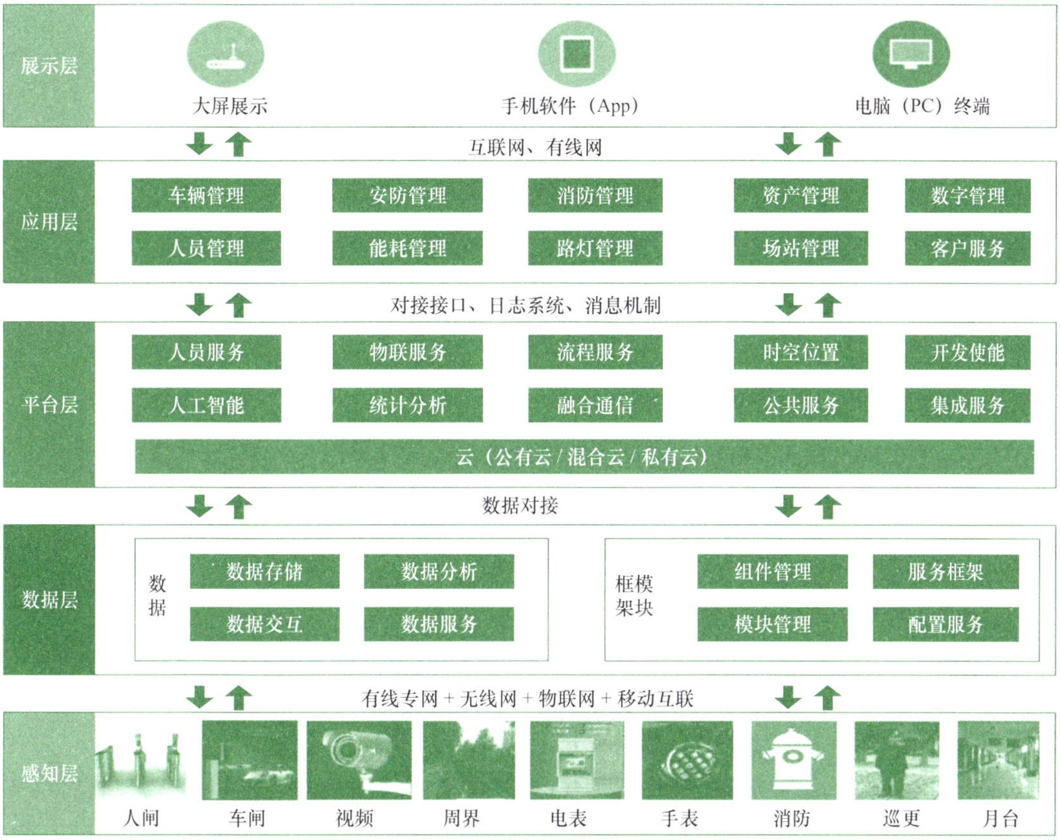

图 1-11 智慧物流信息化平台架构

1.1.3 智慧物流概念的界定

智慧物流作为新一代信息技术与现代物流业深度融合的新兴领域，具有联通性强、融合度广、经济成本低、运行效率高、生态效益好等显著优势，代表着现代物流业的发展方向。

根据国家标准《物流术语》（GB/T 18354—2021），智慧物流（Smart Logistics）是以物联网技术为基础，综合运用大数据、云计算、区块链及相关信息技术，通过全面感知、识别、跟踪物流作业状态，实现实时应对、智能优化决策的物流服务系统。

我们对于智慧物流概念的理解，要重点抓住“一网”“一云”“一链”和智慧物流服务的“4 可”。

1. 智慧物流基础的“一网”

在高度网络化时代，智慧物流最基础的支撑技术是物联网（“一网”）。在新一代信息技术中，物联网技术具有基础地位。比尔 • 盖茨 1995 年出版的《未来之路》一书中最早提及了物联网的概念，其英文名为 The Internet of Things（IOT）。它是一种连接物与物的网络，这种网络具有互联互通性，事实上可以看作一种物物相连的互联网。这可以从两个视角来理解：第一，物联网系统运行的基础条件和核心功能依赖互联网，是一种延伸和扩展的互联网络；第二，物联网将现代感知技术敷设在物物之间，采集信息、生成信息、传输信息、储存信息、整合信息和交换信息，彰显了信息技术的强大功能。㊀

视野拓展

物联网技术的基本构成

物联网的基本技术主要由电子产品编码（Electronic Product Code，EPC）、RFID 电子标签、RFID 读写器、SAVANT 软件、对象名解析服务（Object Naming Service，ONS）服务器和实体标记语言（Physical Markup Language，PML）服务器 6 个部分组成。

2. 智慧物流基础的“一云”

云技术（Cloud Technology）是基于云计算商业模式应用的网络技术、信息技术、整合技术、管理平台技术、应用技术等的总称，是一种在广域网或局域网内将硬件、软件、网络等一系列资源统一起来，实现数据的计算、储存、处理和共享的托管技术，有时又称为云计算、云储存。从云计算的视角，它可以看作随着分布式计算、并行计算、网格计算等发展起来的新一代资源交付模式。按照国家标准术语界定，云计算（Cloud Computing）是一种通过网络将可伸缩、弹性的共享物理和虚拟资源池以按需自服务的方式供应和管理的模式（GB/T 32400—2015）。

云计算、云存储与大数据密切相关，它们相伴相生。大数据时代的云技术超越了传统的“存储”“运算”能力，表现出了无限性的特点。云技术存储、运算能力的无限性也在很大程度上影响了人们的认知能力。

视野拓展

京东云助力更多行业实现数字化转型

央视网 2022 年 3 月 11 日消息：京东集团副总裁、京东云事业群总裁介绍，京东作为供应端和消费端的连接枢纽，一端连接近 1 000 万的 SKU（库存量单位）、几十万家商家联通产业互联网，另一端通过超 5.5 亿活跃用户连接消费互联网。庞大的自营模式让京东更紧密、更近距离地洞察生产环节，通过叠加物流、金融和技术等服务让自身更加贴近和了解产业，进而立足产业互联网，构建起数智化社会供应链。超强的数字化能力，让京东比消费者更懂得消费者，比品牌商更懂得产业。事实上，京东云是京东集团整个数字化的“云底座”，京东云的任务首先是支撑京东集团全面运营业务，随着数实融合趋势加速，京东云在促进规模持续增长的同时，也会带动和惠及更多产业，驱动实体运营向数字化运营转变，加速更多行业的数智化进程，为社会创造更大的价值。

3. 智慧物流基础的“一链”

智慧物流系统应用的另一种重要技术就是区块链。区块链技术（Blockchain Technology）

㊀ 朱耿．基于物联网技术的末端配送模式研究 [M]．北京：中国时代经济出版社，2020.

最早以比特币的形式出现，是比特币等数字货币的底层技术。随着对区块链研究的不断深入，2016 年始区块链技术逐步独立于比特币。区块链又被称为分布式账本[㊀]，集体维护和分享不同地理位置上的多个站点数据资产，具有去中心化、去信任化、开放性、匿名性、可溯源、可编程、集体维护等特点。分布式记账方式与传统记账方式不同，区块链上节点的交易数据首先被编辑成块，当数据上传时，将会在全网广播，其他各节点进行分布式记账，每个节点的记录都是完整的账目。为了保证数据的安全性与一致性，区块链上任何节点生成的数据，使用两个非对称的密钥来进行加密或解密，为表明数据的写入时间都必须加盖时间戳，并按照时间顺序排列起来，为区块链拓展了时间维度，也为物流活动的智慧化运作提供了技术支撑。

4. 智慧物流服务的“4 可”

以智慧物流的定义为基础，国家市场监督管理总局、国家标准化管理委员会于 2022 年 10 月 12 日发布了《智慧物流服务指南》（GB/T 41834—2022），强调智慧物流服务是指为满足客户物流需求所实施的一系列智慧物流活动过程及其产生的结果。尤其是智慧物流服务的“4 可”特征：可感知、可识别、可调节和可视化。

视野拓展

智慧物流服务的“4 可”特征

（1）可感知 通过数据捕获、采集和上传等技术手段获得物流服务的实时状态。

（2）可识别 对物流服务过程数据进行处理，发现数据关键特征，筛选可用信息。

（3）可调节 根据系统反馈，运用智能技术和智能设备，校正智慧物流服务系统偏差。

（4）可视化 将智慧物流服务过程数据转化成视频、图像、文字等，并进行交互处理。

如果对智慧物流服务进一步细分，又可将其划分为智慧运输服务、智慧仓储服务、智慧配送服务、智慧数据服务等。智慧物流服务也可细化为智慧物流服务前、智慧物流服务中和智慧物流服务后三种时态。

1.2 智慧物流的系统

1.2.1 智慧物流系统的概念

1. 系统

系统（System）一词源于拉丁文的“sytema”，代表群、集合的意思。尽管系统思想源远流长，但作为一个科学概念来研究，应该归功于 20 世纪 30 年代奥地利科学家路德维

㊀ 侯约翰，朱一青，朱占峰. 区块链技术与海产品供应链耦合机理分析 [J]. 价格月刊，2020（05）：73—78.

希·冯·贝塔朗菲（Ludwig Von Bertalanffy）。他认为：系统是相互作用的诸要素的复合体。

系统是由相互作用、相互依赖的若干组成部分结合而成的、具有特定功能的有机整体，而且这个有机整体又是它从属的更大系统的组成部分。

从系统的概念可以看出：①系统是由若干要素（部分）组成的。这些要素可能是一些个体、元件、零件，也可能其本身就是一个系统（或称为子系统）。②系统有一定的结构。一个系统是其构成要素的集合，这些要素相互联系、相互制约。系统内部各要素之间相对稳定的联系方式、组织秩序及失控关系的内在表现形式，就是系统的结构。③系统有一定的功能，或者说系统要有一定的目的性。系统的功能是指系统在与外部环境相互联系和相互作用中表现出来的性质、能力和功能。

2. 物流系统

物流作为当代经济社会的重要组成部分，构成了一个极为重要的系统，为人类的生产、生活、军事、抗灾等提供了强力支撑。

在社会实践中，物流人员、物流设施、物流设备、物流资金等物流要素之间通过一定的联系和作用，形成了具有特定功能的综合体。它实现了物资的空间效益和时间效益。在保证社会再生产顺利进行的前提条件下，它实现了各物流环节的合理衔接，并取得了最佳的经济效益。

综合各种研究观点，物流系统（Logistics System）是指在一定的时空条件下，由各物流环节及其涉及的物品、资金、信息、设施和设备等若干相互联系、相互制约的要素组成的具有特定功能和目标的有机整体。

视野拓展

物流系统的基本模式

同所有的系统运作过程一样，物流系统也是一个从环境中不断输入要素，经过转换处理，不断输出产品或劳务，不断与社会环境进行交换，并与环境相互依存的循环过程。这就形成了物流系统的一套基本模式，如图 1-12 所示。

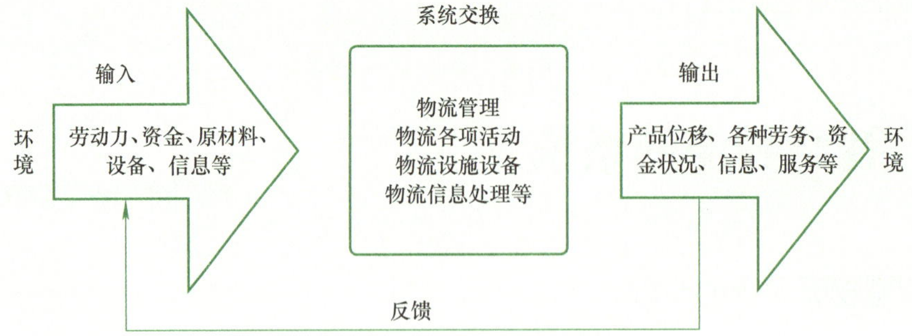

图 1-12　物流系统的基本模式

3. 智慧物流系统

随着人工智能等新一代信息技术的融入，物流系统逐步能模仿人的智能，具有思维、感知、学习、推理判断和自行解决物流中某些问题的能力。物流系统的自动化、信息化、网络化和智能化水平快速提升，智慧物流系统正在形成并持续升级。

智慧物流系统（Smart Logistics System）是以物联网、大数据、云计算、区块链等信息技术为手段，连接设施、设备、货物、人员、信息等要素，实现全面感知、精准识别、实时跟踪、智能决策的技术、服务和管理要求的现代化综合服务系统。

智慧物流系统的核心要素包括技术、数据、算法、设备和实施，这是实现无人化、智慧化管理的关键。

视野拓展

海尔日日顺建成首个大件物流智慧化无人仓系统

冰箱、空调、热水器等大件产品与老百姓的生活密切相关，但由于体积大、易损等特点，在仓储环节难以实现自动化、无人化运作。放眼全国，日日顺物流立足用户体验需求，在智慧领域布局起步早、起点高，在建成全国首个大件物流智能仓等基础上不断迭代和创新，于2020年建成了大件物流首个智能无人仓。

无人仓中除了大量应用领先的智能装备，还拥有一颗“智慧大脑”——场景物流生态云平台。在这颗“大脑”的指挥下，所有智能装备以三维数字孪生进行管理，八大核心系统获取所有运营数据，实现所有环节智慧运行、匹配。

这个智能无人仓也是一个无人化的“黑灯仓”，可以24小时不间断地无灯作业。在现场，中国物流与采购联合会副会长曾表示，由于处于消费升级时期，新消费需要新物流，新物流需要新基建，此次的大件物流首个智能无人仓是新基建的创举。这也证明了，日日顺场景物流以“有限的场景，无限的连接”“无人的仓库，有情的服务”“有数的位次，无数的迭代”再次走在行业前列。

1.2.2　智慧物流系统的功能

1. 感知和识别

智慧物流系统基于平台架构，具有感知和识别功能。全面感知和准确识别是智慧物流系统运作的基础功能，其主要设备包括：北斗系统、RFID电子标签、识别码、传感器等。

视野拓展

泛在感知技术

“泛在”即广泛存在，它以无所不在、无所不包、无所不能为基本特征。泛在感知就是通过物联网无处不在的末端感知设备，“全面感知”现实空间中的各个方面的信息，通过网络“可靠传输”获取信息，通过“智能计算”将从大量信息中挖掘出符合人们需求的相关数据。

对于智慧物流系统关注和应用较多的是RFID电子标签和北斗卫星定位技术。北斗系统是物联网应用到移动物体而形成的一种移动感知技术，更是实现物流智能化、可视化的重要技术。北斗系统和无线通信技术结合，可实现对物流车辆的导航和跟踪。这既可以提高物流运作效率，又可以降低物流管理费用，还能抵抗风险。一般情况下，通过对物流车辆进行实时的动态跟踪监控，能提供准确的车辆位置及运行状态。这有利于物流系统根据物流车辆的装载量、客户分布及送货线路交通状况等因素设定计算条件，对物流线路进行优化处理，以形成最佳送货路线。

2. 预警和处理

智慧物流系统能够判定并解决物流运营中各类预知和未知的异常场景，做出合适的决策，以进行异常隔离。例如，系统无法自动处理故障和恢复，以声光报警或屏幕弹窗等方式通知系统维保人员进行处理。

智慧物流系统的功能

视野拓展

信息汇聚技术

随着传感器网络的发展，多传感器数据融合技术已逐渐成为解决数据处理的重要基础。信息汇聚可以认为是利用多个传感器同时对同一个目标进行多次检测，进而得到该目标的多源信息，最后将这些信息融合处理，以达到数据的准确性。它也可以看作由物联网终端采集、处理，经通信网络上报数据，再由物联网平台处理，进而提交给具体的应用和服务。

从物联网的现有技术来看，当处于封闭的孤岛状态时，任何一个单独的技术或者应用系统，其信息的价值都将会被严重降低。因此，物联网信息汇聚技术是通过突破不同技术或系统间的信息交换壁垒，实现传输与处理能够融合并行，其工作原理是在传输数据的同时借助云计算等新的运算处理系统来对海量的数据和信息进行分析处理。处理的过程充分彰显了现代信息技术的采集、储存、传输、提取等多源融合功能，具体的处理方式则会根据初始条件和终极目标的不同而有所不同。

信息汇聚是相对于多源信息来说的。这样，多传感器就是信息汇聚的基础，分析处理多源信息就是信息汇聚的核心。信息汇聚充分运用了多个传感器之间冗余或者互补的信息，按照某种准则来进行相关数据的汇聚，来消除冗余和不确定的信息，从而得到精确的结果。

3. 调度和服务

在智慧物流系统中，基于系统智能技术及其设备有效调度相关资源及子系统。这些子系统包括订单管理子系统、仓储管理子系统、运输管理子系统、配送管理子系统、结算子系统、客户管理子系统、智能监控子系统等。人们利用系统的开放性，能够通过预留接口实现与其他信息系统的集成服务。

1.2.3 智慧物流系统的架构

1. 主体功能场景

如果从物流功能的层面来考虑，智慧物流系统尽管包括物流的全业态、全流程、全场景，但最主要的功能场景可以划分为智慧运输服务、智慧仓储服务、智慧配送服务、智慧数据服务。在智慧运输服务中，可分为运输前、运输中和运输后所涉及的智慧物流服务要点。在智慧仓储服务中，可分为货物入库（场）前、货物在库（场）时、货物出入库（场）时和货物出库（场）后所涉及的智慧物流服务要点。在智慧配送服务中，可分为配送服务前、配送服务中和配送服务后所涉及的智慧物流服务要点。在智慧数据服务中，可分为数据服务内容、数据记录方式、数据处理、数据传递和紧急情况处理等方面。

视野拓展

智慧配送服务

《智慧物流服务指南》（GB/T 41834—2022）对智慧配送服务提出了具体规范。其要求为：在配送服务前，①宜根据收货方需求进行配送预约，生成智能配送方案和变更预约解决方案，提供按约配送、临时变更和自主取消等服务；②宜结合客户要求，采用智能设备提供包装优化方案，并保护用户的数据隐私。

在配送服务时，①宜实现货物追踪，并进行智能监控，提供货物配送过程的可视化和可追踪服务；②宜提供安全配送服务，包括根据货物属性配置合适的设施设备；③宜提供智能暂存服务，用户可以选择是否暂存；④出现异常情况时宜及时调整配送路线或重新调配合适的智能运载类设备。

在配送服务后，①宜收集收货方信息反馈，改进服务方案；②宜根据合同约定保存配送服务数据，并维护数据安全。

2. 关键流动要素

如果从“流”的角度来分析智慧物流系统，则其主要由5个流动要素构成：流体、载体、流向、流量和流程。流体是物流的对象，一般是指物质实体；载体是指流体借以流动的设施和设备；流向是指流体从起点到终点的流动方向，包括正向和反向；流量是指通过载体的流体在一定流向上的数量表现；流程是指流体通过载体在一定流向上行驶路径的数量表现。流体的自然属性决定了载体的类型和规模，流体的社会属性决定流向、流量、流程，载体制约着流向、流量、流程，同时流体、流量、流向、流程又决定了载体的属性。

3. 主要逻辑架构

如果从基于大数据、云计算的智慧系统运作逻辑来分析，智慧物流系统架构可分为5个层次，即数据采集层、传输联动层、云端存储层、决策处理层、应用执行层。

数据采集层采用智能感知技术，通过信息挖掘并收集物流数据，将实体的物流世界映射到数字物流大脑，准确及时地捕捉、采集物流业务运行数据，了解仓库网点、商品状态、运输工具、客户需求等信息，并将这些数据优化汇聚到智慧物流系统。

传输联动层主要连接数据采集层和云端存储层，将采集的海量物流数据通过传输通道，以数据流形式精准集聚至存储服务器中，并将数据进行传输、分类、聚合，为最终的信息判断提供依据。

云端存储层利用数据仓库技术及大数据存储技术建立分布式智慧物流数据库，重点打造数据自动分区、全程透明可追溯、全局二级索引等创新功能；利用云计算的共享架构计算模型，将海量分布、离散的物流数据汇聚到可动态扩展的云端计算资源池中，为智慧物流系统各组成部分调配提供云存储、云计算等功能服务。

决策处理层利用先进算法等大数据处理技术，推动智慧物流各要素的聚合融通，不断释放物流数据价值；利用智慧物流软件技术，进行物流数据的分布式处理与科学决策。

应用执行层将科学合理的自动化技术及设备应用于智慧物流全流程，利用智能化设备和软件，整合下单、查询、分拣、运输、配送等作业模型，实现物流商品的自动存取、拣选、搬运等应用执行环节的自动化，以提升智慧物流系统的动态扩展性与柔性水平。

智慧物流系统运行的逻辑架构如图 1-13 所示。

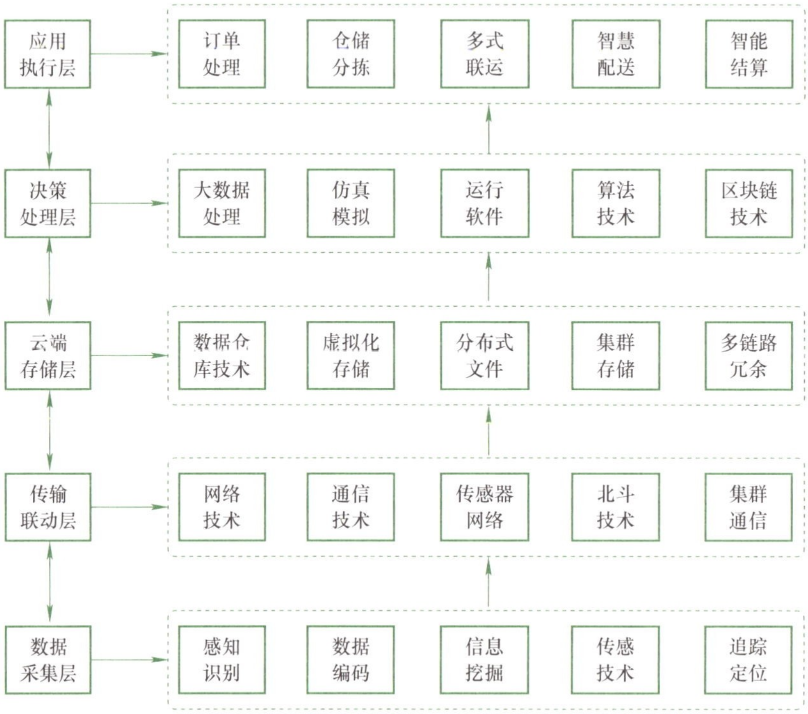

图 1-13　智慧物流系统运行的逻辑架构

1.3　智慧物流的地位、作用和特点

1.3.1　智慧物流的地位

1. 降本增效的主要路径

智慧物流是物联网、大数据、云计算、区块链等信息技术与现代物流业深度融合的新兴业态，具有联通性强、融合度广、经济成本低、运行效率高、生态效益好等显著优势，代表着现代物流业的发展方向。

智慧物流系统的运行，加强了节点间信息数据资源的共享。智慧物流使物流系统通过传感器获取各种末端信息，然后将信息通过互联网传输到数据中心进行相应存储和处理，进而指挥各个物流环节执行相应操作，高效整合、调度和管理各类物流资源，为各参与方提供应用服务。从功能框架看，智慧物流主要包括智能感知、智能决策、智能执行等模块。从技术框架看，智慧物流主要包括智能运输、智能仓储、智能配送、智能包装、智能装卸、智能信息处理等方面。由于现代物流技术的支撑，有效节约了运行成本，提升了经营效益。

视野拓展

智慧赋能提升物流整体运行效率

2023年8月23日，《经济日报》报道：就智慧物流赋能增效问题，国家发展和改革委员会综合运输研究所咨询中心副主任贺兴东副研究员认为：在运输环节，通过搭建货运互联网平台，实现货运供需信息在线对接和实时共享，将分散的货运市场有效整合起来，改进了传统运输的组织方式，提升了货物运输效率。以网络货运平台为例，通过高效匹配车货信息、缩短简化交易链条，可提高车辆利用效率约50%，促进司机平均等货时间由2～3天缩短到8～10小时，帮助司机月收入增加30%～40%，较传统公路货运降低交易成本6%～8%。

在仓储环节，通过开发智能仓库管理系统，加强仓储信息集成、挖掘、跟踪与共享，实现进出货无缝对接和订单精准处理。同时，通过采用堆垛机器人、语音识别、自动包装等设备，实现货物搬运、拣选、包装、盘点等自动化、智能化操作，大幅提高仓库周转效率。国家发展和改革委员会联合商务部于2017年推出的京东上海亚洲一号物流基地等10个国家智能化仓储物流示范基地，持续引领我国仓储设施从传统模式向智能化方向升级，成为“互联网+”智能仓储的典型代表。

在配送环节，借助互联网平台搭建城市配送运力池，发展共同配送、集中配送、智能配送等先进模式，有效解决物流“最后一公里”问题。城市配送企业货拉拉通过共享模式整合社会运力资源，完成海量运力储备，业务范围已覆盖360个国内城市，月活司机、月活用户分别达到68万名和950万户。

在货运场站（园区）管理环节，通过对传统货运场站（园区）进行数字化改造，实现货物周转全程可视化、自动化、智能化，将依靠经验判断和人工操作的传统管理模式转变为大数据辅助决策和自动化操作，有效提升场站运作效率。上海洋山港四期自动化码头建成运营后，人工成本降低了70%，工作效率比2017年开港之初提升了30%。智慧赋能使我国物流实现了全链条运行效率的整体提升。

2. 融合发展的关键渠道

（1）智慧物流深化了与制造业的融合　智慧物流通过与制造业进行融合，既推进了智慧物流系统建设，又为制造企业提供了高效快捷的物流服务，降低了制造企业的物流成本。智慧物流企业为制造企业量身定做了供应链管理库存、“线边物流”、供应链一体化服务等物流解决方案，提高了制造业的经营成效。

（2）智慧物流强化了与现代服务业的融合　智慧物流的兴起激发了商贸服务业商业模式创新和市场新进入者的参与，催生出互联网＋车货匹配、互联网＋合同物流、互联网＋货运经纪、互联网＋库存管理等新模式，成为现代服务业之间融合创新的重要源泉。

（3）智慧物流增强了与特色农业的融合　智慧物流通过物联网技术的有效应用，实现了农产品运输信息的公开化、透明化，成立农业合作组织物联网管理系统，农户与企业之间通过网络平台进行有效对接，方便快捷地进行数据沟通与交流，获得真实有效的农产品运输信息。智慧物流利用物联网技术录入农产品信息，实时监控农产品的运输路径，建立物联网综合管理系统，与企业形成密切的合作关系，有效降低物流成本的投入；运用互联网信息服务平台查询农产品的物流运输情况，实现货物在途信息、储存信息的全面共享，增强了发展特色农业的信心。

视野拓展

发展智慧物流前景广阔

2023 年 8 月 31 日，《经济日报》发表的时评中写道：“发展智慧物流，优势明显、前景广阔。首先，智慧物流创造了物流业发展新模式，推动包括运输、仓储、配送、包装、装卸在内的各环节实现智能化，使传统物流经历产业再造，成为我国迈向物流强国的‘加速器’。其次，智慧物流能够提升市场供需匹配度，助力制造业生产、批发、零售商之间实现更高效协作，优化餐饮、酒店、旅游、外卖等行业的服务方式，推动乡村振兴向纵深发展。随着新技术的广泛应用、政策举措的相继推出，智慧物流市场活力将进一步激发。2022 年，我国智慧物流市场规模接近 7 000 亿元，预计 2025 年市场规模将超过万亿元。”

“也应看到，与人们个性化、柔性化的物流需求相比，目前智慧物流发展仍存在一定差距和短板，需多措并举，推动新技术与物流业深度融合，促进智慧物流不断取得新进展。”

3. 智慧社会的重要组成

智慧物流系统作为智慧城乡建设的一个重要组成部分，在政府、社会、行业、企业的合力打造下，已呈现出较为突出的运作成效（见图 1-14），成为智慧社会建设的靓丽标识。

智慧物流是系统物流活动。订单处理、仓储管理、配送设计、物品查询、送达服务等物流活动均处在一个现代化系统之中，构成了智慧社区服务的重要一环。

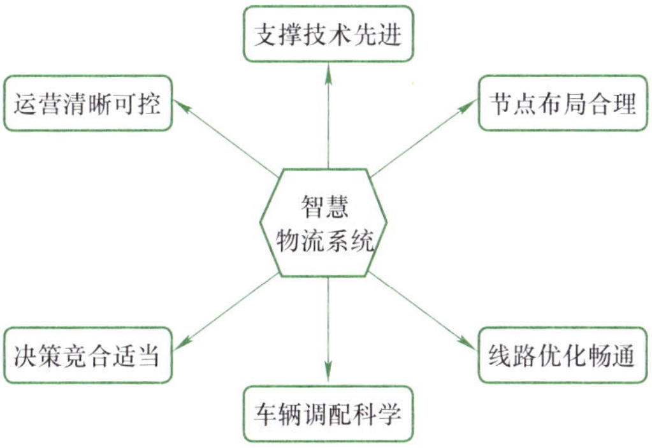

图 1-14　智慧物流系统的运作成效

智慧物流系统是一个优化的系统。这个体系包含硬件设施和设备、软件技术系统，以及诸多节点和线路。其中节点的选址是通过优化的方法科学遴选的，物流线路的确定来自系统性优化选择，运输配送车辆的调度遵循科学的调配方法，有效优化了社会运转的交通秩序，为社区居民提升了生活服务质量。

1.3.2　智慧物流的作用

1. 优化多流合一

智慧物流系统是商流、物流、资金流、信息流和管理流的集成。在电子商务发展大潮背景下，B2C 和 O2O 的业务量急剧增加，人们的消费模式迅速提升为“移动互联”模式。网上选择、网上下单、网上支付，多流合一是保障运营平台高效运转的内在要求。

随着智慧物流系统的完善，技术的创新有效优化了多流合一。电商物流水平快速提升，互联网金融在大幅推进。市场经营效率的提升诉求多流合一。虚拟平台绩效的落实，需要实物配送的配合，商流、资金流与物流的契合度则是市场经营绩效的决定要素。配送经营风险的防范期盼多流合一。在智慧物流系统运作下，科学设计了经营风险防范模块，对产品质量、资金支付、优质配送和逆向物流均要有机统筹考量，确保智慧物流运作的优质高效。

2. 驱动多式联运

多式联运方式具有悠久的实践历史，车拉马驮、水陆转运等物流运输方式在我国早有实践。到了近代，英美等西方国家在铁路运输开始之后，现代意义上的联运实践逐步显示成效。20 世纪 80 年代初，在日内瓦举行的联合国国际联运会议第二次会议上，正式通过了《联合国国际货物多式联运公约》，多式联运的作用和地位再次引起人们的重视。

现代意义上的多式联运，是指在节能降耗条件的约束下，两种以上物流运输工具相互衔接，共同完成物流任务的运输活动。多式联运依托两种及以上运输方式有效衔接，规避了单种运输方式的缺陷，提供了全程一体化的物流运输服务，具有产业链条长、资源利用率高、能源消耗低、综合效益好等特点。智慧物流环境实现了信息数据共享，为多式联运提供了信息支撑。

3. 助推多业融合

智慧物流通过信息系统密切了现代物流与其他业态的关联，发挥现代物流串接生产消费的作用，与先进制造、现代商贸、现代农业融合共创产业链增值新空间。智慧物流利用物流网络对经济要素高效流动的支持能力，引导产业集群发展和经济合理布局，推动跨区域资源整合、产业链联动和价值协同创造，培育区域经济新增长点。

智慧物流增强了产业升级的动力。智慧物流围绕做优服务链条、做强服务功能、做好供应链协同，完善集约高效的现代物流服务体系，支撑现代产业体系升级，推动产业迈向全球价值链中高端；加快运输、仓储、配送、流通加工、包装、装卸等领域的数字化改造、智慧化升级和服务创新，补齐农村物流、冷链物流、应急物流、航空物流等专业物流的短板，增强专业物流的服务能力，推动现代物流向供应链上下游延伸，提升了产业之间的融合成效。

1.3.3 智慧物流的特点

智慧物流的特点

智慧物流系统除具有一般系统所共有的特点，即整体性、层次性、相关性、目的性和环境适应性等之外，作为大系统下的一个专业系统，同时还具有以下特征。

（1）敏捷性　敏捷性是指运用科技手段，通过对资金流、物流、信息流的控制，将供应商、制造商、分销商、零售商及最终消费者用户整合到一个统一、快速响应、无缝化程度较高的功能物流网络链条之中，形成敏捷物流能力。

由于智慧物流系统是建立在互联网、物联网、车联网、大数据、云平台以及 RFID 等现代技术基础之上的，各节点要素是在科学选址、优化决策的流程下进行的，必然能够对客户的个性化需求做出快速响应。作为智慧物流系统，其资源要素必然实现有效整合，在对外竞争时具有一致的合作性，但内部节点间仍存在竞争性，这种竞合理念强化了物流系统的反应能力。

（2）协同性　协同论的宗旨是在复杂的系统中如何使各子系统协同工作。其研究的主题是针对远离平衡态的开放系统在与外界有物质或能量交换的情况下，如何调节系统内部的协同作用，使其自发地出现时间、空间和功能上的有序结构。

智慧物流取得成效贵在协同。智慧物流系统的基础设施建设基于现代信息技术，而信息技术处于快速演进状态。智慧物流系统的市场终端是具有个性特色的现代公民，在电商平台支撑下，其个性化色彩更加浓厚。因此，智慧物流系统信息的共享使其过程实现了高度透明，为系统各节点要素自发调整以达到协同创造了条件。所以，协同性构成了智慧物流系统的又一重要特征。

（3）开放性　智慧物流系统是一个开放系统。智慧物流系统通过开放，推进社会参与，在开放的公共物流信息平台上，实现与消费者密切相关的信息人人共享，同时为物流市场提供了一个开放、平等和便捷的平台。

在政府宏观政策引导下，数据平台、服务流程、质量监控和诚信交易等环节更加透明。一方面公共设施的数字化水平迅速提升，城乡无线网的覆盖范围快速扩大，在宏观上提供了系统开放的条件。另一方面物流企业的经营管理理念更趋于网络化，而网络管理本身就是一种开放性管理。因此，智慧物流系统具有开放性特色。

（4）安全性　互联网平台高效、便利，但同时在互联网营销、购买、支付、验货和收货等环节也引来了诸多风险，智慧物流系统的安全性引起了人们的高度重视。

作为智慧物流系统，其物流、资金流和信息流必须是在安全的环境下完成的。物流的作业流程是在全程监控之下的，作业设施和设备具有较为先进的数码性，云平台时刻汇聚相关信息，不安全的因素会被及时排除。资金流伴随风险的预测和严密监管，第三方金融支付及监管平台确保交易双方的合法转移。信息流设置了严格的操作流程，产品信息经过了严格的过滤。因此，安全性已成为智慧物流系统的又一内在属性。

（5）生态性　自党的十八大将生态文明写入党章以来，生态文明建设已实现制度化，生态文明数据也成为各级政府经济社会发展的一项约束性指标。

智慧物流系统作为现代城市文明建设的重要组成，已经在生态性方面呈现优势。首先，优化的节点选址有利于物流经营的优化，物联网、车联网技术为物流路线的实时变更提供优化智能，这在客观上降低了能源的消耗，为城乡生态做出了贡献。其次，智能化的调度系统强化了共同配送和协同配送，减少了重复运输。最后，现代化的通信技术提升了物流节点间的信息沟通，有利于产品和服务的资源整合。因此，生态性成为智慧物流系统的重要标识特征。㊀

素养园地

从信息化到智能化，先进的人工智能技术在快速驱动“新质生产力”的提升。智能化社会环境的营造，使人们的生产、生活更加依赖“技术媒介”。尤其是“算力”水平的提升，对物流系统的“时尚约束”将更加可控。

请你查阅元宇宙、碳中和相关论述，谈谈先进技术与高质量发展指标约束给智慧物流系统生态化发展带来的机遇和挑战。

技能训练

请你选择一个京东物流运营公司，观察、分析物品寄收件系统，并跟踪物品流动轨迹，谈谈对快递物流智慧度的认识。

㊀ 朱一青. 城市智慧配送体系研究[M]. 北京：中国时代经济出版社，2019.

同步测试

一、判断题

1. 物流信息是反映物流各种活动内容的知识、资料、图像、数据的总称。（　　）
2. 智慧物流的特点是运行成本高、经济成本高。（　　）
3. 智慧物流系统的感知面是十分有限的。（　　）
4. 智慧物流系统不能判定物流运营中各类预知和未知的异常场景。（　　）
5. 智慧物流系统能够通过预留接口实现与其他信息系统的集成服务。（　　）
6. 智慧物流系统一般包括物流的全业态、全流程、全场景。（　　）
7. 智慧物流系统的运行，对节点间信息数据资源的共享影响有限。（　　）
8. 智慧物流是一种系统物流活动。（　　）
9. 智慧物流不利于现代物流与其他业态的联系。（　　）
10. 生态性成为智慧物流系统的重要标识特征。（　　）

二、单选题

1. 用 Logistics 替代 Distribution 表示物流的人物是（　　）。
   A. 约翰 · F. 格鲁维尔（John F. Crowell）
   B. 阿奇 · 萧（Arch Shaw）
   C. 拉尔夫 · 布索迪（Ralph Borsodi）
   D. 马丁 · 克里斯多夫（Martin Christopher）
2. 智慧化物流阶段在我国开启的时间点是（　　）。
   A. 1989 年　　B. 2001 年　　C. 2008 年　　D. 2009 年
3. 智慧物流系统应用的区块链技术，采用了（　　）账本。
   A. 分布式　　B. 集中式　　C. 两步式　　D. 混合式
4. 本书对智慧物流的逻辑架构划分成（　　）个层次。
   A. 4　　B. 5　　C. 3　　D. 6
5. 智慧物流企业为制造企业制定的供应链管理库存、“线边物流”、供应链一体化服务等物流解决方案一般都是（　　）。
   A. 通用方案　　B. 量身定做　　C. 互相借用　　D. 成本至上

三、多选题

1. 如果从“流”的角度来分析智慧物流系统，除流体外，还包括以下流动要素（　　）。
   A. 载体　　B. 流向　　C. 流量　　D. 流程
2. 基于系统动力学理论，物流系统运作过程存在“6 流”，一般是指订单流、人员流、资金流和（　　）。
   A. 设备流　　B. 物料流　　C. 信息流　　D. 冷链流

3. 智慧物流服务的“4 可”特征包括可感知和（　　）。

A. 可理解　　B. 可识别　　C. 可调节　　D. 可视化

4. 智慧物流系统是商流、（　　）和管理流的集成。

A. 物流　　B. 资金流　　C. 样品流　　D. 信息流

5. 在智慧物流系统中，其最核心的要素包括（　　）。

A. 智能技术　　B. 相关数据　　C. 智能算法　　D. 智能设备

四、简答题

1. 简述物流发展的四个阶段。
2. 简述现代物流系统中的“7 化”。
3. 简述智慧物流概念中的“一网”“一云”“一链”。
4. 简述智慧物流的主要作用。
5. 智慧物流的主要特点表现在哪些方面?

五、论述题

1. 试述智慧物流的主要功能。
2. 试述在大力推进“人工智能”和发展“新质生产力”背景下实施智慧物流的重要意义。

单元2
智慧供应链的认知

知识目标

- 了解智慧供应链的演进路径
- 理解供应链、产业链之间的关系
- 掌握智慧供应链的概念
- 掌握智慧供应链的应用类型

技能目标

- 能描绘智慧供应链的演进过程
- 能辨析智慧供应链的应用类型
- 能构建智慧供应链的空间架构

素养目标

- 培养系统发展观，增强分析问题的整体能力
- 塑造智慧文化观，增强智慧导向的发展理念

思维导图

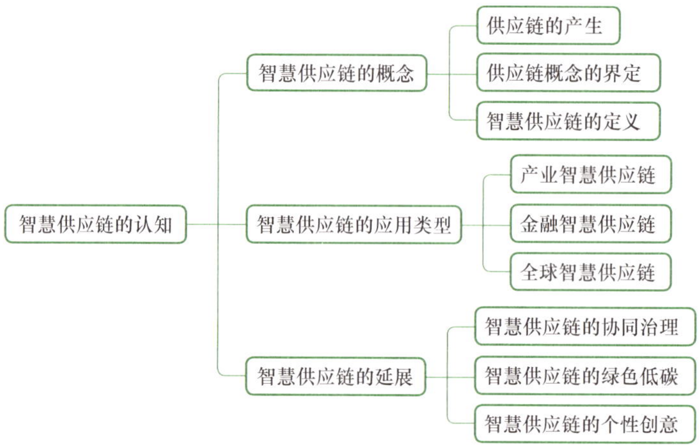

情景案例

产业链供应链体系呈现智慧高效和自主可控态势

习近平总书记在党的二十大报告中指出，着力提升产业链供应链韧性和安全水平。党的十八大以来，习近平总书记多次对产业链供应链安全稳定做出重要指示，强调“要把增强产业链韧性和竞争力放在更加重要的位置，着力构建自主可控、安全高效的产业链供应链”。习近平总书记关于产业链供应链安全稳定的相关论述，为我国构建自主可控、安全高效的产业链供应链指明了方向。

2023年10月19日，在北京举行的2023年产业链供应链数字经济大会上，中国物流与采购联合会发布《产业链供应链数字经济发展报告2023》。根据报告，近年来，我国产业链供应链数字化转型步伐明显加快，新增企业数量实现新突破，重点项目建设加快推进，智慧供应链呈现强劲增长态势。

根据报告，我国产业链供应链数字经济发展态势良好，整体产业链供应链数字经济市场持续保持快速增长。从产业来看，近三年产业链供应链数字经济重点项目中，制造业的项目数量最多。此外，金融业、通用产业、物流产业的产业链供应链数字化情况也成效显著。随着技术创新与场景开发进一步深入，产业链供应链数字化应用的效果有望快速释放。中国物流与采购联合会副会长贺登才认为：大力发展数字经济，特别是数字经济和产业链供应链的融合，利用海量数据，还有丰富的应用场景，就可以提高产业链供应链的效率，构建自主可控、智慧高效的产业链供应链体系，推进我们国家的产业迈向全球价值链的中高端。

思考：

案例显示智慧化供应链进入高效可控阶段。

请你根据身边企业的产业链供应链发展情况，谈谈对智慧供应链的发展认知。

2.1 智慧供应链的概念

2.1.1 供应链的产生

1. 生物链

在自然界中，任何生物有机体的生存都不是孤立存在的，它同其周围环境总是相互依存、相互联系、相互制约的，彼此形成一个极为复杂的生态系统。正如达尔文在其名著《物种起源》㊀中所举的“猫、野鼠、土蜂与红三叶草”之间发生的事例，红三叶草的繁殖授粉需要土蜂采蜜的助力，而土蜂的蜂巢是野鼠的食物来源，而猫又是野鼠的天敌。这样，猫、

㊀ 达尔文. 物种起源 [M]. 周建人，等译. 北京：商务印书馆，1995：88—90.

野鼠、土蜂与红三叶草之间就构成了一条典型的生物链。如果该生物链中某环节失去均衡，该生物链就会被破坏，甚至造成某一节点的灭失。

在一条生物链形成的初期，对各种生物而言，进入该生物链并占据相应位置的机会是均等的。当生态系统逐渐稳定下来，生物链的长度和层次相应固定下来后，其他物种要想进入就相对比较困难。在这种稳定时期，某一物种欲进入该生物链，只有两种可能情况：一种是生态毁灭，即生态系统中的成员由于某种原因全部灭亡，这种方式实质上是旧生态系统的毁灭和新生态系统的重新形成；另一种方式是生态系统发生剧烈动荡，生物链中的某些环节脱开，为新物种的进入提供空间。

生物链揭示的是一种自然关系，所代表的是自然界有机生物体之间相互作用的自然规律。这种规律无形中对现实经济生活生态运行中的生产关系、社会关系带来了启示。

2. 价值链

受生物链之间相互关联的启示，人们对经济体之间的经营运行进行了深入思考，认为生产活动、运营流程不仅有一只无形的手在调节，更重要的是一种“价值链”在连接。

尤其是到了 1985 年，美国哈佛商学院教授迈克尔 • 波特（Michael Porter）出版了《竞争优势》一书，在该书第 2 章阐述了“价值链”的理论框架[㊀]。他认为，在一个多元化企业中，在企业的活动中，价值体系镶嵌其中，尽管不同企业的价值链各不相同，但在企业产品的采购、销售、生产制造各环节中，价值链仍在随产品的流动而流动。企业价值链系统的构成如图 2-1 所示。

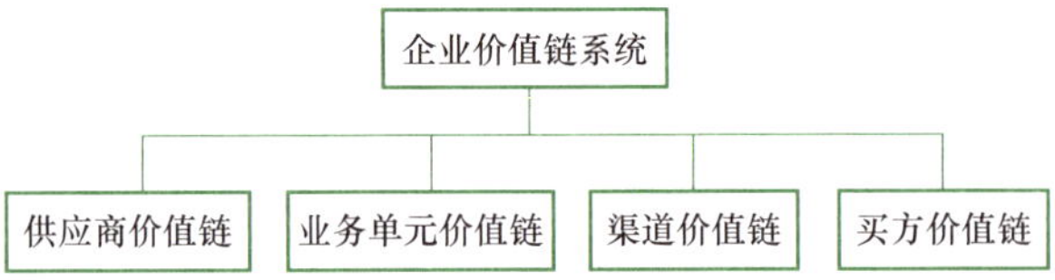

图 2-1　企业价值链系统的构成

波特在其理论框架中认为企业的经营活动可以分解为基本活动和辅助活动。基本活动直接存在于产品流向消费者的整个过程当中，主要包括内部物流、生产作业、外部物流、市场销售和售后服务；辅助活动包括采购、技术开发、人力资源管理、企业基础设施、计划、财务、法律、政府服务和质量管理等。在波特看来，价值链提供了一个系统的方法来审视企业的所有行为及其相互关系，从而取得战略优势。波特的价值链理论可以看作供应链产生的前奏。

3. 产业链

产业链是产业经济学中的一个概念，即产供销，从原料到消费者手中的整个产业链条，是各个部门之间基于一定的技术经济关联，并依据特定的逻辑关系和时空布局关系客观形成的链条式关联关系形态。

㊀ 波特. 竞争优势 [M]. 陈丽芳，译. 北京：中信出版社，2014.

视野拓展

江西省制订制造业重点产业链现代化建设“1269”行动计划目标（2023—2026）

通过三年的努力，力争实现产业链现代化“1269”目标，即：电子信息、有色金属、装备制造、新能源、石化化工、建材、钢铁、航空、食品、纺织服装、医药、现代家具12条制造业重点产业链现代化水平全面提升，打造电子信息、铜基新材料、锂电和光伏新能源、钨和稀土金属新材料、航空、炼化一体化和化工新材料6个综合实力和竞争力强的先进制造业集群，全省规模以上工业营业收入年均增长9%左右，统筹制造业质的有效提升和量的合理增长取得明显成效。

从产业发展史上看，产业链与销售链有着密切的联系。1990年，沃麦克、琼斯和鲁斯合著了《改变世界的机器：精益生产之道》一书，该书在以美国麻省理工学院课题小组对日本汽车工业的生产管理方式研究的基础上，详细解剖了“精益生产”问题[㊀]。1996年，沃麦克和琼斯又出版了《精益思想》一书。该书在对“精益管理”思想详细阐述的基础上，结合美国、德国和日本的案例，以价值流为线索引出了“供货链”和“销售链”的概念，这是供应链产生的雏形。

4. 供应链

20世纪末，知识经济促进了生产力的进一步发展，客户（Customer）的消费水平在提高，企业之间的竞争（Competition）在加剧，加上政治、经济、社会环境的巨大变化（Change），使市场需求日益多样化，且不确定性大大加强。“3C”既是市场需求多样化与不确定性的根源，也是企业不断提高自身竞争能力的外在压力。在全球市场的激烈竞争中，企业面对的是一个变化迅速且无法预测的买方市场，传统的生产与经营模式对市场巨变的响应越来越迟钝和被动。为了改变被动局面，许多企业逐步把目光投向供应链的建立上。这为供应链产生提供了适宜的土壤。

科学技术的进步为企业提供了先进的制造技术和管理方法，如计算机辅助设计（CAD）、柔性制造系统（FMS）、准时制生产（JIT）及精益生产（LP）、物料需求计划（MRP）、制造资源计划（MRP Ⅱ）等。先进技术的推广为供应链的发展提供了技术支撑。尤其是随着新一代信息技术和“一带一路”倡议的推进，供应链概念由产生走向高端化发展。

2.1.2 供应链概念的界定

在21世纪初，英国著名物流专家马丁·克里斯托弗（Martin Christopher）教授曾在《物流与供应链管理》一书中对供应链做出了如下定义[㊁]：供应链是指涉及将产品或服务提供给最终消费者的过程活动的上游及下游企业组织所构成的网络。例如，衬衣制造商是供应链的一部分，它的上游是化纤厂和织布厂，下游是衬衣分销商和零售商，最后到衬衣的最终

㊀ 沃麦克，琼斯，鲁斯．改变世界的机器：精益生产之道[M]．余峰，张冬，陶建刚，译．北京：机械工业出版社，2015.

㊁ 克里斯托弗．物流与供应链管理：第4版[M]．何明珂，等译．北京：电子工业出版社，2012.

消费者。按此定义，这条供应链上的所有企业都是相互依存的，但实际上它们彼此并没有太多的协作。这种供应链仍然是传统意义上理解的供应链。

美国的格雷厄姆·史蒂文斯（Graham C.Stevens）[㊀]认为："通过增值过程和分销渠道控制从供应商的供应商到用户的用户的流就是供应链，它开始于供应的源点，结束于消费的终点。"基于此定义的供应链示意图如图 2-2 所示。作为供应链管理及 IT 领域的咨询专家，史蒂文斯给出的概念中凸显了供应链的外部环境。

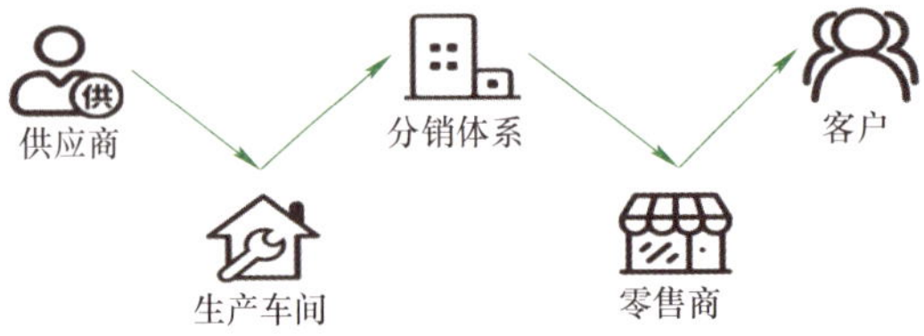

图 2-2　供应链示意图 1

人们对供应链的认识由生物链、价值链、产业链到供应链逐步深入。2001 年，我国正式发布并实施了《中华人民共和国国家标准：物流术语（GB/T 18354—2001）》，该文件对供应链（Supply Chain）做出了明确界定。后经 2006 年、2021 年两次调整审定，现行版本为《中华人民共和国国家标准：物流术语（GB/T 18354—2021）》，并于 2021 年 12 月 1 日正式实施。该标准将供应链的定义修订为："生产及流通过程中，围绕核心企业的核心产品或服务，由所涉及的原材料供应商、制造商、分销商、零售商直到最终用户所形成的网链结构。"网链中的各个实体称为节点。基于此定义的供应链示意图如图 2 3 所示。

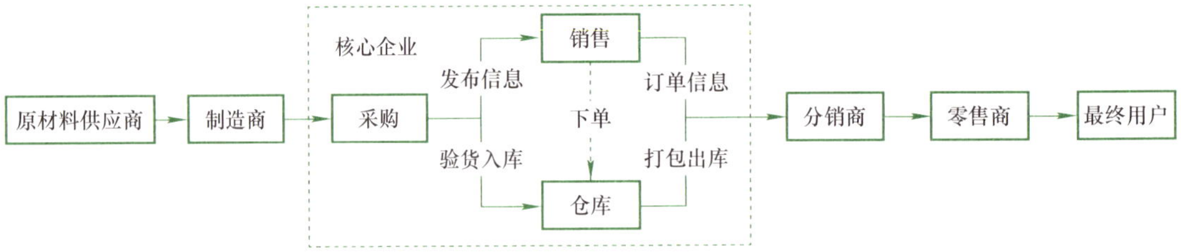

图 2-3　供应链示意图 2

从供应链的定义过程可看出，人们对供应链的认识经历了一个从简单到复杂、从内部到外部、从理论到实践的过程。

事实上，人们早期对供应链的认识，局限于制造企业内部的生产过程，从企业采购原材料和零部件，经过生产加工，转化为外部用户所需要的产品。研究的重点在于，如何提高企业内部资源的有效利用，提高生产运作效率。随着对供应链研究的深入，人们逐步将企业内部生产流程与外部供应商联系起来，进而将供应链概念扩展成为完整的供应链系统和价值增值过程，涉及从原材料至最终用户的各种经济活动。这些经济活动包括寻找资源、采购、生产规划、订单处理、库存管理、运输、仓储和消费者服务等。重要的是，这里还包括监控

㊀ 格雷厄姆·史蒂文斯（Graham C. Stevens），美国克兰菲尔德大学管理学院物流与供应链管理方向客座研究员，被称为供应链管理的"思想领袖"，是一位经验丰富的供应链管理领域的管理学家和实业家。

这些经济活动的整个信息系统。现代经济学者们进一步认为，供应链是一种动态的功能网链，因而开展了范围更广的生产组织关系研究。

2.1.3 智慧供应链的定义

近年来，国家大力发展新一代信息技术，如互联网 +、大数据技术、云计算技术等，将供应链从设计到服务的全过程逐渐变得高效协同，使电子商务得到高质量发展。在电子商务模式下，供应商、分销商、消费者有机结合，传统商业活动被电子化、数据化与网络化，从而形成面向智慧商务的智慧供应链。尤其是人工智能的引领，使智慧供应链模式创新在加速推进，智慧供应链的概念逐步定型。

关于智慧供应链的概念尽管已比较明晰，但对于该概念的定义至今尚无标准术语界定。本书在综合分析之后，认为智慧供应链是在数字经济背景下，以人工智能的数据集成、挖掘、运算、传输等技术方法为支撑，围绕原材料加工、采购、设计、产品生产制造、销售、运输、仓储、配送等产品的全节点链条，形成的一种能够自主控制、高效协同、整体增值的组织形态。

对于智慧供应链的理解，我们要重点抓住“组建理念”“技术方法”和“运行形态”三个方面。

1. 组建理念——协同、高效、增值

在市场向国际开放和资源全球化布局的背景下，互联网技术、国际物流为供应链节点的全球选址、规划、设计提供了基础条件。尤其是“一带一路”倡议逐步被世界多数国家接受并加入，为供应链的组建增添了动力。为提升供应链的安全性和韧性，供应链组建过程中对入链节点的选择原则必须坚守运作思维能够协同，运作过程能够高效，运作绩效能够增值。否则，这样的节点就要被拒之“链门”之外。

视野拓展

智慧供应链迎来历史性的发展环境

物联云仓提供的《智慧供应链行业研究报告》显示：智慧供应链发展历程基本上可以分为五个阶段：初级供应链、响应型供应链、可靠供应链、柔性供应链和智慧供应链，每一个历程都是在以前的基础上进行优化完善。供应链迭代主要体现在从线性向网状变化，传统线性供应链主要由核心企业管控，存在多层级、断链、用户响应滞后、库存分散等问题，而数字化网状供应链则优化了这一系列问题。智慧供应链技术具有渗透性更强、信息集成性更强、协作性更强、可延展性更强等优势。其发展驱动力来自需求端不断追求个性化；供应端生产效率提高，不断追求低成本；新兴技术、数字经济蓬勃发展，利好政策发布，物流数字化、智能化投融资热度高等因素，迎来了历史性的优越发展环境。

2. 技术方法——集成、挖掘、运算

算力经济形态

物联网、大数据、云计算和区块链技术，不断增强人工智能的运作能力。数字经济、算力经济迅速发展壮大，为智慧供应链组建和运作提供了优越的环境条件。产品的生产制造和流通已经呈现出智能化、网络化、协同化、集成化、自动化态势，因此智慧供应链在组建时必须运用集成技术，采用深度的数据挖掘和大数据云计算方法。

3. 运行形态——可视、融合、可控

基于供应链安全的考量，智慧供应链运行时应着眼推进能够模仿人的智能，具有思维、感知、学习、推理判断和自行解决供应链管理问题的能力[㊀]。智慧供应链作为现代智能技术与供应链深度融合[㊁]的产物，必然要实现供应链商流、物流、信息流、资金流等要素层面的无缝对接，从而达到供应链运作的可视、融合和可控。

展望未来，新质生产力将成为驱动中国经济高质量发展的核心动力，与之相对应，必须营造智慧供应链运行的优越环境，放眼全球，运筹帷幄，确保产业链与供应链的韧性和安全，做到对核心竞争力、核心资源、核心技术的自主可控。智慧供应链还必须增强自身的安全感知和预警能力，以应对诡谲多变的国际市场变动态势，进而支撑产业链的可持续发展。

小思考

推进新质生产力的发展，为什么必须增强产业链与供应链的融合发展能力？

2.2 智慧供应链的应用类型

在复杂的国际市场环境下，国家高度重视供应链创新发展。党的十九大报告曾强调在“现代供应链”等领域培育新增长点，形成新动能。党的二十大报告进一步强调“着力提升产业链供应链韧性和安全水平”。这就为智慧供应链的应用指明了方向。基于国家政策和市场发展诉求，智慧供应链的适用领域主要分布在产业发展、金融服务和国际合作等领域。

2.2.1 产业智慧供应链

1. 农业智慧供应链

农业智慧供应链

农业智慧供应链是围绕粮食、果蔬、茶叶、药材、乳制品、蛋品、肉品、水产品、酒等重要产品，推动供应链资源集聚和共享，打造连接农户、新型农业经营主体、农产品加工流通企业和最终消费者的紧密型农产品智慧供应链，是农业全产业链各环节相互衔接配套的绿色可追溯农产品智慧供应链体系。

㊀ 刘志学，等. 关于智慧供应链管理体系的思考 [J]. 供应链管理，2021（09）：5—15.

㊁ 刘伟华，等. 智慧供应链质量标准体系探究 [J]. 供应链管理，2022（09）：5—19.

2. 工业智慧供应链

工业智慧供应链围绕钢铁、煤炭、水泥、玻璃、家电、汽车、电子、纺织、大型飞机、机器人、发动机、集成电路等相关产业，推动企业打造供需对接、资源整合的供应链协同平台和对接个性化需求与柔性化生产的智能制造供应链协同平台，致力打造合作紧密、分工明确、集成联动的“政产学研”一体化的智慧供应链创新网络。

3. 流通智慧供应链

流通智慧供应链是通过企业与供应商、生产商的系统对接，组建的流通与生产深度融合的供应链协同平台。该平台实现了供应链需求、库存和物流实时共享可视。它能够推动企业建设运营规范的商品现货交易平台，并能提供供应链增值服务，提高资源配置效率。它通过促进传统实体商品交易市场转型升级，打造线上与线下融合的供应链交易平台，促进市场与产业融合发展。它通过建设供应链综合服务平台，提供研发、设计、采购、生产、物流和分销等一体化供应链服务，提高流通效率，降低流通成本。它能推进城市居民生活智慧供应链体系建设，发展集信息推送、消费互动、物流配送等功能于一体的社区商业。

2.2.2 金融智慧供应链

1. 金融供应链节点

在现代社会，金融智慧供应链从建立到运行均涉及政府的调控、银行的执行、平台的支撑、核心企业的运作和最终客户的坚守。这些环节决定了金融智慧流动的基本质量，也是金融智慧供应链的关键节点。金融智慧供应链的运作流程如图 2-4 所示。

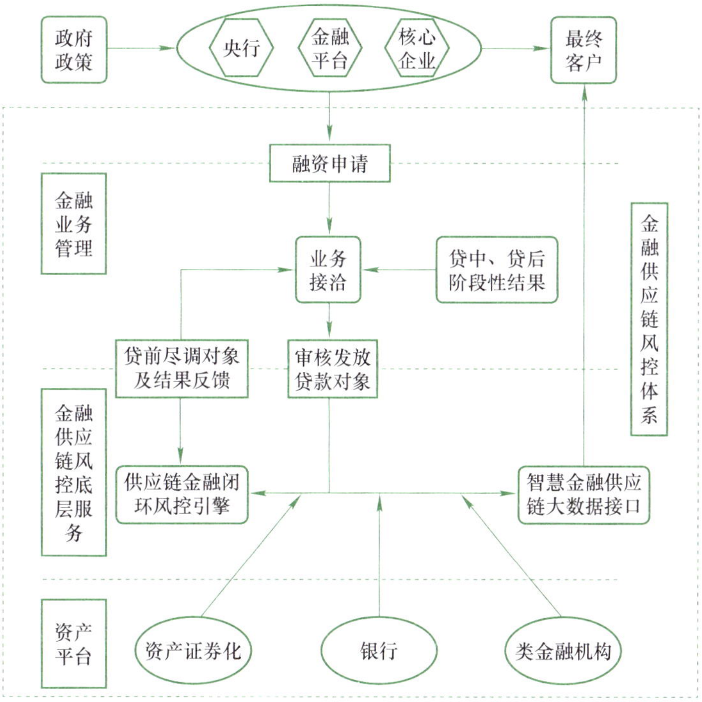

图 2-4　金融智慧供应链的运作流程

2. 金融智慧供应链服务

金融智慧供应链通过推动供应链核心企业与商业银行、相关企业等开展合作，创新了供应链金融服务模式。它通过发挥国家票据交易所、中征应收账款融资服务平台和动产融资统一登记公示系统等金融基础设施的作用，在有效防范风险的基础上，积极稳妥地开展供应链金融业务，为资金进入实体经济提供安全通道，为符合条件的中小微企业提供成本相对较低、高效快捷的金融服务。它通过推动政府、银行与核心企业加强系统互联互通和数据共享，加强供应链金融监管，打击融资性贸易、恶意重复抵质押、恶意转让质物等违法行为，建立失信企业惩戒机制，推动供应链金融市场的规范运行，确保资金流向实体经济。

金融智慧供应链通过完善公共信用信息平台，推动地方信用信息共享平台、金融机构、供应链核心企业等信用信息交换共享。它通过建立供应链金融服务平台，创新供应链融资产品，为供应链上下游中小微企业提供高效便捷的融资渠道。它鼓励供应链核心企业、金融机构与中国人民银行征信中心建设的应收账款融资服务平台对接，积极带动上下游企业加入平台并确认信息，发展线上应收账款融资等供应链金融模式，拓宽中小企业的融资渠道。

2.2.3 全球智慧供应链

1. 全球智慧供应链构建的背景

面对国际经贸格局和规则的不断变化调整，需要主动融入全球供应链网络，不断提高全球供应链安全水平，并积极参与全球供应链规则的制定；要引导企业利用两个市场、两种资源，有效对冲和规避风险，建立全球供应链风险预警机制，提升全球供应链风险防控能力。

2. 全球智慧供应链的内容

从网络结构的视角分析，全球智慧供应链包括贸易网络、采供网络、物流网络、结算网络和信息网络等内容。在物流网络领域，尤其要加强铁路通道网络、航空运输网络、沿海主要港口航运网络的互联互通。在国际班列开通上，要稳定提升班列的数量和质量，推动班列与产业联动发展，打造高效便捷的国际货运走廊。在全球贸易、采供、投融资领域，重视企业通过在地投资、股权并购等方式，快速拓展海外市场，引进先进技术和企业管理经验；强化境外经贸合作区建设，开展跨领域、跨行业协同创新，融入全球创新网络，参与全球资源配置。在跨境电商领域，重视企业设立境外分销和服务网络、物流配送中心、海外仓、海外运营中心等，建立产能协调的本地化供应链体系。

全球智慧供应链的运作

视野拓展

浙江省智慧供应链应用创新的“十大工程”

2019 年，浙江省提出加大智慧供应链创新应用，明确了以下十大工程。

（1）城市现代供应链体系建设工程　建设现代供应链示范城市。开展现代供应链示范城市建设工作，努力打造一批国家级、省级供应链创新和应用示范城市。

（2）现代供应链平台建设工程　培育现代农业供应链平台。建立和完善智慧农业云平台，构建云端协同、全程覆盖、开放共享的农业供应、发展现代制造业供应链平台，培育现代服务业供应链平台，建设一批数据智能驱动、线上与线下协同的供应链综合服务平台。

（3）供应链企业培育工程　抓好示范企业培育工作，提升企业供应链的应用水平。支持农产品供应链龙头企业通过直接投资、参股经营、订单合作等方式，带动农户、专业合作社和家庭农场融入农业供应链体系。推动工业化和信息化深度融合，营造龙头企业创新引领、中小微企业积极参与的制造业供应链发展氛围。加快流通业数字化转型，推动重点商品市场提升供应链综合服务能力，鼓励批发、零售、物流企业提升供应链协同能力，提升中小微流通企业及零售终端供应链融入水平。

（4）供应链创新体系建设工程　支持供应链技术创新，建立健全供应链“产学研用”合作创新机制，支持有条件的高校、科研院所和重点企业建设供应链研发机构，创新物流追溯技术，推进人工智能、云计算、大数据、物联网、区块链等新技术和现代管理方法在供应链领域的创新应用。培育供应链创新服务体系，加快培育一批软件开发、数据服务、金融风控等第三方供应链服务机构。引导跨国公司、国际知名供应链服务企业在我省设立地区总部。支持海内外供应链高层次人才与我省企业、科研院所建立创新服务平台。

（5）全球供应链构建工程　加快布局境外供应链网络，积极参与“一带一路”建设，大力推进“一带一路”系列境外站建设，加快推动境外经贸合作区、物流配送中心、分销服务网络、海外仓等的布局，构建互联互通的境外供应链网络，打造全球化供应链体系。提升开放平台供应链服务水平，依托中国（浙江）自由贸易试验区，建设大宗商品和农产品全球供应链；提升海关特殊监管区、开发区、高新区等平台供应链服务水平；推动跨境电子商务物流信息互联互通，构建有全球竞争力的跨境电子商务供应链；推动我省跨国企业整合境内外资源，构建有影响力的进出口供应链体系。

（6）供应链金融体系建设工程　推进供应链金融创新与应用，引导供应链核心企业、金融机构与人民银行应收账款融资服务等平台对接，创新发展应收账款、存货、预付款融资和保险、保理等现代供应链金融服务。创新开展资产证券化业务，支持符合条件的财务公司延伸产业链金融服务；鼓励供应链企业利用股权投资基金等金融工具，整合供应链资源。支持政府产业投资基金加大供应链领域投资，支持符合条件的供应链企业上市、并购和重组。有效防范供应链金融风险，推动金融机构、供应链核心企业完善风险控制体系。健全供应链金融担保、抵押、质押、转让机制，鼓励开展应收账款及其他动产融资质押和转让登记，确保资金流向实体经济。

（7）绿色供应链推广工程　大力推动绿色制造，推行重点产品全生命周期绿色管理，在汽车、通信、大型成套设备及机械等行业开展绿色供应链管理示范工作。探索建立统一的绿色产品标准、认证、标识体系，推动形成绿色制造供应链体系；健全生态环境领域严重失信企业联合惩戒机制。积极推行绿色流通，倡导绿色采购、绿色物流、绿色销售、绿色消费，打造绿色商品流通供应链；鼓励建设废旧资源回收利用和再生资源交易供应链体系。落实生产者责任延伸制度，优化供应链逆向物流网点布局，促进资源回收和再制造。

（8）重点设施项目推进工程　推进供应链公共基础设施布局，围绕大湾区大花园大通道大都市区建设，推动形成“四港”融合、多式联运运输体系；加快推动杭州、宁波-舟山、温州、金华-义乌等国家级物流枢纽建设，推进完善省级重点物流仓储设施节点布局。支持企业供应链设施改造，以供应链核心企业和平台为引领，支持物流仓储设施设备的标准化、智能化、数字化改造；围绕消费升级，加快推动食品药品、生鲜农产品全程冷链设施改造升级；聚焦服务业数字化转型，鼓励供应链平台及重点企业针对物流、仓储、包装、结算、回收利用等环节开展智能化改造。

（9）供应链人才体系建设工程　实施供应链人才引进和培养计划，加大现代供应链人才引进力度，参照相关规定在住房补贴、子女教育、医疗保障等方面给予优惠待遇；加强供应链人才培养，支持省内高校设置供应链相关专业；开展供应链重大问题研究，积极创造条件依法组建相应的社会团体。

（10）政府治理模式创新工程　建立数字化协同治理机制，以“最多跑一次”改革为指引，加快构建多部门协同、各级政府联动的数字化政府治理模式，建立高效的公共管理机制；建立和完善具有浙江特色的现代供应链标准体系和统计监测体系；立足行业管理和企业共性需求，推进建设供应链公共服务平台。

2.3 智慧供应链的延展

2.3.1 智慧供应链的协同治理

（1）加强供应链标准体系、信用体系和人才体系等支撑建设　普及供应链思维，制订智慧供应链标准，加强企业信息化升级，培养智慧供应链专业人才，提高与上下游企业的协同能力，形成分工协作的网络体系，积极“走出去”开展对外贸易投资合作，构建全球智慧供应链网络，提升全球资源配置效率。

（2）探索智慧供应链政府公共服务和治理新模式　以完善政策、优化服务、加强监管为重点，改革相关体制、机制，出台相关支持政策、措施，宣传推广供应链思维、理念和技术，营造供应链创新与应用的良好环境。积极打造供应链公共服务平台，研究、设立供应链创新产业投资基金，建设供应链科技创新中心，支持供应链前沿技术、基础软件、先进模式等的研究与推广。

（3）推进供应链协同制造　鼓励龙头企业与上下游企业开展供应链对接合作，打造网络化协同制造平台，建立和完善从研发设计、生产制造到售后服务的全链条供应链体系，推动协同设计、协同采购、协同制造、协同物流，促进大中小企业专业化分工协作，实现产业上下游快速响应客户需求，缩短生产周期和新品上市时间，提升生产制造企业的网络协作程度，降低生产经营和交易成本。发展基于供应链的生产性服务业，提供制造服务链融合利用、服务价值链协同等公共服务，推动制造供应链向产业服务供应链转型，促进供应链高效协同、提质增效，提升制造产业价值链。推动大型批发、零售、物流企业发挥在各自流通供应链中的主导地位，整合供应链资源，打造采购、分销、仓储、配送供应链协同平台。支持流通企业与供应商、生产商系统对接，建设流通与生产衔接的供应链协同平台，实现信息实时共享，提高协同计划、自动预测和补货能力，构建跨界融合、共享共生的供应链商业生态圈。

视野拓展

海尔推进跨界协同　打造全流程最佳体验

2023年6月中旬，在“工业互联网与供应链行业融合应用论坛”上，工业互联网产业联盟发布“2022年供应链数字化转型案例名单”，海尔智家旗下重庆海尔洗衣机互联工厂、郑州海尔空调互联工厂同步入选。

在物联网时代，用户体验为王。要想不断升级用户体验，不仅需要持续的技术创新，也离不开供应链上下游协同合作。在升级和迭代技术的同时，海尔智家还积极整合优质供应商资源，共同面对用户需求，通过协同设计开发，满足用户最佳体验。

尤其是本次入选供应链数字化转型案例的郑州海尔空调互联工厂，致力打造行业内先进的互联工厂。通过标准化、模块化、自动化的导入及数字化系统的集成，工厂以互联网及物联网两大技术为基础，搭建五大系统集成的数字化平台并创新15类引领的业务模式，实现用户和生产的互联，快速满足用户的个性化定制需求。

不仅如此，郑州海尔空调互联工厂还通过产品的模块化设计，让供应商从零件商供货变为模块竞标，跨界引入一流供应商参与模块前端设计。

2.3.2　智慧供应链的绿色低碳

以全过程、全链条、全环节的绿色发展为导向，优先采购和使用节能、节水、节材等环保产品、设备和设施，促进形成科技含量高、资源消耗低、环境污染少的产业智慧供应链。

发展全过程、全环节的绿色供应链体系。推动深化政府绿色采购，行政机关和使用财政资金的其他组织应当优先采购和使用节能、节水、节材等环保产品、设备和设施，并建立相应的考核体系。制定重点产业企业绿色供应链构建指南，建立健全环保信用评价、信息强制性披露等制度，依法依规公开供应链全环节的环境违法信息。支持环境保护技术装备、资源综合利用和环境服务等环境保护产业的发展。加大对绿色产品、绿色包装的宣传力度，鼓励开展“快递业＋回收业”定向合作，引导崇尚自然、追求健康的消费理念，培育绿色消费市场。

贯彻绿色发展理念，推行产品全生命周期绿色管理，鼓励和引导工业企业走绿色发展道路，创建绿色工厂、绿色供应链企业。强化供应链的绿色监管，认真实施统一的绿色产品标准、认证、标识体系，积极扶植绿色产业，鼓励采购绿色产品和服务，行政机关和使用财政资金的其他组织应当优先采购和使用节能、节水、节材等环保产品、设备和设施，推动形成绿色制造和消费供应链体系。

积极推行绿色流通。积极倡导绿色消费理念，大力宣传、普及绿色制造、绿色消费和清洁生产等知识，引导消费者选择绿色产品，推进衣、食、住、行等领域的绿色化，引领生活方式转变，培育绿色消费市场。以大型商场、批发市场、电子商务企业等为重点，创建一批集节能改造、节能产品销售和废弃物回收于一体的绿色商场。培育一批绿色流通企业，引导流通企业扩大绿色商品采购和销售，推行绿色包装和绿色物流，推行绿色供应链环境管理。推动绿色仓储发展，重点推广密集型货架系统、节能照明系统、物流周转箱循环共用、标准托盘循环共用、绿色包装技术等，建立绿色物流体系。

支持企业建立重要资源和产品全球供应链风险预警系统，推进绿色采购，实施绿色信用评价，建立对外投资环境风险管理规范，引导企业利用两个市场、两种资源，有效对冲和规避风险。

视野拓展

绿色、低碳、智慧

2023 年 10 月 31 日，上海国际城市与建筑博览会虹口区论坛在上海世博展览馆举行，论坛主题为“新旧融合　智慧韧性　未来城市”。

据悉，虹口区北外滩作为上海市市中心唯一一块可成片规划、深度开发的黄金地段，为了更好地支撑城市发展新理念落地生根，在如何做好顶层设计、推进低碳与智慧发展、以精细化管理提升城市建设品质方面不断探索。近年来，虹口区北外滩聚焦绿色低碳建设与智慧发展并举，以上海市低碳发展实践区创建为抓手，围绕“零碳化、人本化、数字化”绿色发展融合需求，对标有国际影响力的 CAZ（中央活动区），研究制定北外滩绿色低碳顶层规划，积极推进超高层能碳双控、绿色低碳产业、智慧能源等专题研究，着力打造“世界级碳中和水岸典范”。同时，落实城市数字化转型，加快推进“北外滩核心区数字元城”，以及“滨水智慧化管理”应用场景建设，以数字赋能，助力高标准建设。

2.3.3　智慧供应链的个性创意

随着供应链的灵活性和敏捷性的增强，供应链通过实现更强的差异化与个性化，赢得供应链之间的竞争。供应链的创意化避免了“千人一面”的供应链管理模式，应用物联网技术不断提升供应链的创意空间、更新供应链的创意手段。创意智慧供应链是供应链发展的高级形态，要求企业能够深入地把握市场需求及其发展动向，洞悉物流产业发展技术、格局与竞争情况，掌握物流行业技术的需求与应用前景。

基于人工智能、大数据等新技术的智慧供应链对信息网络、个性空间、技术标准等环节有着特殊要求。

（1）依托信息网络　新一代信息技术使信息网络由虚拟走向现实，通过识别、跟踪、监控、管理等职能，使物流运输、仓储、配送、流通加工等活动呈现出全程透明化、智慧化的全息景观。由于创意业态是现代服务业态的高层次，所以智慧供应链必然以信息网络技术的充分挖掘为核心。只有这样，才能将智慧供应链塑造成引领物流发展的新方式。

（2）营造个性空间　打造智慧供应链的目的是更好地满足用户的需求，提升物流效率。所以，个性空间的拓展是创意供应链运作过程中的重要任务。随着知识经济的发展，经济社会生活中的个性化要求越来越凸显。电子政务、电子商务、远程控制、智慧城市等现代工作、生活方式的推行，为物流配送提出了加速转型发展的诉求。智慧供应链不仅要优质地满足用户的个性化需求，还要对其进行启迪、开发，形成物流配送领域的一个新体系。

（3）创新技术标准　创意产业是一个充满专利的产业，所以智慧供应链必定以技术标准为依托。物流设施、物流工具、物流产品、物流流程等在创意物流模式下，推崇技术革新，推行机器换人。整体的个性化产品是由局部的标准化配件通过在物流配送过程中的柔性制造实现的，正像一个圆柱形的烟囱是由方形的砖块砌成的一样。没有技术标准，就没有效率，也就谈不上创意。

智慧供应链正是在这样的背景下萌生的，它既然要以人为服务中心，就是要扩大用户的个性化空间。其个性化要素包括配送过程要使客户在恰当的时间、灵活的地点、适宜的数量、可靠的质量、增值的文化等方面感到满足。这些个性化要素的满足必须基于法治社会、知识经济、完全信息、文化管理的外部环境。创意智慧供应链的个性化要素与外部环境要素构成如图2-5所示。

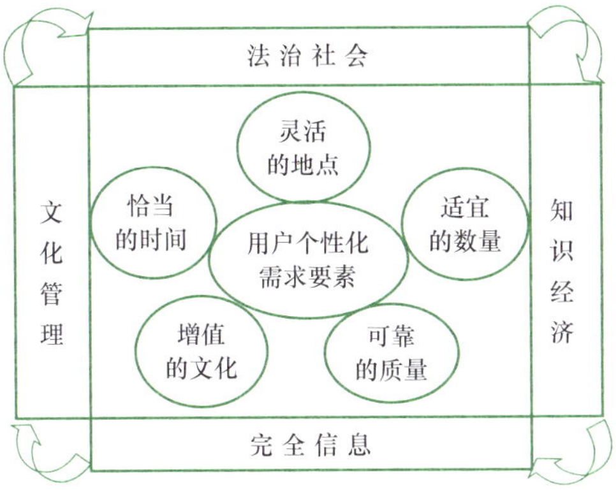

图2-5　创意智慧供应链的个性化要素与外部环境要素构成

创意智慧供应链的运作，需要最终用户、供应链节点以及文化价值环节形成的新网络节点间的密切配合，其相关赋能要求如图 2-6 所示。

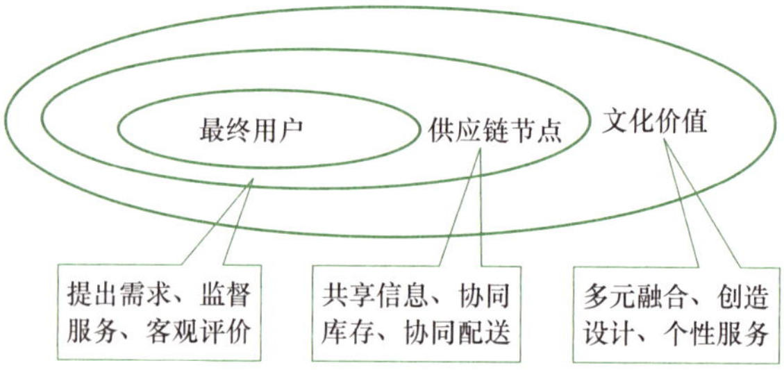

图 2-6 创意智慧供应链各环节赋能要求

素养园地

党的二十大报告明确提出，着力提升产业链供应链韧性和安全水平，这是以习近平同志为核心的党中央从全局和战略的高度做出的重大决策部署，充分显示了供应链的地位和作用。

请你查阅资料，剖析华为的全球智慧供应链网络生态，谈谈全球智慧供应链对先进制造业高质量发展的支撑和助推作用。

技能训练

请你选择一个身边的产业供应链，观察分析该供应链的节点构成和智慧元素，谈谈对产业智慧供应链未来发展的展望。

同步测试

一、判断题

1. 波特的价值链理论可以看作供应链产生的前奏。 （　）

2. 《精益思想》一书以价值流为线索引出了“供货链”和“销售链”的概念，这可看作供应链产生的雏形。 （　）

3. 供应链是一种静态的功能网链。 （　）

4. 农业智慧供应链是农业全产业链各环节相互衔接配套的绿色可追溯农产品智慧供应链体系。 （　）

5. 工业智慧供应链旨在满足个性化需求，因而很难推进协同创新。（　　）

6. 流通智慧供应链是通过企业与供应商、生产商的系统对接，组建的流通与生产深度融合的供应链协同平台。（　　）

7. 金融智慧供应链通过建立供应链金融服务平台，创新供应链融资产品，为供应链上下游中小微企业提供高效便捷的融资渠道。（　　）

8. 全球智慧供应链往往不需要依靠高效便捷的国际货运走廊。（　　）

9. 智慧供应链标准制订与否对智慧供应链的协同治理影响不大。（　　）

10. 推进供应链协同制造是智慧供应链协同治理的重要环节。（　　）

二、单选题

1. 生物链揭示的是一种（　　）。

A. 生产关系　　B. 社会关系　　C. 自然关系　　D. 劳动关系

2. 迈克尔·波特认为，尽管不同企业的价值链各不相同，但在企业产品的采购、销售、生产制造各环节中，（　　）仍在随产品的流动而流动。

A. 产业链　　B. 产品链　　C. 销售链　　D. 价值链

3. 智慧供应链作为现代智能技术与供应链深度融合的产物，必然要实现供应链（　　）、物流、信息流、资金流等要素层面的无缝对接。

A. 商流　　B. 物料流　　C. 产品流　　D. 价值流

4. 面对诡谲多变的国际市场，智慧供应链还必须增强自身的安全感知和（　　）。

A. 化解能力　　B. 预警能力　　C. 协作能力　　D. 沟通能力

5. 从网络结构的视角分析，全球智慧供应链包括贸易网络、（　　）、物流网络、结算网络和信息网络等内容。

A. 交易网络　　B. 采供网络　　C. 金融网络　　D. 运输网络

三、多选题

1. 供应链是指生产及流通过程中，围绕核心企业的核心产品或服务，由所涉及的原材料（　　）直到最终用户所形成的网链结构。

A. 供应商　　B. 制造商　　C. 分销商　　D. 零售商

2. 智慧供应链的组建理念重点包括（　　）。

A. 协同　　B. 高效　　C. 增值　　D. 算力

3. 智慧供应链构建采用的技术方法主要包括（　　）。

A. 认知　　B. 集成　　C. 挖掘　　D. 运算

4. 智慧供应链的运行形态表现为（　　）。

A. 可视　　B. 融合　　C. 简洁　　D. 可控

5. 金融智慧供应链从建立到运行均涉及（　　）和最终客户的坚守。

A. 政府的调控　　B. 银行的执行

C. 平台的支撑　　D. 核心企业的运作

四、简答题

1. 简述产业链和供应链之间的关系。
2. 简述智慧供应链的概念。
3. 简述农产品智慧供应链的节点构成和相互关系。
4. 简述全球智慧供应链的主要内容。
5. 简述智慧供应链协同治理的实施要点。

五、论述题

1. 如何推进智慧供应链的个性创意发展?
2. 结合实际谈谈构建绿色低碳智慧供应链的路径。

单元3
智慧物流供应链管理的认知

知识目标

- 了解智慧供应链管理的概念
- 理解智慧物流供应链管理的概念
- 掌握智慧物流供应链管理的特征
- 明晰智慧物流供应链管理的作用
- 掌握智慧物流供应链管理的内容和目标

技能目标

- 能结合不同的智慧物流供应链应用剖析出相应的管理要点
- 能结合实际设计具体的智慧物流供应链的科学管理流程
- 能结合实际编制智慧物流供应链管理目标方案

素养目标

- 培养对协同的认知，强化学生的团队合作精神
- 培养对规律的认知，增强学生的科学管理意识

思维导图

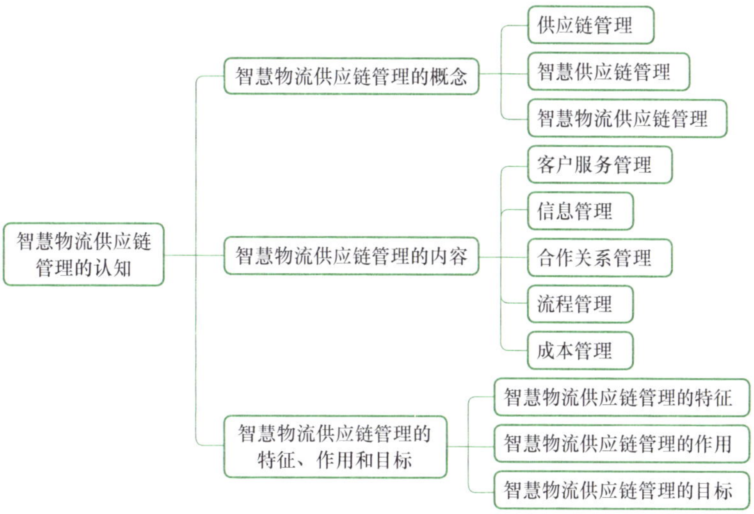

情景案例

智慧供应链管理面临的主要挑战

据2022年9月23日澎湃新闻消息：《智慧供应链白皮书：数智世界·链通全球》正式发布，指出供应链中的商流、信息流、资金流和物流，都将通过数字化联系起来，并通过人工智能进行优化配置和决策赋能。随着工业4.0的快速发展，供应链数字化需要配套升级为智慧供应链。当前智慧化供应链运作和管理面临三大挑战：

一是，如何在复杂的国际环境下，保证供应链的可靠服务。近年，随着“准时制生产”（JIT）“零库存”理念的深入人心以及跨境电商平台的兴起，无论大、小货主都对运输时效性和货物运输安全越来越重视。这在一定程度上要求国际供应链服务必须提升自己的履约能力，即保证将约定数量的货物安全、按时送到约定的收货人手中，使得如何强化履约保障成为智慧供应链面临的一大新挑战。

二是，如何实现物流全程可视化，有效提高供应链的风险控制能力。物流全程可视化即帮助货主、承运人及其他相关主体实时了解货物的运输情况，包括实时位置、状态监测数据以及异常状态等，以便在出现问题时做到及时了解与应对。但现在技术成熟度不统一，海上运输货物的监测依然有短板；不同渠道的数据资源整合还不到位，这在不同程度上制约着智慧供应链的管理成效。

三是，如何保证供应链各环节高效协同，以提高供应链的竞争力。当前供应链各环节之间协同效率低，主要原因在于数据孤岛的存在。这里有主观因素，也有客观因素。主观因素是指部分企业担心数据共享会导致数据泄露，进而影响其竞争优势的发挥，因此对数据共享仍有抗拒心理。客观因素有两点：①数据标准不统一，传统供应链信息系统一般是基于企业内部需求建立的，仅关注数据在企业内部的流转，对于和外部的数据衔接则相对不重视，因而导致不同的供应链信息系统使用不同的标准，客观上影响数据的流通；②供应链各环节、各地区数字水平不一，头部企业对于供应链的数字流程建设已经相对完善，如海尔、菜鸟、京东和顺丰等，而仍有相当一部分中小型企业存在信息化水平落后的问题。

思考：

案例显示智慧供应链管理仍存在诸多短板和挑战。

请你根据背景资料，结合身边某一智慧供应链管理的实践，谈谈对智慧供应链管理的必要性和关键点的认知。

3.1　智慧物流供应链管理的概念

3.1.1　供应链管理

1982 年，英国物流专家、博思公司（Booz & Company）[㊀]的资深合伙人凯思·奥立夫（Keith Oliver）和迈克尔·韦伯（Michael Webber）在《观察》杂志上发表了《供应链管理：物流的更新战略》，首次提出“供应链管理”的说法[㊁]。

美国管理学家格雷厄姆·史蒂文斯（Graham Stevens）在 1989 年从集成的角度强调了供应链管理的概念，包括在企业内部集成和在企业外部集成。在这期间，供应链整个链条各相关成员之间的合作非常重要。因为在供应链初步形成阶段，供应链上各成员之间有时存在利益冲突，信息流在向上传递时也时常发生信息曲解现象。信息不能有效共享，种种利益冲突导致供应链管理的绩效不高，削弱了整个供应链的竞争力。

1998 年，美国供应链专家弗雷德·库琳（Fred Kuglin）在其《以顾客为中心的供应链管理》[㊂]一书中，把供应链管理定义为：制造商与它的供应商、分销商及用户，即整个“外延企业”中的所有环节协同合作，为顾客所希望并愿意为之付出的市场，提供一个共同的产品和服务。这样一个多企业的组织，最大限度地利用共享资源（人员、流程、技术和性能评测）来取得协作运营，其结果是形成迅速投放市场并获得顾客满意的产品和服务。这种协调供应链主张各合作公司之间一致“协调对外”，促进了供应链的发展，使供应链合作伙伴关系的建立逐步纳入了人们的视野。

2004 年 7 月 15 日，美国物流管理协会（Council of Logistics Management，CLM）于芝加哥郊区的奥克布鲁克总部公布消息，美国物流管理协会将于 2005 年 1 月 1 日起，正式更名为“供应链管理专业协会”（Council of Supply Chain Management Professionals，CSCMP）。这标志着全球进入供应链管理时代的开始。该协会给供应链管理下的定义是：“供应链管理包括了涉及外包和获取、转化的计划和管理活动，以及全部的物流管理活动。更重要的是，它也包括与渠道伙伴之间的协调与合作，这些渠道伙伴包括供应商、分销商、第三方服务提供商和客户。从本质上说，供应链管理是企业内部和企业之间的供给和需求的集成”。[㊃]

《中华人民共和国国家标准：物流术语（GB/T 18354—2021）》明确了供应链管理（Supply Chain Management）是“从供应链整体目标出发，对供应链中采购、生产、销售各环节的商流、物流、信息流及资金流进行统一计划、组织、协调、控制的活动和过程”。这个定义实际上按照中国文化将“供应链”与“供应链管理”做了区分，又以简练的表达拓展了供应链管理的内涵和外延。

㊀ 博思公司是一家为商业客户、政府部门和其他组织机构提供优质服务的全球顶尖管理咨询公司。
㊁ 朱占峰，陈勇．供应链管理 [M]．4 版．北京：高等教育出版社，2023：10.
㊂ Kuglin. Customer-Centered Supply Chain Management[M]. New York: Amacom, 1998.
㊃ Paulo R H. The evolution and future of logistics and supply chain management[J]. European business review, 2007, 19(4):332-348.

3.1.2 智慧供应链管理

智慧供应链管理的概念

在新时代，由于智慧供应链已分布在三大产业、城乡治理、金融服务、全球采供等方面，因此智慧供应链管理的内涵和外延均已大幅拓展。

由于国家标准术语对智慧供应链管理尚未有明确的界定，本书认为：智慧供应链管理是基于物联网、大数据、云计算、区块链等技术，利用条码、射频识别、传感器、通信网络、平台系统等新一代信息化设施系统，通过集成、挖掘、运算、调控等方法，对智慧供应链进行计划、组织、协调和控制，以保障原始供应商到最终用户之间的商流、物流、信息流和资金流可视、融合和可控，从而实现智慧供应链智能化运作的协同、高效和增值。

从智慧供应链管理的定义可看出以下 3 个方面：

（1）智慧供应链管理是一种新型的管理模式　它在管理过程中各节点企业之间有主次之分，核心企业在与其他渠道伙伴协作时居于主动地位，承担更多的责任。它把供应商、制造商、平台商、物流商、消费者等在一条供应链上的所有节点联系起来进行优化，使生产资料以最快的速度，通过生产、分销环节变成增值的产品，到达消费者手中。这不仅可以降低成本，减少社会库存和浪费，而且使社会资源得到优化配置。智慧供应链管理模式示意图如图 3-1 所示。

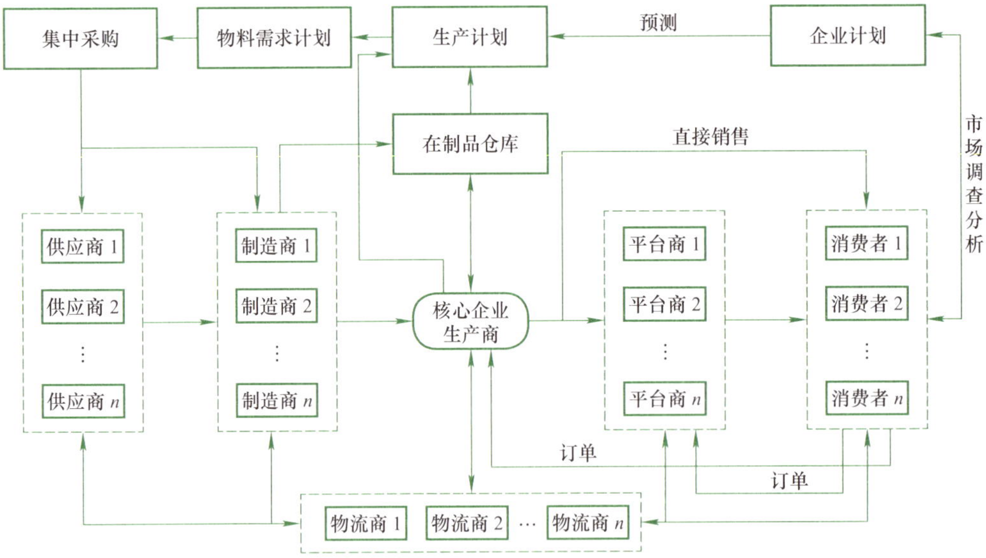

图 3-1　智慧供应链管理模式示意图

（2）智慧供应链管理是一种集成的管理方法　它执行供应链中从供应商到最终用户的商流、物流、信息流和资金流的计划与控制等职能。智慧供应链管理的范围涵盖了从最初的原材料采购直到最终产品到达消费者手中的全过程，管理对象是在此过程中所有与订单、物品、信息和资金流动有关的活动和相互之间的关系。

（3）智慧供应链管理是一种管理策略　它主张把不同企业集成起来以提升供应链的效率，注重节点企业之间的合作。它把供应链上的各个节点企业作为一个不可分割的整体，使其分担的采购、分销和销售的职能，成为一个协调发展的有机体。

视野拓展

日日顺诠释了物联网时代下智慧物流供应链管理的新范式

“市场上只有供应链而没有企业，真正的竞争不是企业与企业之间的竞争，而是供应链与供应链之间的竞争。”这句话广为流传，诠释了供应链到底有多重要。

互联网与物联网等深度融合时代下的智慧供应链具体是什么样的？新时代下的日日顺智慧物流供应链给出了新解。

（1）“供”：满足用户需求的源泉　供应链中的“供”字，可以理解为“供应商”，也可以理解为“供应”的行为，即供应商通过提供实物产品或服务产品，满足B端或C端用户的需求的行为。例如，日日顺供应链根据适用场景和服务内容不同，将其提供的服务分为供应链管理服务、基础物流服务以及生态创新服务。针对B端，日日顺供应链为家电、家居、汽车、冷链、快消、光伏等行业提供行业定制化解决方案，并根据客户日常业务运营的需求提供运输、仓储、末端装配等不同节点的服务。针对C端，日日顺供应链首创场景物流模式，在向终端消费者交付产品和服务的过程中，通过互动及沟通进一步挖掘终端消费者的个性化需求，协同合作方为用户提供基于生活场景的增值服务。

（2）“应”：科技应用的驱动力　日日顺供应链在供应链关键节点广泛应用现代信息技术，推进供应链全流程的数字化布局，对从订单到末端服务的数据进行采集及挖掘分析，搭建一个端到端的可视化、可感知、可调节的供应链网络；搭建了一个辐射全国的三级分布式仓储网络，在全国快速布局了900多个包括中央配送中心（CDC）、区域配送中心（RDC）及快速分拨中心（TC）的仓库，并推进仓库的智慧化和无人化建设。

（3）“链”：连接千行百业的纽带　日日顺供应链不仅将单一、分散的服务环节及服务资源进行一体化整合，连接物流地生产商、运输商、配送商、车主等行业资源，更是连接千行百业，吸引着几千家跨行业、跨领域的生态方，覆盖家电、家居、汽车、冷链、快消、光伏等多个行业。日日顺打造了一个智慧供应链生态圈和人才生态圈。

3.1.3　智慧物流供应链管理

智慧物流供应链作为诸多智慧供应链中的重要组成部分，在各类智慧供应链运作中发挥着纽带作用。新时代使越来越多的产品变成无明显技术和成本差异的普通商品，竞争焦点在速度上，经营者将尽力从产品的可得性、可靠性以及售后等方面使产品获得差异化优势。在以智慧物流主导的供应链中，物流企业贯穿了整个供应链，物流商可通过整合运输、包装、加工等社会资源运作的网络体系为客户提供附加价值服务，以保证产品具备较强的竞争性，形成智慧物流供应链。同时，不断增强的消费者个性化需求产生了频率很高的小批量采购、小批量生产和小批量运输，物流商为取得成本优势，再加上本身对物流的熟悉程度远远高于其他成员，从而能胜任有效的供应链组织者和管理者的角色。这都为物流商进行供应链整合创造了条件，所以智慧物流供应链管理的地位越来越重要。智慧物流供应链管理示意图如图 3-2 所示。

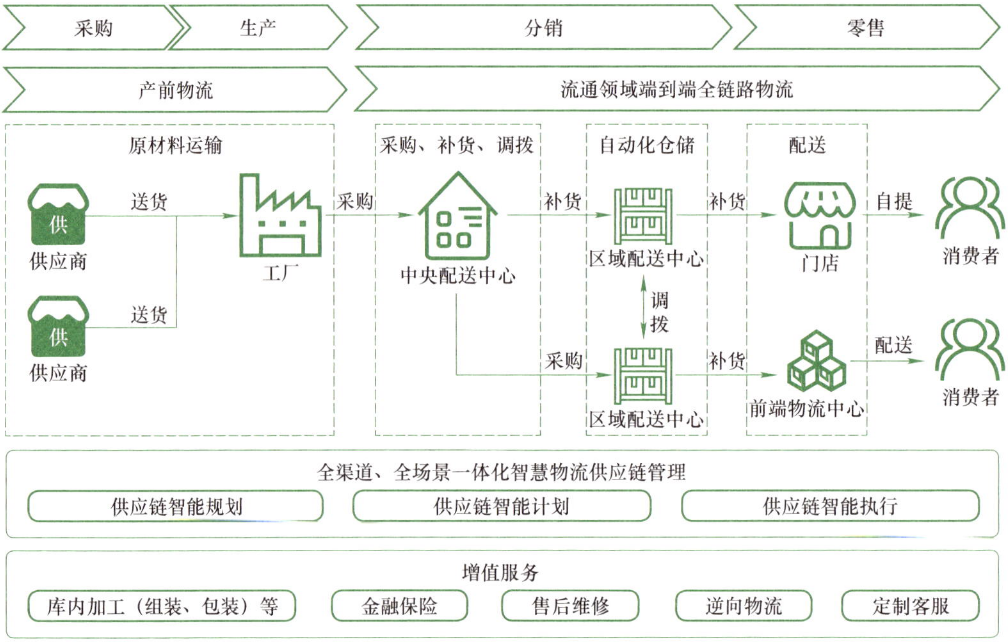

图 3-2　智慧物流供应链管理示意图

智慧物流供应链管理是随着社会化分工和物流专业化、社会化程度的进步而出现的，是一种集成化的管理思想与运作方式。智慧物流供应链利用物流服务的集成与资源的整合，在满足客户价值诉求的同时，实现供应链系统整体价值的增值。

小思考

智慧物流供应链与智慧供应链的主要区别在哪里？

从图 3-2 可以看出，物流商承担了供应链中的大量工作。物流商利用自身的经营优势，根据客户的实际物流需求和企业的经营方式，设计合理化、科学化的工作方案，为客户提供“商流、物流、信息流、资金流”四位一体的综合物流解决方案，整合资源，在保证客户服务质量的情况下，用最低的成本进行物流操作。

智慧物流供应链管理的重点在于以下 3 个方面：

（1）品牌效应　智慧物流供应链中物流企业的主导性，客观要求物流商具有强大的品牌效应，以使该供应链节点产品能够对其形成向心力和依赖性。由于智慧物流供应链中物流企业具有主导性，因此其物流功能发挥的程度直接影响供应链管理的绩效水平。

（2）整体效益　在智慧物流供应链管理过程中，需要实施专业化组织和制度化管理，最终达到单一的节点所达不到的结果；需要建设具有信息资源集成功能的信息平台系统，突出供应链绩效的整体化设计，通过运用各种先进的理论和信息技术真正达到供应链节点间的无缝连接，最大限度地发挥供应链的整合优势。

（3）集成效力　智慧物流供应链发展的重要理念之一就是为生产经营企业及其所在的

供应链提供最优的物流服务，以实现其整体链条的降本增效。因此，该供应链基于现代信息技术，推进综合集成，发挥整体效力。在智慧物流供应链系统中，通过集成整合，集聚该供应链其他节点的核心竞争力，以铸造该供应链的整体竞争实力。

3.2　智慧物流供应链管理的内容

智慧物流供应链管理覆盖了从供应商的供应商到客户的客户的全部物流过程，涉及供应商、制造商、批发商、零售商、平台商的全部业务领域，内容复杂，管理难度大。若从内容模块上划分，智慧物流供应链管理的内容又可分为客户服务管理、信息管理、合作关系管理、流程管理和成本管理 5 个模块，如图 3-3 所示。无论是供应链的构建，还是供应链的优化、运作，以及供应链的实战案例，均与这 5 个模块密切相关。

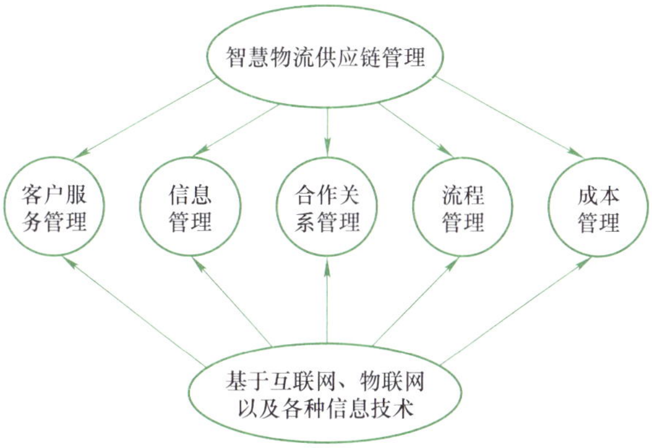

图 3-3　智慧物流供应链管理的模块

智慧物流供应链管理以管理的协同化、集成化为策略，以新一代信息技术、大数据、云计算和人工智能为支撑，利用互联网、物联网，着力提高用户服务水平和降低总的交易成本，并寻求两者之间的最优值。

3.2.1　客户服务管理

客户是智慧物流供应链管理的核心和基本出发点。智慧物流供应链管理的第一步就是寻求对企业经营至关重要的那些关键客户，并加强对其合作关系的管理。

一是摸清客户的交易前因素或交易前相关活动情况。这涉及对客户或企业信息（产品和服务）的获取，以及相关节点间的关联。显然，日常订购标准产品（如螺钉）的客户通过互联网进行一般采购就可以了。但是，大型项目（如商业建筑物的建造）的客户要求节点间在不同层次上进行某些密切的联系。满足个别客户要求的灵活性是衡量高质量服务并赢得订单的重要因素，同时要提升物流的智能化服务水平。

二是加强对客户交易中因素的管理。例如，产品的现货率（由仓库供货）就属于这类因素。如果必须按需生产产品或提供服务，则订单周期将是重要因素。企业可以在交付期内向用户提供当前信息（如订单当前状态、产品所处位置），在货物交付时也可提供一些附加服务，如介绍产品的使用、维护方法等。

三是加强对客户交易后因素的管理。这需要关注订单履行之后所提供的服务，包括维修或更换有缺陷的配件、维护保养服务、处理客户的投诉和产品保修情况等，还包括个性化物流配送、逆向物流、低碳物流等环节。

3.2.2 信息管理

信息管理首先要管理好信息流。在一定意义上，没有高层级、高质量的信息流，就没有智慧物流的运作空间。要真正实现智慧物流供应链管理潜能的最大化，信息流必须是一个双向流。信息交流的方式会因参与方（企业、消费者、政府机构）的不同而有所差异。企业与企业的沟通使企业可以进行流程（如采购流程）再造。

其次要加强对信息系统的管理。随着智慧物流供应链的高质量运作，信息系统已镶嵌在整个流程之中，从订单传输到供应商接受订单，再到订单的履行，一直到接收并检验货物，信息系统发挥着重要作用。

最后要加强节点间的信息沟通。企业与消费者之间交流的目的是通过互联网接触不同的最终用户。在这方面还存在一些新的挑战，例如，如何使用户较容易得到产品或服务信息，如何保护支付中的安全问题，等等。B2C 开启了一条通向最终用户的便捷沟通渠道，并提供了一种将最终用户纳入智慧物流供应链的有效方式。

3.2.3 合作关系管理

首先要加强物流供应链合作伙伴选择的管理。这是智慧物流供应链管理成功的一个重要因素。如果将物流供应链看作一个组织来经营，合作伙伴的选择之初应该分析其向特定市场提供产品或服务有关的活动。一是将这些活动指派给现有的物流供应链成员（如果这些活动与他们的核心竞争力有关）；二是如果产品和服务是标准化的，在市场上随处可得，且在最终用户的眼中没有任何差异，则可以从供应链外部进行采购；三是在“自营或外包”决策期间寻找合作伙伴加入供应链，其选择合作伙伴不应只看成本，还应考虑合作伙伴未来对供应链竞争力支持的能力。

其次要重视合作文化的管理。优秀的企业文化将为供应链整体发展做出贡献，如创新文化，未来的合作伙伴可能会为生产流程再造带来特殊诀窍或为产品开发带来秘诀。如果管理全球供应链，还要考虑其他文化沟通因素。

最后要加强企业间的协作管理。这是高效供应链管理必须具备的条件，有人认为供应链管理是单纯市场影响和企业内部层级结构交叉作用的结果。理想状态下，供应链中的每个实体都专注于其核心竞争力，大型企业层级过多造成的决策和管理困难将有所缓解。如果节点之间能够共享信息和技术诀窍，则供应链节点之间的竞争消失了，取而代之的是各节点共同努力提高供应链整体竞争力。在实际运作中，节点之间协作仍有可能在某个时间停止。这时，人们认为应鼓励供应链创新和增强其柔性以适应新的市场走向。

3.2.4　流程管理

加强物流供应链的流程管理，就是要以最有效率的方法协调订单履行过程中涉及的所有活动。首先要对现有供应链各节点所承担的任务进行分析，找出供应链管理中的弱点、瓶颈，并有针对性地进行改进。

其次要重视生产计划的编制。现代智慧物流供应链管理中的生产计划往往是“拉式”状态，企业要进行柔性生产以适应频繁的市场需求变化；通过生产流程管理的改进，进一步缩短生产周期，提高客户响应速度。

最后要加强对库存流程的管理。在流程管理中，原材料、半成品以及产成品库存水平的管理是物流供应链管理的重点，也是评价智慧物流供应链管理成功与否的主要绩效指标。对于库存管理，一方面必须能客观合理地满足客户的需求，另一方面又要尽力降低供应链成本。为了保持商品库存供求的平衡，需要对物流供应链进行综合管理以避免不必要的积压。

关于物流供应链管理的主要环节，20 世纪末美国物流专家道格拉斯•兰伯特（Douglas M. Lambert）等曾从客户关系管理、客户服务管理、需求管理、订单配送管理、制造流程管理、采购及供应商管理、产品开发与商品化管理等方面进行了分析，如图 3-4 所示。这对智慧物流供应链的管理具有重要的作用，也成为人们研究智慧物流供应链管理的重要参考。

小思考

如何细化智慧物流供应链流程管理的相关内容？

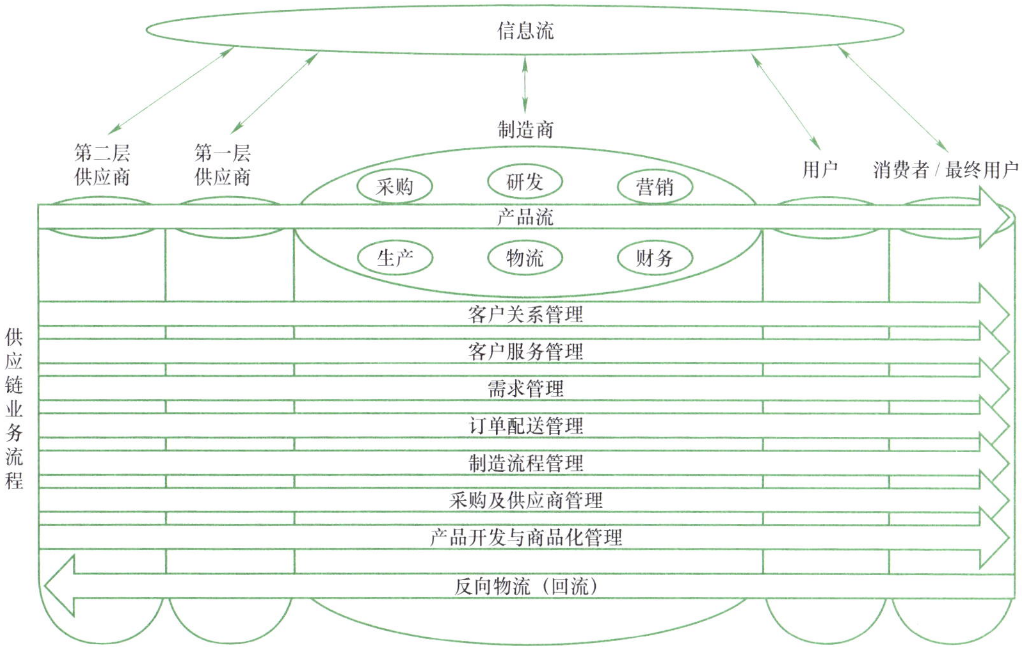

图 3-4　物流供应链管理的主要环节

3.2.5 成本管理

高效率和低成本是智慧物流供应链管理的重要目标。在智慧物流供应链管理环境下，作为物流供应链的节点企业在决策时需要考虑经营方式与活动会对上游节点或下游节点直至最终用户产生什么影响。节点企业往往试图使自己的成本最优化，但是这种做法可能会伤害供应商或客户。在当今经营环境下，全球物流供应链之间展开了竞争，节点企业不得不运用信息共享、合资等方案来配合其物流供应链活动以实现成本目标。这必须以一定的系统理论和总成本分析为基础。在涉及多个企业时，实现这种目标远比一个企业困难得多。

3.3 智慧物流供应链管理的特征、作用和目标

3.3.1 智慧物流供应链管理的特征

智慧物流供应链管理具有以下主要特征。

（1）智慧物流供应链管理的目标是最终用户满意度　在智慧物流供应链管理过程中，供应链的构建、运作和更新都是基于最终用户需求而发生的，让最终用户更满意是供应链全体成员的共同目标，用户满意的实质是其获得超出他们承担的产品价格以上的那部分“价值”，供应链可以使得这部分“价值”升值。例如，由于供应链中供应商与制造商、制造商与销售商之间已经建立了战略合作伙伴关系，因此供应商可以将原料或配件直接送给制造商，制造商可直接将产品运送给销售商，企业间无须再进行采购和销售，这两项成本就大大削减了；同时，包装和管理等项成本也随物流环节的减少而降低。因此，供应链完全可以以更低的价格向用户提供优质产品。此外，供应链还可以通过改善产品质量、提高服务水平、增加服务承诺等措施来增加用户所期待的那部分“价值”，从而提高用户的满意度。

（2）智慧物流供应链管理过程中节点之间的竞合性　由于供应链是由多个节点企业组成的虚拟组织，这些具有独立经济利益的单个企业是供应链运作的主体。由于独立经济利益的驱动，虚拟组织中的各企业间充满着竞争。但是，在由各节点企业组成的供应链条上，任何企业要实现利润最大化，必须以整条供应链的价值增值为基础，这就要求各节点企业之间必须合作。因此，供应链管理是对供应链全面协调性的合作式管理，它不仅要考虑核心企业内部的管理，还更注重供应链中各个环节、各个企业之间资源的利用和合作，让各企业之间进行“博弈”，最终达到“双赢”。早期的单纯竞争观念完全站在企业个体的立场上，以自己的产品销售观在现有的市场上争夺产品和销售渠道，其结果不是一方被淘汰就是两败俱伤，不利于市场空间的扩大和经济的共同繁荣进步。供应链管理的合作竞争理念把供应链视为一个完整的系统，将每一个成员企业视为子系统，组成动态联盟，彼此信任，互相合作，共同开拓市场，追求系统效益的最大化，最终分享节约的成本和创造的收益。

（3）智慧物流供应链管理的信息技术性 供应链管理战略是现代网络信息技术与战略联盟思想的“结晶”。在智慧物流供应链管理系统中，信息是供应链各节点沟通的载体。从一定意义上来说，智慧物流供应链管理中各阶段的节点企业就是通过信息这条纽带集成起来的。可靠、准确的信息是企业决策的基础，它能降低企业运作中的不确定性，提高供应链的反应速度。因此，供应链管理的主线是信息管理，信息管理的载体是信息平台。通过这个平台，实现信息共享，将市场供求信息及时、准确地传达到供应链上的各节点企业，在此基础上进一步实现供应链管理。

智慧供应链管理的特征

（4）智慧物流供应链管理的协调性 在供应链管理下，强调得更多的是供应链各节点企业的合作与协调，提倡在各节点企业之间建立战略伙伴关系，变过去企业之间的敌对关系为紧密合作的伙伴关系。这种伙伴关系主要体现在共同解决问题，共同制定决策和信息共享等方面。供应链管理模式则强调和依赖战略管理，最终是对整个供应链进行战略决策。它遵循的原则是个体利益服从集体利益，即供应链中所有参与者的首要目标是整个供应链的总成本最小、效益最高，共同以使最终用户满意为己任。这也是所有参与者制定决策的首要标准。

（5）智慧物流供应链管理的交易费用最小性 智慧物流供应链管理要求上下游企业之间从过去那种对抗竞争型的你输我赢关系，转变为双赢型的战略合作伙伴关系，从供应链整体能够给客户带来的价值来评价企业的经营绩效。这就要求供应链当中的合作伙伴能够信息共享、利益共享、风险共担，建立分工协作体制，充分发挥各伙伴成员的专业化优势。供应链当中企业的联合是一种跨越组织边界、资产边界、职能边界、业务边界、经营边界的目的性很强的、以某一订单或合同为合作事件依据的动态性的自适应性组织，因而才能产生来自企业却高于企业的供应链价值。供应链这种企业组织的制度安排，可使成员企业通过交易获得福利。每个成员企业通过在供应链中进行交易，至少可以获取边际利润，使企业能够生存。效率高的企业甚至可以获得高于边际收益的利润，其他企业则获得发展空间。与此同时，还需要特别指出的是，由于供应链在内部消除了信息不对称现象，因此可以大大降低成员企业之间的交易成本。

3.3.2 智慧物流供应链管理的作用

智慧物流供应链管理的作用主要在于4个方面：

（1）智慧物流供应链管理能有效降低成本 通过实施智慧物流供应链管理，企业可以有效地减少供应链节点之间的重复工作，剔除流程中的多余步骤，从而使供应链流程简单化、高效化、低成本。同时，通过建立共享的数据交换系统，还可以有效地减少因信息交换不充分所带来的重复与浪费，有效消除“需求放大”效应。此外，供应链成员企业之间实现了全流程的无缝作业，可以极大地提高接口工作效率，减少失误与浪费。从成本方面来看，智慧物流供应链管理是通过注重产品最终成本来优化供应链的。这里提到的最终成本是指实际发生的到达用户时的总成本，包括采购时的商品价格及送货成本、存货成本等。

（2）智慧物流供应链管理能增加时间效用　智慧物流供应链通过在全球范围内优化选择链上成员企业，既可以实现成员间的优势互补，又可以实现对用户需求的快速有效反应，大幅度缩短从订货到完成交货的周期。此外，智慧物流供应链管理以互联网、物联网作为技术支撑，使其成员企业能够实时获取并处理外部信息及链上信息，从而提高整个供应链对用户需求快速有效反应的能力，实现供应链各环节即时出售、即时制造、即时供应。也就是说，通过供应链各节点企业的优化组合，实现需求信息的快速获取与即时响应，尽量接近最终用户，将用户需求的提前期缩至最短，从而获取市场竞争的时间优势，增加时间效用。

（3）智慧物流供应链管理更新了物流理念　智慧物流供应链管理加速了物流一体化发展。物流一体化是指不同职能部门之间或不同企业之间通过物流合作，达到提高物流效率、降低物流成本的目的。智慧物流供应链管理通过实现物流一体化，改变供应链节点企业之间利益对立的传统理念，在整个供应链范围内建立起共同利益的协作伙伴关系。供应链管理把从供应商开始到最终用户的物流活动作为一个整体进行统一管理，始终从整体和全局上把握物流的各项活动，使整个供应链的库存水平最低，实现供应链整体物流最优化。

（4）智慧物流供应链管理能发挥整体优势　当今的国际市场竞争是全方位的竞争，很多企业已经感到单靠自己的努力在日益激烈的市场竞争中力不从心，有必要集合多个企业结成有机整体，共同参与竞争，而联盟的对象首先是与本企业业务内容相关的上下游企业。实施智慧物流供应链管理使原来孤立存在的供应链有机地连接起来，使“链”上的各个企业都受益。智慧物流供应链管理与传统上所说的渠道成员之间的“纵向一体化”联合是不同的。通常所说的纵向联合是指上游供应商与下游客户之间在所有权上的纵向合并，以前人们认为这是一种理想的渠道战略。但现在企业更加注重发挥其核心业务优势，因此纵向合并失去了魅力，“资源外购”或“业务外包”较受欢迎。除了企业自己的核心业务外，所需要的其他产品或服务一律从其他企业采购而来。

3.3.3　智慧物流供应链管理的目标

智慧供应链管理的目标

智慧物流供应链管理的目标是通过调和总成本最低化、客户服务最优化、总库存最小化、总周期最短化以及物流质量最优化等目标之间的冲突，最终实现供应链绩效最大化。

（1）总成本最低化　众所周知，采购成本、运输成本、库存成本、制造成本以及供应链物流的其他成本都是相互联系的。因此，为了实现有效的供应链管理，必须将供应链中各成员企业作为一个有机整体来考虑，并使实体供应物流、制造装配物流与实体分销物流之间达到高度均衡。从这一意义出发，总成本最低化目标并不是指运输费用或库存成本，或其他任何单项活动的成本最低，而是整个供应链运作与管理的所有成本的总和达到最低。

（2）客户服务最优化　在激烈的市场竞争中，当许多企业能在价格、特色和质量等方面提供类似的产品时，差异化的客户服务能带给企业独特的竞争优势。纵观当前的各个行业，消费者都有广泛而多样化的选择余地。企业提供的客户服务水平，直接影响到它的市场份额、物流总成本，并且最终影响其整体利润。智慧物流供应链管理的实施目标之一，就是通过上下游企业协调一致的运作，保证达到客户满意的服务水平，吸引并留住客户，最终实现供应链整体价值最大化。

（3）总库存最小化　传统的管理思想认为，库存是维系生产与销售的必要措施，因而企业与其上下游企业之间的活动只是实现了库存的转移，整个社会库存总量并未减少。按照准时制生产管理思想，库存是不确定性的产物，任何库存都是浪费。因此，在实现智慧物流供应链管理目标的同时，要使整个供应链的库存量最低。“零库存”反映的即是这一目标的理想状态。所以，在智慧物流供应链管理过程中总库存最小化目标的实现，要依靠整个供应链的库存水平与库存变化的最优控制，而不只是单个成员企业库存水平的最低。

（4）总周期最短化　在当今的市场竞争中，时间已成为竞争成功最重要的要素之一。当今的市场竞争不再是单个企业之间的竞争，而是供应链与供应链之间的竞争。从某种意义上讲，供应链之间的竞争实质上就是时间的竞争，即必须实现快速有效的反应，最大限度地缩短从客户发出订单到获取满意交货的总周期。

（5）物流质量最优化　企业产品或服务质量的好坏直接关系到企业的成败。同样，供应链企业间服务质量的好坏直接关系到供应链的存亡。如果在所有业务过程完成以后，发现提供给最终用户的产品或服务存在质量缺陷，就意味着所有成本的付出将不会得到任何价值补偿，供应链管理下的所有物流业务活动都会变为非增值活动，从而导致整个供应链的价值无法实现。因此，达到与保持服务质量的水平，也是供应链管理的重要目标。这一目标的实现，必须从原材料、零部件供应的零缺陷开始，直至供应链管理全过程、全方位质量的最优化。

如果就传统的管理思想而言，上述目标之间呈现互斥性，即客户服务水平的提高、总周期的缩短、交货品质的改善必然以库存、成本的增加为前提，因而无法同时达到最优。但是如果运用集成化管理思想，从系统的观点出发，改进服务、缩短时间、提高品质与减少库存、降低成本是可以兼得的。因为只要供应链的基本工作流程得到改进，就能够提高工作效率、消除重复与浪费、减少员工数量、减少客户抱怨、提高客户忠诚度、降低库存、减少总成本支出。

视野拓展

京东构建属于自己的智慧物流供应链

京东通过构建以自己为核心的供应链，紧密地连接了产品与顾客服务。在这个过程中，京东不仅是一个简单的买卖平台，而且是将自己定位为整个供应链的中心节点，负责协调与整合上下游的各个环节。这种供应链的构建方式，有助于京东更好地掌握市场需求、优化库存、提高运营效率，最终实现与供应链上各方的共赢。

京东在实践中高度重视协同理论的应用，强调整个供应链上下游各环节的无缝对接与高效协作。通过深化与生产商、物流企业、消费者等多方的合作，京东成功缩短了供应链，使之变得更加灵活、快速响应，更能满足市场的多变需求。协同理论的成功应用，为京东赢得了更大的市场份额和更高的客户满意度。

京东通过大数据技术，实时收集和分析各环节的信息，减少了信息不对称带来的各类问题。这使得京东可以更精准地把握市场趋势，更加准确地预测消费者需求，从而更有效地调整生产计划和库存策略。大数据的应用，使得京东的供应链更加智能、透明，更能体现出京东在供应链管理上的竞争优势。

京东的物流体系是其供应链创新的一大亮点。京东通过建设自己的物流体系，加强与其他物流企业的合作，形成了独具竞争力的智慧物流网络。这一网络不仅能够确保京东的物流服务更加快捷、准确，而且能够大大降低京东的运营成本。京东的智慧物流，成为其供应链创新的有力支撑，也成为其他电商企业追赶的目标。

京东在供应链管理上实施了横向和纵向的集成化管理，从采购、仓储、运输到销售，每一个环节都实现了信息共享和流程优化。这种多维度、集成化的管理模式，确保了供应链的高效运转，提升了京东的核心竞争力。

素养园地

京东物流以其独特的自营模式，形成了优质生态供应链系统。

请你根据上述视野拓展栏目给出的京东智慧物流供应链的构建素材，剖析其如何通过自建物流打造了先进的智慧物流供应链生态系统，谈谈智慧物流供应链管理对提升服务意识有何驱动作用。

技能训练

请你调研一家身边的海尔连锁商店，研究该连锁商店的日日顺智慧物流供应链系统，谈谈利用智慧物流供应链管理对提升海尔的服务质量有何意义。

同步测试

一、判断题

1. 智慧供应链管理是一种集成的管理方法。 (　　)

2. 智慧供应链管理是一种管理模式，不重视策略。 (　　)

3. 智慧物流供应链利用物流服务的集成与资源的整合，在满足客户价值诉求的同时，实现供应链系统整体价值的增值。 (　　)

4. 信息流的管理对智慧物流供应链管理效果的影响有限。（ ）

5. 对全球供应链的智慧化管理，不必考虑汇率因素。（ ）

6. 智慧物流供应链管理以流程为向导，其目的是以最有效率的方法协调订单履行过程中涉及的所有活动。（ ）

7. 现代智慧物流供应链管理中的生产计划往往是“推式”状态。（ ）

8. 高效率和低成本并不是智慧物流供应链管理的重要目标。（ ）

9. 让最终用户更满意是智慧物流供应链管理过程中全体节点成员的共同目标。（ ）

10. 从一定意义上来说，智慧物流供应链管理中各阶段的节点企业就是通过信息这条纽带集成起来的。（ ）

二、单选题

1. 首次提出供应链管理的代表人物是（ ）。

A. 凯思 • 奥立夫（Keith Oliver）和迈克尔 • 韦伯（Michael Webber）

B. 格雷厄姆 • 史蒂文斯（Graham Stevens）

C. 弗雷德 • 库琳（Fred Kuglin）

D. 马丁 • 克里斯多夫（Martin Christopher）

2. 顾客是智慧物流供应链管理的核心和（ ）。

A. 临界点　　B. 基本出发点　　C. 赢利点　　D. 重点

3. 智慧物流供应链管理要求上下游企业之间从过去那种对抗竞争型的你输我赢关系，转变为（ ）。

A. 市场博弈关系　　B. 核心领导关系

C. 双赢型的战略合作伙伴关系　　D. 效益导向关系

4. 智慧物流供应链管理加速了物流（ ）发展。

A. 扁平化　　B. 自营化　　C. 过程化　　D. 一体化

5. 在智慧物流供应链过程中总库存最小化目标的实现，是指（ ）。

A. 整个供应链的库存水平与库存变化的最优控制

B. 单个成员企业库存水平的最低

C. 运输成本最低

D. 仓储成本最低

三、多选题

1. 智慧物流供应链管理充分体现了经营运作（ ）水平。

A. 个性化　　B. 社会化　　C. 专业化　　D. 集成化

2. 智慧物流供应链管理涉及供应商、（ ）的全部业务领域。

A. 制造商　　B. 批发商　　C. 零售商　　D. 平台商

3. 智慧物流供应链管理的实施目标之一，就是通过上下游企业协调一致的运作，保证达到客户满意的（　　），吸引并留住（　　），最终实现供应链整体价值（　　）。

A. 服务水平　　B. 客户　　C. 最大化　　D. 最小化

4. 从成本方面来看，智慧物流供应链管理是通过注重产品最终成本来优化供应链的。这里提到的最终成本是指实际发生的到达用户时的总成本，包括采购时的（　　）。

A. 商品价格　　B. 送货成本　　C. 机会成本　　D. 存货成本

5. 智慧物流供应链通过在全球范围内优化选择链上成员企业，实现了对客户需求的（　　），大幅度地缩短从订货到完成交货的（　　）。

A. 物流需求　　B. 快速有效反应

C. 周期　　D. 过程

四、简答题

1. 简述供应链和供应链管理的侧重点。
2. 如何理解智慧物流供应链管理的概念？
3. 智慧物流供应链管理的重点效应有哪些？
4. 简述智慧物流供应链管理的特征。
5. 简述智慧物流供应链管理的作用。

五、论述题

1. 如何推进智慧物流供应链的模块管理？
2. 试述智慧物流供应链管理的目标。

智慧物流与供应链系统的建设基础

4

单元4 智慧物流系统的构建

知识目标

- 了解智慧物流系统的基本构成
- 理解智慧物流系统的互动机理
- 掌握智慧物流系统的构建方法
- 熟悉智慧物流系统的设计原则
- 掌握智慧物流系统的技术架构
- 掌握智慧物流系统的外在架构与内在脉络

技能目标

- 能够把握智慧物流系统设计的路径和步骤
- 能够设计出一种专业性的智慧物流系统
- 能够绘制出适当的智慧物流系统的技术架构
- 能够剖析智慧物流系统的成功案例

素养目标

- 培养系统运营观，提升大局意识
- 培养科学方法论，强化工匠精神

思维导图

- 智慧物流系统的构建
  - 智慧物流系统的构建基础
    - 智慧物流系统的基本要素、功能与要求
    - 智慧物流系统的互动机理
    - 智慧物流系统的构建方法
  - 智慧物流系统的设计实务
    - 智慧物流系统的设计原则
    - 智慧物流系统的设计步骤
    - 智慧物流系统的设计案例
  - 智慧物流系统的基本架构
    - 智慧物流系统的架构形式
    - 智慧物流系统的外在节点
    - 智慧物流系统的内在脉络

情景案例

以智慧物流系统建设为支撑强化人与物连接的纽带作用

京东将智慧物流建设和应用作为其核心业务之一，以其高效、便捷的配送服务，成为现代物流行业的旗舰。它不仅带给消费者更好的购物体验，也为商家提供了可靠的配送渠道。在京东智慧物流体系中，物流的职能已经超越了简单的货物运输，成为连接人与物的纽带。当消费者下单购买商品时，京东智慧物流系统就开始运行了。无论是仓库的库存管理，还是订单的分拣和打包，京东智慧物流系统都要做到精细化、高效化和透明化。

京东智慧物流系统非常关注配送过程中的人性化服务。员工在配送过程中，时刻保持着微笑和礼貌，用友好的态度服务每一位消费者。他们不仅将商品送到消费者手中，更是将真心和关怀传递给消费者。京东智慧物流系统不仅仅服务于个体消费者，也为商家提供了卓越的配送解决方案。商家可以根据自身需求选择不同的配送模式，京东智慧物流系统会根据商品的特性和目的地的情况，为商家提供最佳的配送方案。同时，京东智慧物流系统还提供了仓储和物流运营服务，帮助商家降低成本，提升效率。这些服务的不断完善，让商家可以更专注于产品的研发和销售，而不必过多关注物流的细节。智慧物流作为连接人与物的纽带，不仅仅是一项业务，更是一种责任和使命。随着科技的发展和社会的进步，京东智慧物流系统将不断迭代升级，引领行业发展，为人们带来更多美好的物流体验。

思考：

请你根据案例背景资料，讨论智慧物流系统建设和运营的意义。

4.1　智慧物流系统的构建基础

4.1.1　智慧物流系统的基本要素、功能与要求

1. 基本要素

根据“单元 1　智慧物流的认知”对智慧物流系统的界定，我们认识到了其核心要素在于技术、数据、算法、设备等。这里从智慧物流系统构建的全视角，将其基本要素分为三个层面：①硬件环境层；②软件环境层；③制度环境层，如图 4-1 所示。

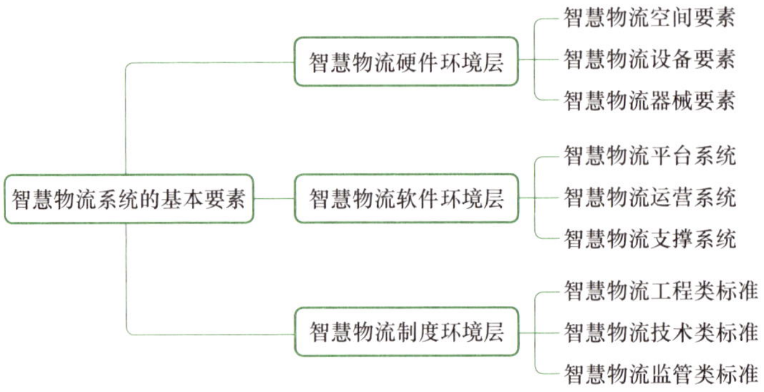

图 4-1　智慧物流系统的基本要素

在硬件环境层，智慧物流系统包括：①智慧物流空间要素，如智慧物流枢纽城市、智慧物流园区、智慧物流中心和智慧物流站点等；②智慧物流设备要素，如北斗定位导向传输设备、物联网等传感设备、无线射频感知设备、穿戴式设备、VR 和 AR 技术智能设备等；③智慧物流器械要素，如搬运机器人、智能配送机器人、仓储自动存取巷道机等。

在软件环境层，智慧物流系统包括：①智慧物流平台系统，如网上订购平台、网络结算平台、网络风险预警平台、物流调拨平台、智慧配送平台、危化品物流监测平台、逆向物流运行平台等；②智慧物流运营系统，如物流追踪系统、智能仓储系统、智能搬运装卸系统、冷链物流系统等；③智慧物流支撑系统，如物流数据采集及挖掘软件、物流技术学习软件等。

在制度环境层，智慧物流系统包括：①智慧物流工程类标准，具体体现在智慧道路工程标准、智慧航运工程标准、智慧空运物流标准以及智慧多式联运标准等；②智慧物流技术类标准，具体体现在智慧物流设施标准、智慧物流设备标准、智慧物流器械标准等；③智慧物流监管类标准，具体体现在智慧物流质量标准、智慧物流运作及服务的监管法律法规等。

2. 基本功能

本书“单元 1　智慧物流的认知”对智慧物流系统的功能分列出感知和识别功能、预警和处理功能、调度和服务功能，这是物流系统与新一代信息技术融合最有特色的展现。但从全局来看，智慧物流系统的功能可以划分为智慧物流系统的常规功能、智慧物流系统的配套功能、智慧物流系统的延展功能。

在常规功能方面，智慧物流系统的功能包括智能运输、智能联运、智能仓储、智能配送、智能分拣、智能搬运、智能装卸、智能存取等。总体来说，就是在新一代信息技术支撑下，传统物流功能实现了智能化、协同化、便利化和个性化，服务质量上升到了智慧化水平。

在配套功能方面，智慧物流系统的功能包括智能采购与供应、智能资金结算、智能质量把控、智能物流跟踪、智能物品溯源及逆向物流等。我们要系统化地看待智慧物流，只有完整的功能配套，才能实现现代物流的智慧化运作。所以，配套功能可以看作智慧物流系统功能的重要组成。

在延展功能方面，智慧物流系统的功能包括智慧物流低碳运作与控制、智能物流风险预警与防控、智能物流创意服务等。利用人工智能技术能够对物流活动节能降耗给予监测，对物流运营风险给予预警和提出防控方案，对物流服务过程中的客户需求进行智能化、创意性的管理和响应。智能客服可以通过智能语音识别和自然语言处理，实现对客户的语音和文字信息的智能识别和处理，提高客户的服务体验和满意度。智能客服可以通过智能推荐和个性化推送，根据客户的浏览历史记录和偏好，智能推荐相关的物流服务和优惠活动，提高客户的黏性和忠诚度。智能客服还可以对客户的需求和反馈进行智能分析和预测，提供个性化的服务和解决方案，提高客户的满意度和忠诚度。由于低碳、风控和服务在现代智慧物流系统中是不可或缺的元素，所以延展功能也是智慧物流系统的有机构成。

视野拓展

格力（杭州）的智慧物流系统

格力（杭州）着力打造智能制造新场景，通过产业链前端协同、原材料进场、拣选入库，按照生产计划与生产进度实现系统信息化拉动，自动形成产品配送策略，利用立库、物流环线、提升机、自动导引运输车（AGV）等形成物流配送闭环，塑造空调智能制造应用新模式。

（1）物流进场拣选入库　格力（杭州）通过智能立库系统，依托智能仓储管理系统（WCS），实现原材料自动入库、立体缓存、堆垛机出入库、与 WMS、ERP、MES 等系统互联，通过 RFID 自动识别料箱，实现电子物料自动入库存储。

（2）齐套物料全自动化配送　格力（杭州）积极探索过程物料全自动化配送，通过全自动入库、齐套、出库，实现原材料到配套车间生产配送自动化；使用空中环线智能物流系统，实现配套车间到总装车间的全自动化配送，产品在到达总装车间时，接驳 AGV 集群调度配送至生产岗；通过物流全自动化和高度集成信息化技术、仓储配送模型支撑，实现拉动式智能物流配送。

（3）成品智能入库　格力（杭州）积极探索成品入库模式变革，通过智能集配自动化下线及智能排程，打破传统成品人工信息传递及人工转运模式，实现入库高效、智能化，降低了人工成本。

格力（杭州）通过自动化、信息化、智能化、定制化、敏捷化智能制造“五化”实现成品智能高效入库存储。整体方案思路主要是成品空调总装下线后通过提升机输送至成品夹层，进行自动扫码、自动检漏、自动码垛及自动捆扎，利用有轨制导车辆（RGV）通过环穿及入库输送线自动转运送至定点仓库，实现成品机叉板的自动供给、异常机的自动剔除、入库信息流与实物流的同步。

3. 基本要求

智慧物流系统构建的基本要求在于能够实现资源的有效集成、过程的透明可视、流程的自动运行、响应的敏捷即时和系统的绿色低碳。

智慧物流系统构建的基本要求

（1）有效集成　智慧物流系统涉及运输系统、仓储系统、搬运装卸系统、流通加工系统、配送系统、信息处理系统、财务结算系统、风险预警系统等多种物流系统资源，生产性物品、生活性物品、危险化学物品、专项物品、国内物品、跨境物品等多种物流对象资源，公路运输、铁路运输、航空运输、水路运输、管道运输等多种物流方式资源，必须实现各类资源的有效融合和集成。

（2）透明可视　智慧物流系统必须实现实时监控和全程追踪，对各类货物（物品）和车辆的位置、状态以及安全情况实时监测，对运输、配送车辆路径及时调整和优化，对各种产品的运输能够全程跟踪，实现精准溯源。其可视化的数据能够根据重要层级及时提供给相应的操作者、管理者和决策者，以帮助企业管理者全面了解运作情况，做出正确的决策。其透明化过程也为货物（物品）接收者（用户）提供安全及心理保障。

（3）自动运行　智慧物流系统的运行必须是自动化和现代化的，从数据采集到分类挖掘，从订单下达到货物（物品）的储运，以及运行过程中的装载、搬运、分拣、冷链和配送等流程，必须达到电子遥控、自动运行程度，以确保人力成本降低、人为因素误差缩小和工作效率提升，同时通过人工智能和机器学习技术，优化物流计划和运输、配送路线选择。

（4）敏捷即时　智慧物流系统必须具有快速响应能力，呈现物流运行的敏捷化和即时化。智慧物流系统基于系统信息共享，以及新一代信息技术的数据分析和预测能力，能够对历史数据进行分析，并利用预测模型预测物流需求和趋势，以提前做好物流规划和资源分配，科学设立前置仓，从客观上提供实体空间保障。

（5）绿色低碳　智慧物流系统必须满足环保的相关约束性要求，建立低碳管理系统和绿色环保机制，保障货物（物品）低碳运行和环境的绿色达标；通过技术创新、空间设计、路径优化，杜绝一切浪费现象；通过基础设施、仪器设备的更新换代，实现物流系统各个环节的无缝对接，最大限度地减少消耗，实现降本增效，增强可持续发展能力。

4.1.2　智慧物流系统的互动机理

1. 平台层的互动

智慧物流系统依托一系列平台的相互联动，如采供平台、运输车辆管理平台、仓储管理平台等。这些平台往往涉及各种经营要素，包括平台企业面临的市场条件、技术条件、竞争和管理等方面的条件，这是平台层经营的基本条件和要素。从平台互动的动力视角，可以将这些条件要素的层次划分为服务对象，如客户、合作伙伴等；服务动机，如企业使命、价值主张等；服务拓展，如价格机制、信用保障等；运行动力源，如组织创新、技术创新、定价策略、集约经营等。

智慧物流系统平台层的互动关键点在于要面向市场需求、技术条件和竞争环境等综合因素，关注客户和合作伙伴、企业使命和价值主张、价格机制和信用保障等服务事项，通过组织创新、技术创新及平台定价、集约经营，以保持平台适应系统价值创造的能力。

在市场经济环境下，智慧物流系统服务平台的互动，必须基于市场需求规律。智慧物流系统服务平台企业的使命是高度关注客户和协同合作伙伴的认同标准，注重运用价格机制和信用手段，妥善处理工作冲突。

视野拓展

日日顺物流的智慧物流平台

日日顺物流聚焦数字化、科技化、场景化的大件物流，率先在行业探索场景物流生态模式，塑造出独具特色的智慧物流平台。

场景化是日日顺物流对物流的升维理解和落地方案。在技术“智慧”和开放平台的支撑下，日日顺物流通过与行业合作伙伴联合打造“生态”系统，以用户需求和体验为出发点，创造性地提出了定制化的场景物流解决方案。不同于传统物流简单的送货概念，日日顺物流深度连接用户、工厂和服务人员，通过为用户提供定制化场景解决方案，得到了消费者的高度认可。

在平台层面，日日顺物流通过开放的智慧物流平台，以居家大件物流专业的场景解决方案，赋能家电、家居、健康、出行等行业用户乃至其他物流服务商，为各行业内的生态伙伴提供智慧供应链支撑。日日顺物流还将自身在智慧物流方面的能力和对用户需求的理解，赋能给生态合作伙伴，实际上是为多个产业提供了平台型基础设施。

2. 感知层的互动

智慧物流系统之所以能够形成，关键基础条件在于自动感知功能的发挥。感知技术是物联网的基础，它如同人的皮肤和五官，用于识别物体、采集信息、解决人类世界的数据获取问题。感知层主要用于物品标识和信息的智能采集，它由基本的感应器件（由 RFID 标签和读写器、各类传感器、摄像头、自动定位系统、二维码标签等基本标识和传感器件组成）及感应器件组成的网络（如 RFID 网络、传感器网络等）两大部分组成。该层的核心技术包括电子射频技术、传感器技术、无线网络组网技术等，涉及的核心产品包括传感器、电子标签、传感器节点、无线路由器、无线网关等。

智慧物流系统的感知层具有泛在性。“泛在”即广泛存在，它以无所不在、无所不包、无所不能为基本特征。泛在感知就是通过物联网无处不在的末端感知设备，“全面感知”现实空间中的各个方面的信息，通过网络“可靠传输”获取信息，通过“智能计算”将从大量信息中挖掘出符合人们需求的相关数据。

与传统信息获取媒介相比，智慧物流系统采用新一代信息技术手段，包括虚拟现实等。虚拟现实技术基于声音、图形、图像、位置、反馈、触觉等多维信息的编码和解码为用户提供更多的信息。虚拟现实阅读对用户的信息素养和数字设备的使用能力提出了更高的要求。用户需要掌握交互式的信息获取方式。三维交互是虚拟现实最重要的交互方式之一，相对于二维交互，它提供了更多的操作自由，交互任务更为复杂，要求用户有更高的熟练度。事实上，感知层的互动从一定意义上来说是人与机器之间的交流和互动。

3. 应用层的互动

应用层作为智慧物流系统的应用子系统，借助物联网感知技术，感知平台层的决策指令，实时执行任务。智慧物流系统在应用层主要涉及感知技术、数据处理技术、数据计算技术、网络通信技术、自动化技术等。

智慧物流系统的应用层交互功能比较灵敏，主要反映在虚拟环境与现实环境之间的交互上，涉及人、机、货以及质量等问题。智慧物流系统应用层的互动情景如图 4-2 所示。

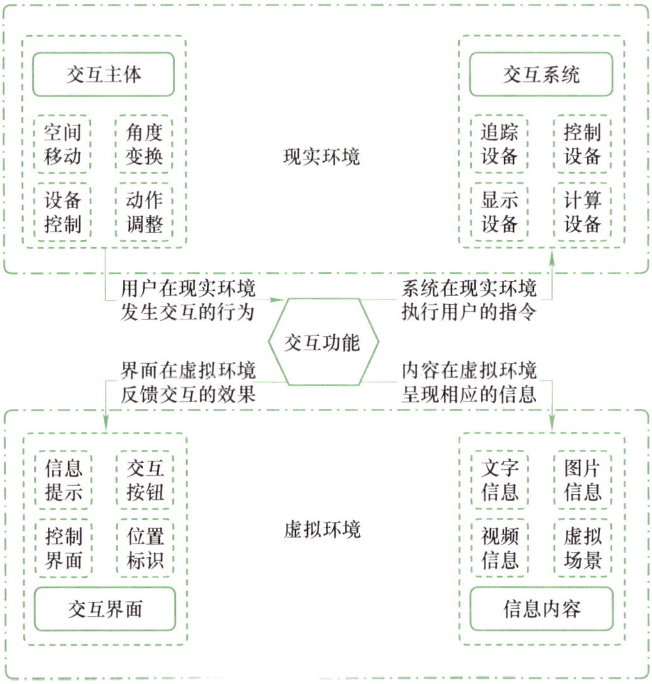

图 4-2　智慧物流系统应用层的互动情景

4.1.3　智慧物流系统的构建方法

1. 逻辑图谱法

谱系研究法兴起于生物学和社会学，是指对一组生物种群或社会事物进行演化或历史发展的系统分析和分类，以揭示它们之间的关系和演化历史。谱系分析通常基于多种形态特征、分子遗传学、地质年代等数据，通过构建分类树或分支图（见图 4-3）来展示物种或社会事物之间的演化关系。

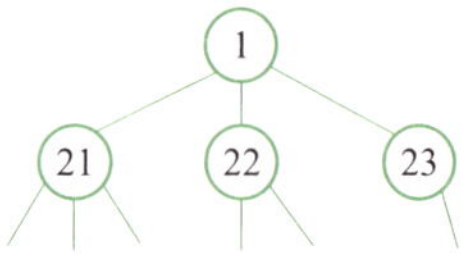

图 4-3　谱系分支图

在理论研究和构建体系时，人们发现谱系的形象简单明了，尤其是将谱系用树状图描绘后，其演进路径更加清晰。这种方式有利于厘清一种体系的要素联系，以其为基础，就形成了图谱法。

逻辑图谱法根据系统构成的知识逻辑、技术逻辑、流程逻辑和管理逻辑等，梳理其要素关联、结构布局、运作方式、监测程序、绩效评定等环节的路径，以形成稳定的经营管理运行系统。

某一领域智慧物流系统的构建，需要借助大数据规律，剖析其逻辑图谱，绘制其宏观系统架构，然后基于数据挖掘和分析平台，确定其微观结构排序，再通过优化技术，形成最优的集生产经营及服务管理于一体的现代化物流系统。

2. 需求与效率导向法

智慧物流系统的构建必须适应市场需求和确保投入产出的成效。需求与效率导向法以满足市场需求为目标，以评估资源投入和产出有无成效为评判标准，对智慧物流系统进行规划和建构。

（1）市场需求预测　预测的方法有很多种，高职院校的智慧物流系统的需求预测工作，一般还是要在建模分析的基础上推进。建模预测的流程如图 4-4 所示。

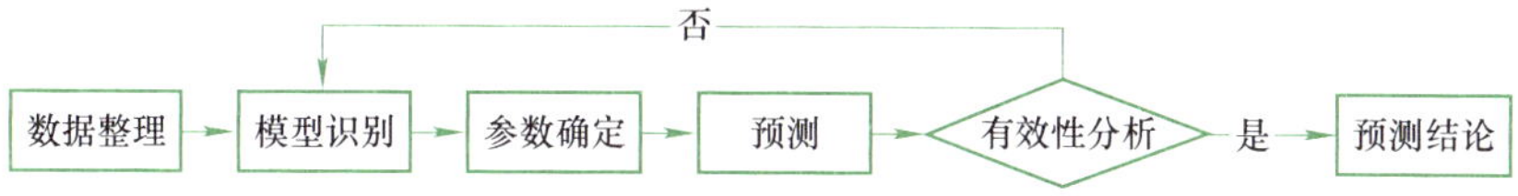

图 4-4　建模预测的流程

在通过建模进行定量分析中，回归分析预测是一种应用广泛的预测方法。它是根据历史资料应用数理统计规则研究自变量与因变量之间的关系的方法，其目的是希望根据已知的自变量来预测因变量。运用回归分析方法能有效预测智慧物流运营系统的市场需求。利用大量的历史数据，以包括时间在内的自变量为变量，建立线性或非线性回归模型，在预测时输入任意时间和自变量值，利用建立的回归模型求出预测的目标值。

根据自变量和因变量之间的函数形式的不同，回归分析可以分为线性回归和非线性回归两部分。由于非线性回归预测过程复杂，模型的建立涉及较多数学知识，而且任何一个非线性模型都可以用线性模型近似或分段逼近，因而高职阶段的学生主要掌握线性回归分析法为宜。

为构建一个科学的智慧物流系统，首先要进行定性分析，确定拥有哪些可能的相关因素，找出内在联系；然后收集这些因素的统计资料，应用最小二乘法求出各因素（各变量）之间的相关系数，建立回归方程模型；接着对模型参数进行估计；之后利用模型对所研究的对象进行预测和分析；再进行模型检验，视情况确定是否调整回归模型；进而应用模型进行计算和分析，并合理利用结果。构建智慧物流系统的步骤如图 4-5 所示。

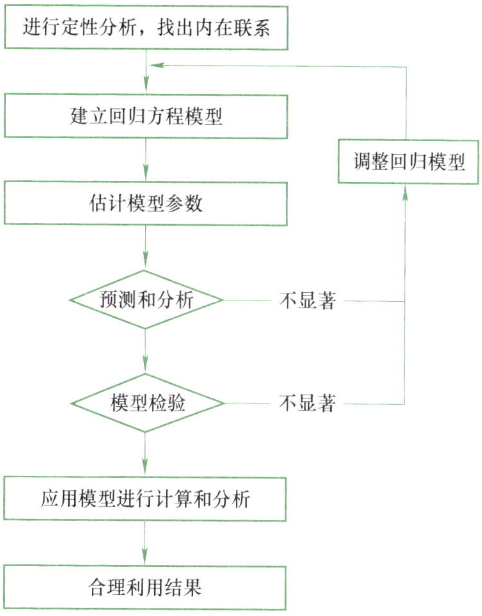

图 4-5　构建智慧物流系统的步骤

（2）投入产出效率　智慧物流系统构建需要坚持效率导向，要科学评判资源投入与产出的比值。关于投入产出效率的评估，定量方法也有选择的空间。这里的效率是一个系统工程学概念，是指决策单元当前投入产出状态与特定意义下理想状态的差距，是决策单元实现先进生产技术能力的一种度量。

本书根据高职学生的实际情况，首选数据包络分析方法（Data Envelopment Analysis，DEA）进行评定。数据包络分析方法是根据多项投入指标和多项产出指标，利用线性规划的方法，对具有可比性的同类型单位进行相对有效性评价的一种数量分析方法。

数据包络分析方法其实是一个线性规划模型，以表示产出对投入的比率。其原理是通过对一个特定节点的效率和一组提供相同服务的类似节点的绩效进行比较，使服务节点的效率最大化。在这个过程中，获得100%效率的一些节点被称为相对有效率节点，而另外的效率评分低于100%的节点被称为无效率节点。这样，系统构建者就能运用该方法来比较一组服务节点，识别相对无效率节点，衡量无效率的严重性，并通过对无效率节点和有效率节点的比较，优化系统节点。

为评价智慧物流系统的效率，首先要确立评价目标，选择决策单元；然后建立资源输入和绩效输出指标体系，建立数据包络分析模型；接着利用模型对输入输出指标进行效率分析，研究评价数据是否满意；之后视情况确定是否调整指标体系或模型；进而进行运算和分析，并对结果进行合理利用。智慧物流系统效率评价的流程如图4-6所示。

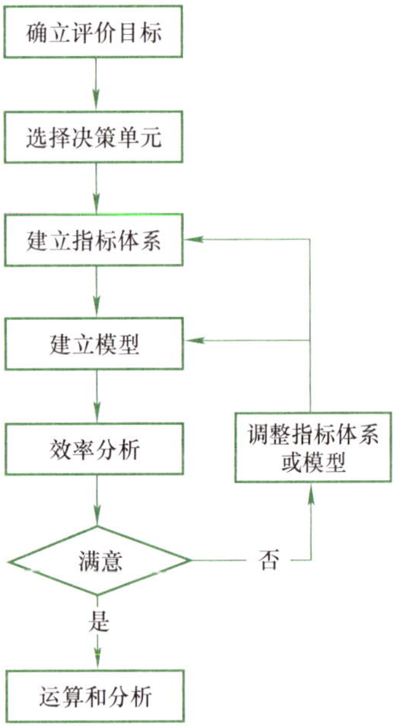

图4-6　智慧物流系统效率评价的流程

3. 网络图形法

在构建智慧物流系统时，网络图形法也是一种比较常用的方法。由于任何一项任务或工程都是由一些基本活动或工作组成的，它们之间有一定的先后顺序和逻辑。这就可以利用网络图形表示出来，并且直观易懂，操作简便。由于构建所采用的工具主要是图形（如网络图），能直观地反映供应链的结构特征，这种物流系统的构建方法称为网络图形法。

利用网络图形设计物流系统常常采用以下两种方式：一是单纯从物流通道建设的角度设计系统；二是从空间布局的角度选择在哪个地方寻找物流节点，在哪个地方建设一个建物流园区，在哪个地方建物流中心，在哪个地方设立一个便捷存取站点等。

在构建智慧物流系统时可以借助计算机辅助设计等。网络图形法在描述智慧物流系统的组织结构及分布特征上比较容易让人接受，但不能反映智慧物流系统的性能特征（如经济特性），对分析系统性能的作用较小，在系统的组织分布结构描述上却很常用。

视野拓展

计算机辅助工业设计

计算机辅助工业设计（Computer Aided Industrial Design，CAID）是以现代信息技术为依托，以数字化、可视化为特征的构建设计方式。其目的是提高效率，增强构建设计的科学性、可靠性。

从计算机技术的发展历程中可以看到，计算机对工业设计的影响决定于计算机设计技术的发展程度。可以预见，它的未来将向专业化、集成化、智能化、网络化、可视化、并行化和标准化的方向发展。

CAID以计算机硬件、软件、信息存储、通信协议、周边设备和互联网等为技术手段，以信息科学为理论基础，包括信息离散化表述、扫描、处理、存储、传递、传感、物化、支持、集成和联网等领域的科学技术集合。

CAID以工业设计知识为主体，以计算机和网络等信息技术为辅助工具，构建设计完成所需要的运作系统。

4.2 智慧物流系统的设计实务

4.2.1 智慧物流系统的设计原则

在设计智慧物流系统时，多个视角都存在一些要遵循的原则。但总体来看，更要重视和把握以下6项原则。

1. 标准化

标准化的提出解决了满足市场多样化产品需求与降低物流成本的问题。通过设计系统要素、系统节点、系统运行的标准化文件（标准化服务、标准化流程、标准化作业等），持续培育智慧物流系统运营的标准化文化，有效提升智慧物流系统的整体绩效。

2. 低成本

成本管理是智慧物流系统管理的重要内容。物流管理中常出现成本悖反问题，即各种活动的成本变化模式常常表现出相互冲突的特征，解决冲突的办法是平衡各项成本使其达到整体最优。智慧物流系统运行与管理就是要进行总成本分析，判断哪些因素具有相关性，通过系统优化使系统总成本最低。

3. 可靠性

由于智慧物流系统的信息共享，所以在进行系统设计时要考虑到系统的安全运行，确保系统的可靠性；要精准设计信息传递的范围限制，妥善处理信息共享与系统保密之间的关系；要形成完善的安全手段，进而确保可以预防互联网病毒以及黑客的蓄意入侵等，以防系统内部的关键信息资源丢失。

4. 服务性

在消费者占主导地位的客户经济时代，企业的一切经济活动必须时刻牢记以市场为中心、以客户为中心。客户服务性原则要求系统考虑给客户提供时间、地点和交易上的方便，尽可能增加产品或服务的额外附加价值，从而提高客户的满意度和忠诚度。

5. 集优性

智慧物流系统的各个要素、各个环节的选择应遵循强强联合的原则，达到资源整合后 1+1>2 的目的；要善于集中优势资源，弥补“木桶”的最短木块；要能够激发系统运行时的网络优势、技术优势和组织优势，发挥系统的协调、合作、融合优势。

6. 实效性

坚持先进性与实践性相结合，追求实效性原则。虽然系统的建设需要一定的前瞻性，但同时也需要务实性，不可因为盲目地追求系统的前瞻性而忽略实际情况。所以，在进行系统设计时首先要立足现实，根据系统的实际需求进行设计，与此同时，也需要着眼于长远，必须高起点、严要求、选择先进的技术和设备。这样系统和设备具有较长的生命周期，以确保系统具有相应的扩展空间和发展空间。

视野拓展

智慧物流领域的新央企——中国物流集团

在“十四五”开局之年，我国唯一的以综合物流为主业的专业化重组的新央企——中国物流集团诞生了。这是国家在智慧社会建设背景下，对我国物流系统设计的一个成功案例。由于我国物流业尚存在企业“小散弱”、物流效率不高等短板，国家“十四五”规划指出，“加快发展研发设计、现代物流、法律服务等服务业”“完善综合运输大通道、综合交通枢纽和物流网络”。中国物流集团的成立不仅是“十四五”规划愿景的落实，更是建设现代物流体系的重要举措。通过专业化的整合和优势互补，新组建的中国物流集团涵盖仓储、运输、包装、多式联运等多种服务。同时，中国物流集团采用数字化服务平台，大数据、物联网、人工智能、云计算等管理系统，构建“智链”物流系统、“智信”数字服务平台，推进产业数字化、产业智能化，实现传统物流到现代物流的快速转变，打造一支具有新时代中国特色的物流“国家队”。中国物流集团经营网点遍布国内 30 个省（市、区）及海外五大洲，拥有铁路专用线 120 条，整合社会公路货运车辆近 300 万辆，构建起一张以铁路运输为骨干，铁、公、海、空多式联运为主体，海陆空纵向立体，横向交叉的物流网络。中国物流集团的成立不仅将显著提升物流产业的集中度，还可以优化资源配置、提升资产质量，进而推动物流板块的高质量发展。此外，强强联合更将有助于统筹调配资源，集中实施技术攻关，加快行业关键核心技术突破，增强行业国际竞争力，为打造我国现代物流体系提供有力支撑。

4.2.2 智慧物流系统的设计步骤

一般来说，智慧物流系统的设计需要以下 9 个步骤，如图 4-7 所示。

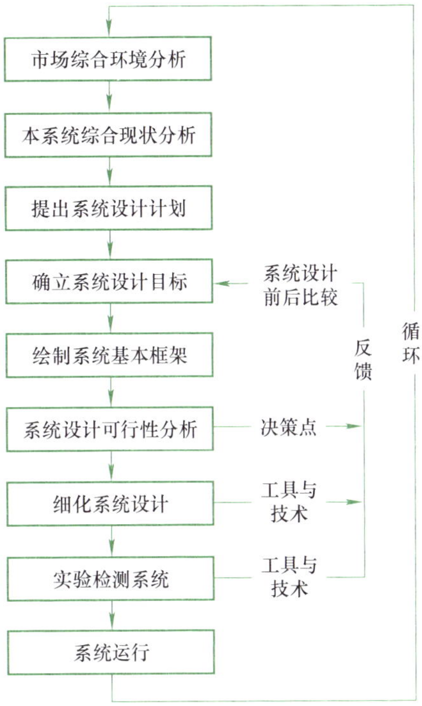

图 4-7 智慧物流系统的设计步骤

1. 市场综合环境分析

在新一代信息技术支撑下，智慧物流运作的市场综合环境分析的目的在于找到针对哪些产品开发新系统才有效。因而要从现在的产品需求、类型和特征着手分析。在分析市场特征的过程中，要对卖主、用户和竞争者进行调查，提出诸如“用户想要什么”“他们在市场中的分量有多大”之类的问题，以确认用户的需求和因卖主、用户、竞争者产生的压力。这一步要按重要性排列出每种产品的市场特征，同时对于市场的不确定性做出分析和评估。

2. 本系统综合现状分析

智慧物流现有系统综合现状分析也是新系统设计的重要基础。这一步主要是分析供需管理的现状、技术资源现状以及发展机遇和潜力等，其目的在于研究新系统开发的方向，分析、找到、总结现有系统存在的问题及影响新系统设计的阻力等因素。

3. 提出系统设计计划

面对诉求，提出新系统设计计划，并分析其必要性。围绕新系统的“可靠性”和“经济性”两大核心要求了解产品，提出新系统设计的目标。目标要实现提高服务质量和降本增效之间的平衡。

4. 确立系统设计目标

确立系统设计目标一般是根据产品的新系统设计策略提出相应的目标。主要目标在于发挥信息技术的支撑作用、获得高用户服务水平、低库存投资、低单位成本，并增强市场竞争力。

5. 绘制系统基本框架

通过分析新系统的组成，提出组成新系统的基本框架。新系统中的组成要素主要包括系统基本元素、节点布局、网络结构、系统运行的绩效标准以及系统管理指标等。

6. 系统设计可行性分析

在可行性分析的基础上，结合本系统的实际情况为开发新系统提出技术选择建议和支持。这也是一个决策过程，如果认为方案可行，就可以进行下一步的设计；如果认为方案不可行，就需要重新设计，调整系统元素或结构。

7. 细化系统设计

通过可行性分析后，进一步细化新系统设计，重点解决新系统的元素组成、服务对象、平台技术、上下游节点、结构布局、运行管理、绩效监测、服务标准以及支撑条件等问题，形成结构图和路线图。

8. 实验检测系统

新系统设计完成以后，应通过一定的方法、技术进行实验检测或试运行，如达不到预期成效，则返回第四步重新进行设计；如果没有发现问题，就可以运行系统。

9. 系统运行

新系统运行过程中需要该系统管理者的监测、协调和控制，以发挥系统的整体性功能。由于技术环境、市场环境均在变化，因此新系统也要随着市场环境的变化而变化。系统设计应该是一个循环过程。当影响系统的技术因素、市场因素发生了重大变化时，系统既有结构就会不利于系统效率的有效发挥，因而需要修正或者重新设计系统。

4.2.3 智慧物流系统的设计案例

南昌职业大学作为 2018 年教育部首批 15 所职业本科教育试点院校之“01 号”，在项目启动后不久就与京东物流开展校企合作、专业共建。校内物流实训基地作为教育部生产性实训基地建设项目，于 2020 年顺利通过国家教育部验收。为巩固生产性实训基地建设成果，2021 年校企共同出资注册校内实体企业——南昌邦越乐供应链科技有限公司，联合培育智慧物流服务中心。其设计流程如下。

1. 周边市场分析

之前负责南昌职业大学末端配送环节的三家菜鸟驿站均分布在校外，整体管理较为混乱。“毕业季”“暑假季”等寄件高峰时期，学生寄行李需要自行将包裹送到校外，同时师生取件不便，包裹存在丢失隐患。

2. 校内物流分析

校内物流体系不完善，无法落实揽收、派件业务的高质量、高效率完成。主要原因是校园配送环节一直属于末端配送难点。学生的取件时间短且集中，部分“校园代拿”人员责任心不强，导致包裹丢失；寄件线上下单后不能配合快递服务人员及时完成揽收，导致超时等。

3. 系统设计框架

根据南昌职业大学的日常单量规模，结合校方提供的场地条件进行布局设计，满足校区师生主要的寄取件需求。规划区域包括“系统操作区”“派件业务实战区”“大件货物区”“寄件实战区”“自主查询区”“创业孵化区”等多个功能区。

京东授权服务商的智慧配送

4. 经营目标设定

基于南昌职业大学师生的快递服务需求，能更好地为师生提供安全、便捷、舒适的寄取件服务。对物流专业学生开展校内实习实训、产教融合，有效地孵化双创团队。

5. 运行架构建设

运行架构由四个层次组成，包括由人、财、物、规划、建设、运行等相关业务应用构成的业务层；基于数据中心的数据层；辅助决策和业务流程监控等构成的监测分析层；对接国家、省、市级学术组织，提升教师科研教学水平，深度融合相关企业，编制并实施横向技术服务项目计划，打造物流行业产教融合共同体的产教融合研究层。

6. 运行实践实效

智慧物流服务中心于 2022 年 9 月 2 日正式营业，面积约 2 000m^2，集智慧物流仓储、末端网点配送于一体，以产教融合为出发点，可为在校学生提供 10 多个实习就业岗位，包括仓储规划、设备采购、安装联调、系统管理、数据分析、网点客服、入库、上架、复核、打包、分拣、扫描、揽收等。目前每日派件数量可达 10 000 单，每日揽件数量可达 400 单。

7. 系统功能细化

增加校园无人配送车，设计区域包裹存放点，根据学生宿舍的分类，按楼栋分好包裹，统一代配送市场，做到代配送实名制，确保货物安全；整合京东、顺丰、中通、圆通、韵达、申通等快递网点，集中化作业。

8. 系统运行状态

经过一年多的运营，总体成效已经显露，实训效果、经营效益、服务效率均超过预期。截至 2023 年 10 月 31 日，总计有效入库 249 049 单，平均 8 034 单 / 天。当月 9 日为最高单量日，入库 11 951 单。

总之，南昌邦越乐供应链科技有限公司作为校内智慧物流中心，从创建到运作，始终坚持用户为先、共同参与、智慧追踪、服务触点、创新发展，形成了独特的设计特色，如图 4-8 所示。

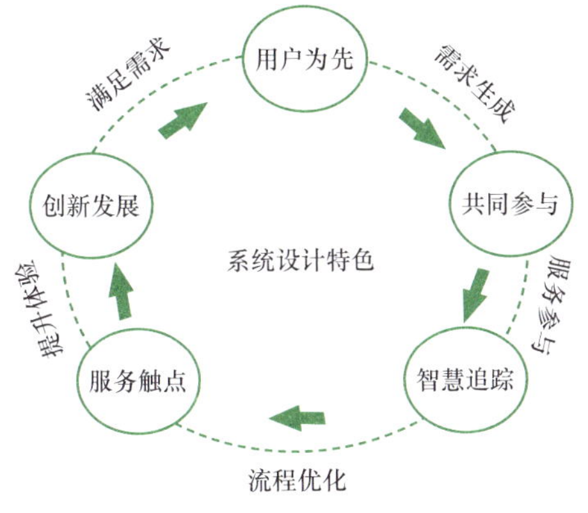

图 4-8　智慧物流中心系统设计特色

4.3 智慧物流系统的基本架构

4.3.1 智慧物流系统的架构形式

1. 基于知识、创新、生态发展的宏观视角

智慧物流系统从不同的视角考虑可以有不同的系统分支，从知识、技术、创新发展的视角考虑，智慧物流系统则可以看作由数字物流、知识物流、创新物流、创意物流以及生态物流共同托起的一个新平台系统。换言之，也可以将智慧物流系统看作拥有这些主要分支，如图 4-9 所示。

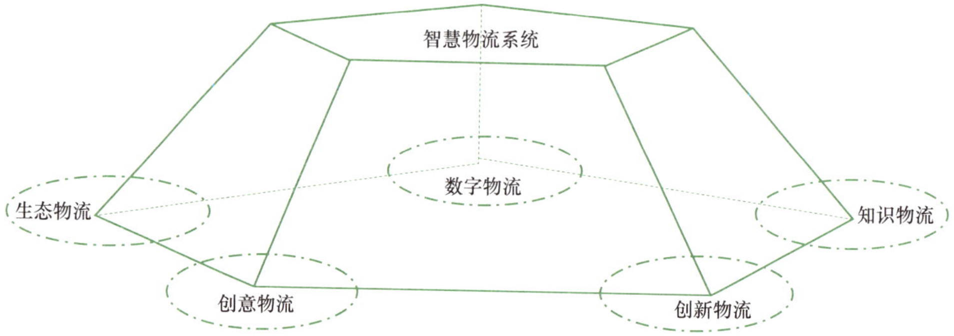

图 4-9 智慧物流系统的宏观分支

2. 基于技术、决策、运营管理的微观视角

如果从技术、决策、运营管理的视角考虑，智慧物流系统是一个优化的系统。在这个系统中，既包含硬件设施、设备以及软件技术系统，也包含诸多节点、车辆和线路。其中节点的选址布局是通过优化的方法科学遴选的，物流线路的确定来自系统性优化选择，物流车辆的调度遵循科学的调配方法，经营决策也在遵循适当的竞争合作博弈规律。因而，智慧物流系统是现代技术、科学方法和现代管理手段的有效融合。智慧物流系统的微观环节如图 4-10 所示。

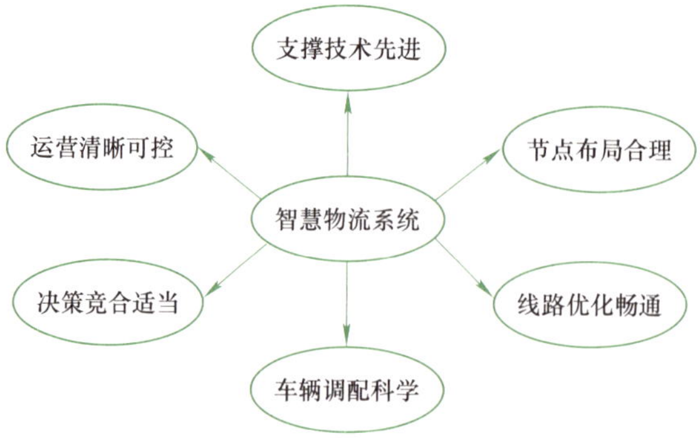

图 4-10 智慧物流系统的微观环节

3. 基于输入、转换、输出持续反馈改善的综合视角

智慧物流系统是一个由互联网、云平台和大数据等现代技术支撑的，以城乡管理者、公共信息服务平台、制造商、物流企业、用户以及城乡社会为主要元素的系统，即由物流、产品和技术等资源的不断输入，市场信息、个性需求、协同决策和敏捷处理等要素的不断转换，以及质量保障、服务优质、资金安全、环境生态和社会和谐等绩效的不断输出共同构成的系统，其运作路径如图 4-11 所示。

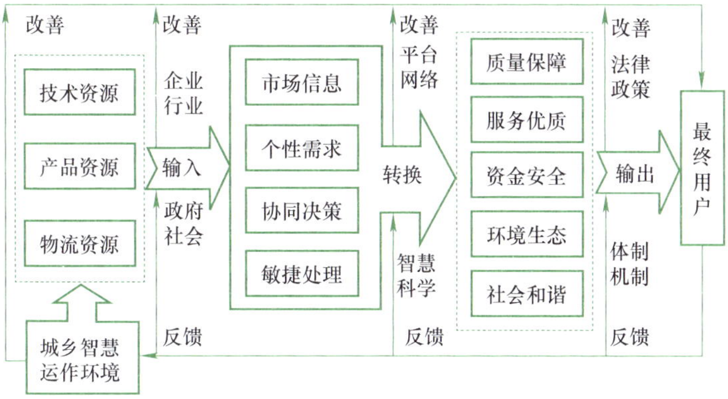

图 4-11 智慧物流系统的运作路径

4.3.2 智慧物流系统的外在节点

1. 城市智慧物流的节点层次

城市智慧物流系统包含诸多要素，但最关键的要素体现在线路和节点上，因为城市交通网络是智慧物流的基础。因此，路径和节点的优化程度直接决定着城市智慧物流系统的运行绩效和服务水平。作为城市智慧物流系统的关键要素之一，物流节点的统筹布局直接关系到该系统的经营效益。在实际运营中，城市智慧物流系统的节点类型和数量因城市规模和智慧化程度不同而发生变化。一般来说，城市智慧物流系统的节点层次如图 4-12 所示。

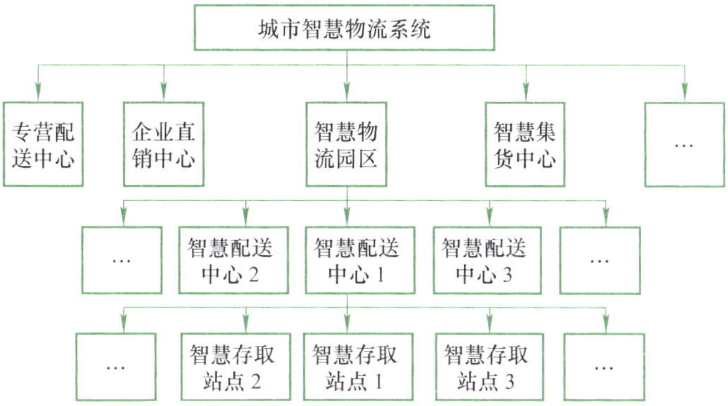

图 4-12 城市智慧物流系统的节点层次

2. 智慧运输和配送系统的外在架构

在物流主要作业中，运输和配送是两个最基本的活动。以运输、配送主营业务的信息运营系统为例，其节点架构不仅包括前端和终端，还包括北斗卫星、消息中心、指挥控制中心，以及互联网、通信网络的支持，如图 4-13 所示。

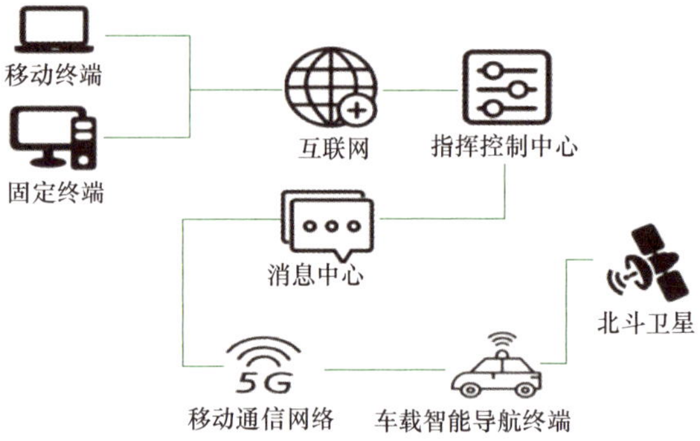

图 4-13 智慧运输和配送系统的外在架构

3. 智慧物流企业系统架构案例

在综合性智慧物流企业的管理系统中，其外在架构呈现二级或者多级节点情况。例如，发网物流作为一家智慧物流企业，旨在根据电商商家的类目和需求，在仓储物流环节为客户提供一站式服务，包括商品入库、库存管理、出库、运输等正向业务流程，扫描、质量控制（Quality Control，QC）、包装、商品化、再配发等逆向业务流程。在外部节点上，涉及代工厂商（OEM、ODM 两种模式）、经销商、渠道商、店铺、商场、消费者等。随着业务范围和经营模式的升级迭代，成为一家名副其实的综合性智慧物流服务企业，其外在架构如图 4-14 所示。

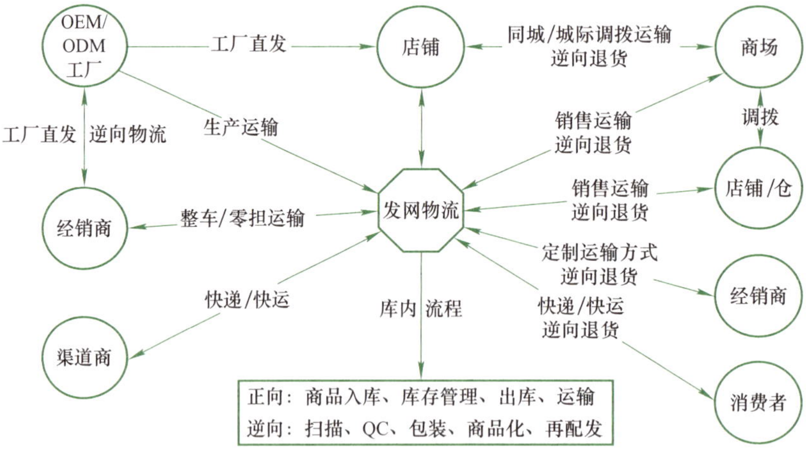

图 4-14 发网物流智慧运营系统的外在架构

4.3.3 智慧物流系统的内在脉络

智慧物流系统的构建和运作，不仅关联其外部分支、节点架构，而且与系统内部职能密切相关。

1. 智慧物流系统的职能细分

智慧物流系统根据类别或经营重点不同，具有不同的职能细分。一般来说，智慧物流系统可赋予平台管理、数据管理、交易管理、接口管理、作业管理和物流预测等主要职能，相应可划分为平台管理子系统、信息管理子系统、交易管理子系统、接口管理子系统、作业管理子系统和物流预测子系统等六个子系统，如图 4-15 所示。

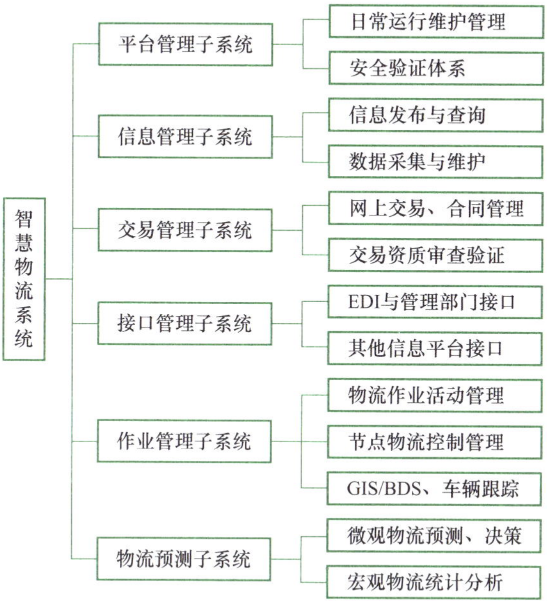

图 4-15 智慧物流系统的子系统

2. 智慧物流系统职能运转案例

智慧物流系统建设和运转尽管有诸多相同点，但由于经营业务重点不同，系统结构会出现较大的差异。以运输物流为例，公路物流、铁路物流、航空物流、港口物流就有较大的区别。仓储物流、跨境电商物流、冷链物流、危险品物流、逆向物流，由于其关注的重点不同，系统构建和运转的职能特色也各有区别。

以日日顺智慧物流为例，作为海尔集团旗下物联网时代的场景生态品牌，其发展目标以社群为基本单元，做有温度的触点网络，形成了具有鲜明特色的综合性智慧物流运作系统。该系统的内在脉络是从整体视角涉及制造环节、流通环节和交付环节，包括原材料供应商、制造商、品牌商、分销商（电商平台）、零售商、用户等主要节点的物流、资金流，在生态资源方的介入下，增强了计划、采购、制造、库存管理、订单履约、交付、服务 / 增值诸流程的智慧能力。尤其在供应商协同、多级协同仓网、服务生态协同理念的驱动下，兼顾跨境端到端供应链方案，以及产品升级 /C2M 定制生产，构建了涵盖智能仓网、智能运配网、末端送装、场景定制、深度 SC（卖家中心）、数字科技等模块的全路程数字化系统及管理系统，展示了智慧物流综合管理系统前沿的内在运作脉络，如图 4-16 所示。

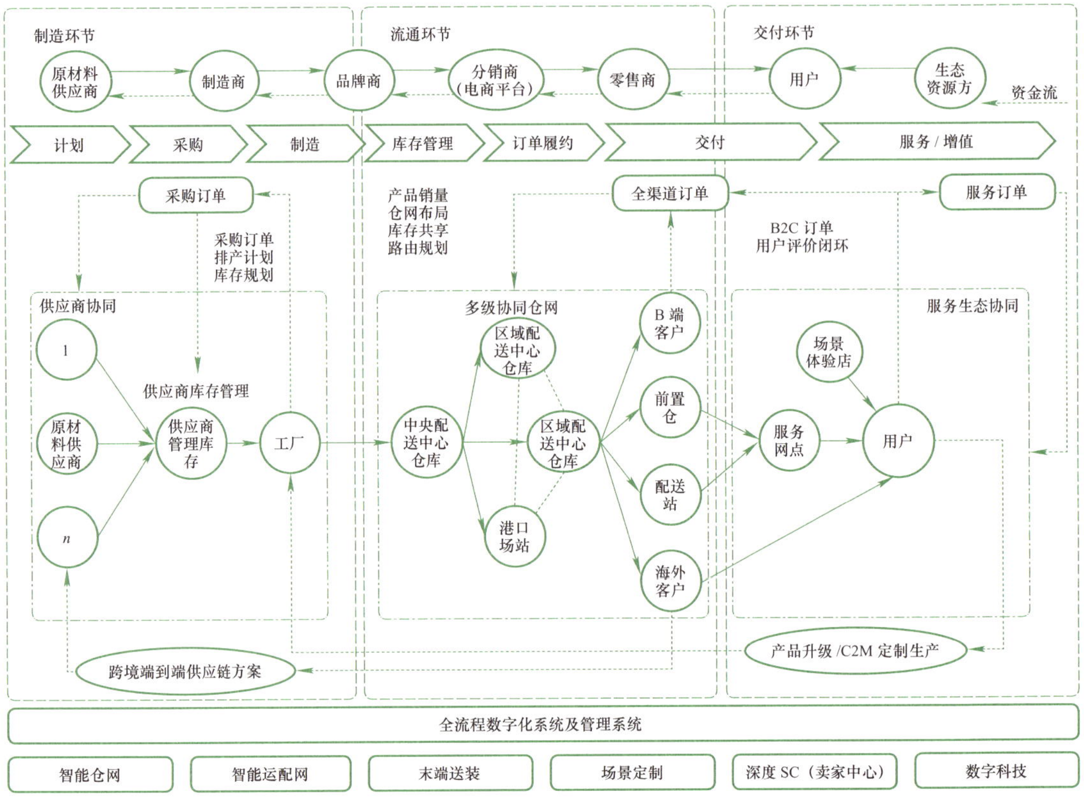

图 4-16　日日顺智慧物流综合管理系统内在运作脉络

针对日日顺物流的专项领域，其内在运作流程包括用户下单、平台预约、系统配车、自助抢单、出库管理、枢纽转运、送装车辆、签收评价等，均在数字技术环境下赋予了新的内涵，相关流程及内涵展示如图 4-17 所示。

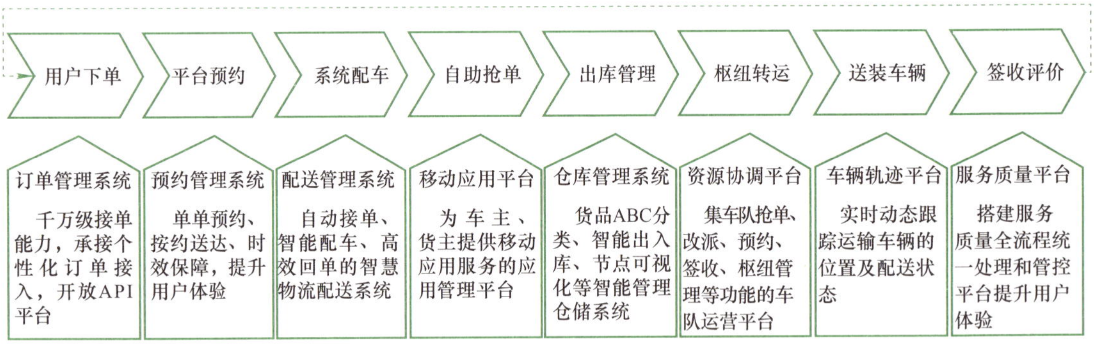

图 4-17　日日顺智慧物流系统主要流程及内涵展示

再如，领路客智慧物流平台系统。领路客作为运力调度系统的专业开发者，在基础服务、运力调度、在途管理、运费结算等环节，进行了深度调研和精心构建，明晰了集运力服务、安全认证、追踪服务、车后服务、财税发票于一体的智慧物流管理系统流程，展示了清晰的智慧物流系统内在运作及管理脉络。如图 4-18 所示。

日日顺智慧物流系统

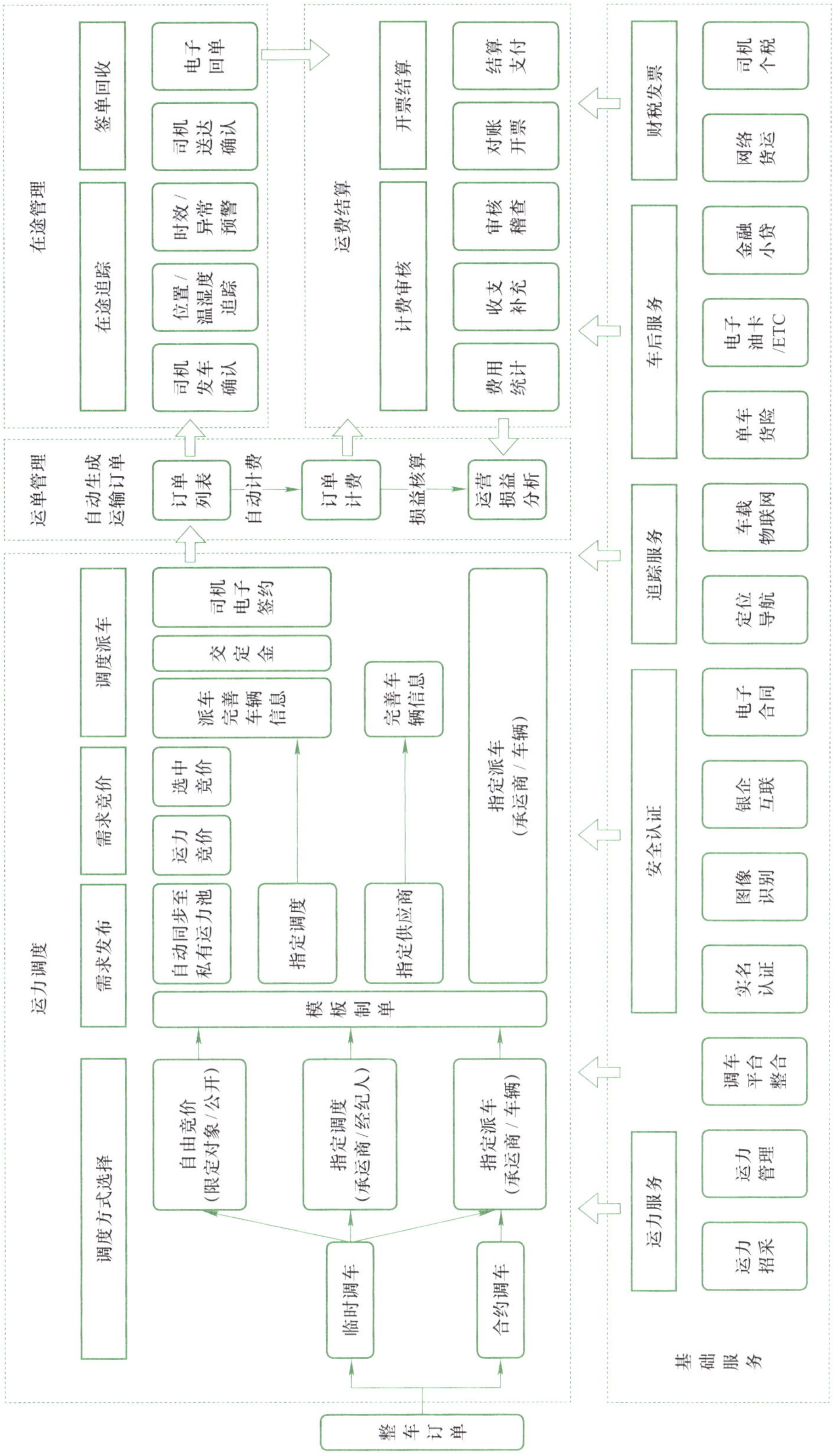

图 4-18 领路客智慧物流平台系统内在运作及管理脉络

素养园地

产业发展与产业分工密切相关，通过分工实现专业化生产，演化出新的产业。当分工达到一定程度后将“止分趋合”，形成新层面的产业融合。先进制造业与现代服务业深度融合是提升效率的内在要求，是顺应新一轮科技革命，增强制造业核心竞争力的途径。请你查阅相关文献资料，剖析国家在推进物流业与制造业深度融合发展中的举措，谈谈智慧物流系统在“两业融合”发展中的地位和潜力。

技能训练

2023 年 11 月 17 日，《交通运输部办公厅关于公布港口功能优化提升交通强国专项试点项目（第一批）的通知》公布最终入选的 14 个港口功能优化提升交通强国专项试点项目。其中，唐山港京唐港区集装箱码头智慧化改造项目、青岛港新前湾集装箱码头全自动化自主可控关键技术研究与应用试点项目、宁波舟山港传统集装箱和干散货码头智慧化改造项目被列入智慧化改造类别。

请你查阅三个项目所在港区的智慧化物流基础，谈谈对智慧港航物流的认识。

同步测试

一、判断题

1. 北斗定位导向传输设备、物联网等传感设备、无线射频感知设备、穿戴式设备、VR 和 AR 技术智能设备等均属于智慧物流系统的硬件环境层。（　　）

2. 智慧物流质量标准、智慧物流运作及服务的监管法律法规等也可划入智慧物流系统的软件环境层。（　　）

3. 智慧物流系统的延展功能也是智慧物流系统的有机构成。（　　）

4. 智慧物流系统构建时对资源的有效集成没有约束性要求。（　　）

5. 智慧物流系统的重要依托在于一系列平台的相互联动。（　　）

6. 智慧物流系统的感知层具有泛在性。（　　）

7. 智慧物流系统的应用层交互主要反映在虚拟环境与实体环境之间的交互上，不涉及货物质量问题。（　　）

8. 智慧物流系统的构建不必确保投入产出的成效。（　　）

9. 智慧物流系统构建设计可以借助计算机辅助设计手段。（　　）

10. 由于智慧物流系统的信息共享，所以在进行系统设计时要考虑到系统的安全运行，确保系统的可靠性。（　　）

二、单选题

1. 智慧物流系统的透明可视是指其过程必须实现（　　）和全程追踪。

A. 实时监控　B. 实时统计　C. 实时调换　D. 实时生产

2. 智慧物流系统的敏捷即时是指该系统具有（　　）能力。

A. 延迟生产　B. 快速响应　C. 协作融合　D. 运筹谋划

3. 智慧物流系统的绿色低碳是指该系统必须满足环保的相关（　　）要求。

A. 计划性　B. 指标性　C. 约束性　D. 效益性

4. 智慧物流系统之所以能够形成，其关键基础条件在于（　　）功能的发挥。

A. 协同合作　B. 多式联运　C. 多业融合　D. 自动感知

5. 智慧物流系统的应用层（　　）功能比较灵敏。

A. 监测　B. 交互　C. 配送　D. 冷链

三、多选题

1. 从全视角分析，智慧物流系统构建时需要考虑的基本要素包括（　　）。

A. 硬件环境层　B. 软件环境层　C. 制度环境层　D. 设施设备层

2. 在延展功能方面，智慧物流系统功能包括（　　）等。

A. 智能采购与供应　B. 智慧物流低碳运作与控制

C. 智能物流风险预警与防控　D. 智能物流创意服务

3. 智慧物流系统构建常用的方法包括（　　）。

A. 逻辑图谱法　B. 需求与效率导向法

C. 案例分析法　D. 网络图形法

4. 智慧物流系统设计要围绕着新系统的（　　）和（　　）两大核心要求去了解产品，提出新系统的设计目标。

A. 可靠性　B. 经济性　C. 简洁性　D. 增值性

5. 智慧物流系统架构绘制时要素组成主要包括系统的（　　）等。

A. 基本元素　B. 节点布局

C. 网络架构　D. 运行绩效标准

四、简答题

1. 简述智慧物流系统的基本构成要素。
2. 简述智慧物流系统的基本功能。
3. 智慧物流系统的构建有哪些基本要求？
4. 简述智慧物流系统的构建需求与效率导向法。
5. 简述智慧物流系统的设计步骤。

五、论述题

1. 试阐述智慧物流系统的互动机理。
2. 试述智慧物流系统的设计原则。

单元5 智慧供应链系统的结构

知识目标

- 理解智慧供应链系统的节点
- 熟悉智慧供应链系统的类型
- 了解智慧供应链系统的合作伙伴关系

技能目标

- 能够区分传统供应链系统与智慧供应链系统
- 能够识别智慧供应链系统的节点
- 能够操作各类智慧供应链系统
- 能够评价智慧供应链系统合作伙伴关系的建设效果

素养目标

- 培养和提升对智慧供应链物流领域核心竞争力的认识
- 培养和强化通过技术创新赋能高质量价值链的意识

思维导图

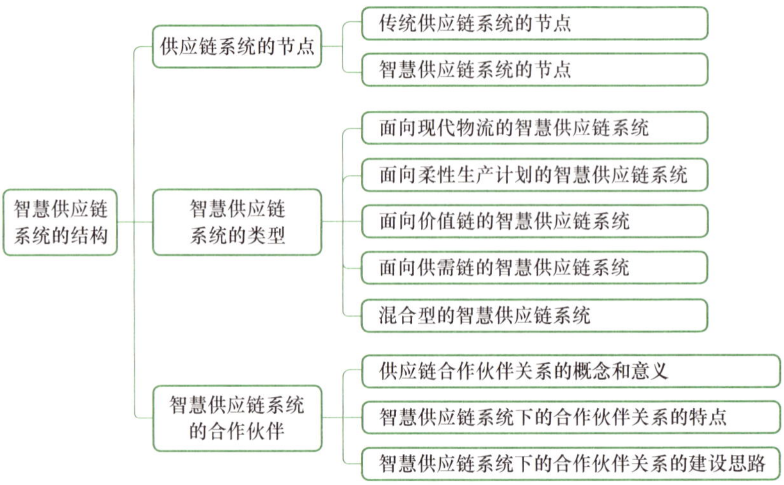

情景案例

智慧供应链系统助推采购合规体系建设

近年来，推动数字化、智能化采购，构建有效的风险管理体系是国家政策发展的趋势，是政府监管的重要对象，同时受到社会的广泛监督。因此，合规管理既是治理的一个方面，又是党风廉政建设的重要战场，赢得民心的重要窗口。

采购早期是以线下采购为主的，现已逐步向信息化、数字化、智能化为特征的智慧化采购方向发展。智慧化采购理念推动供应链创新应用，能切实提升采购数智化能力，实现全流程风险管控，能有效开展现代化供应链合规管理，是新时代和公司最迫切的需要。智慧化采购对促进企业员工增强合规意识，集中力量解决供应链发展的风险问题至关重要，为推进企业精益管理、增强企业防范风险，以及推进企业高质量健康发展提供强大动力。

具体做法包括通过开展构建一体化的供应链智慧合规体系管理创新等工作，将采购方案、评标过程、合同签订等供应链关键环节风险点全部覆盖，通过“技防＋智防＋人防”三者有机结合，全方位无死角地进行防控，实现了合规管理真正意义上的全面管控，杜绝供应链管理漏洞，让“小鬼当家”风险动作难以遁形。

总之，智慧供应链系统的建设将推动企业进一步向着合规、高效、共享、阳光的方向前行，保障企业依法依规运行，推进企业改革的进一步深化，降低风险控制成本，促进业务健康发展，进一步提升企业经营管理水平，从而增加企业的价值，在实践中具有积极意义。

思考：

采购领域通常是风险的高发领域，请你根据采购的实际做法，分析智慧供应链系统下的采购能避免和监控哪些方面的风险；同时展开延展性交流互动，分析在供应链管理的其他领域中，智慧供应链系统还能做出哪些突出的贡献。

5.1 供应链系统的节点

5.1.1 传统供应链系统的节点

供应链的概念是从扩大的生产概念发展而来的。在现代经济社会中，供应链是围绕核心企业，通过对商流、信息流、物流、资金流的控制，从采购原材料开始，到制成中间产品以及最终产品，最后由销售网络把产品送到消费者手中，将供应商、制造商、分销商、零售商直到最终用户连成一个整体的功能网链结构。在整个供应链系统中，供应商、制造商、分销商、零售商就是供应链的节点，也可称为供应链系统的节点。上述各节点在生产、流通和销售环节的位置和相互关系如图 5-1 所示。

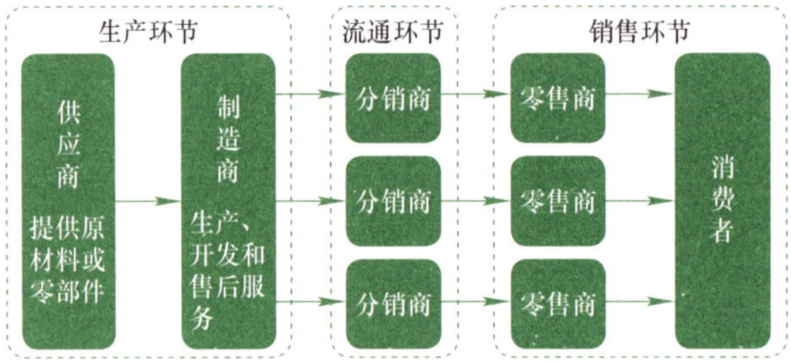

图 5-1　传统供应链系统各节点的位置和相互关系

上述节点共同构成了供应链系统的架构，确保产品能从生产到最终消费者实现无缝流通。有效管理这些节点对于提升供应链系统的效率至关重要。不同行业或企业的供应链系统节点可能有所不同，但这些是供应链管理中常见的一些核心节点，也称为传统供应链系统的节点。

5.1.2　智慧供应链系统的节点

智慧物流供应链的节点

1. 与传统供应链系统节点的主要区别

以供应链大数据平台建设为核心是智慧供应链系统节点区别于传统供应链系统节点的突出特征。

在智慧供应链系统中，供应商、制造商、分销商、零售商等每个节点都具备一定的智能化和数字化能力，通过共享型的供应链大数据平台实时收集、处理、分析和共享数据，以实现供应链的协同、优化和高效运作。在智慧供应链系统中，节点不仅是简单的供应链参与者，更是实现供应链智能化、数字化和协同化的关键要素。通过不断提升节点的智能化水平，可以有效地提升整个供应链的运作效率和竞争力。

供应链大数据平台的参与所形成的智慧供应链系统将实现供应链信息的数字化和自动化管理，提高数据的可靠性和准确性。同时，通过物联网、云计算、区块链、人工智能等技术的应用，智慧供应链系统可以实现供应链的实时监测和快速响应，适应市场变化。智慧供应链系统还可以达到优化供应链流程，降低库存成本和运输成本的效果，从而提高资源利用率，降低运营成本。但值得注意的是，智慧供应链系统设计包含大量敏感数据，因此数据隐私性和数据安全性成为亟待解决的问题。另外，智慧供应链系统需要整合多种复杂的技术和平台，技术集成的难度较大。这都需要企业进行组织和文化变革，来推动供应链管理模式的转变和优化。

小思考

数据隐私性和数据安全性的重要性反映在哪里？目前，数据隐私性和数据安全性面临哪些挑战？

2. 共享型供应链大数据平台的建设内容

在目前技术前提下，智慧供应链系统中共享型供应链大数据平台的建设内容主要如下：

（1）数据平台建设　数据平台是智慧供应链系统的基础，它负责数据的收集、存储和处理。数据平台需要具备高可用性和安全性，同时支持大数据处理和分析能力。

（2）物联网平台建设　物联网平台用于连接和管理物联网设备，实现物联网数据的采集、传输和处理。它需要支持多种物联网协议和设备的兼容性。

（3）人工智能平台建设　人工智能平台是实现智能决策和预测的关键。它需要具备强大的数据分析和机器学习能力，以及与其他平台的集成能力。

（4）应用与服务平台建设　应用与服务平台为企业提供智慧供应链系统的应用和服务，包括供应链可视化、预测分析、供应链协同等功能。它需要提供友好的用户界面和灵活的定制能力。

3. 供应链大数据平台的主要功能

供应链大数据平台在智慧供应链系统中的主要功能如下：

（1）数据整合与共享　智慧供应链系统的核心在于数据整合与共享。它涵盖采购、生产、销售、物流、金融等多个环节的数据，通过数据整合与共享，实现供应链信息的实时、准确、全面传递。

（2）物联网技术的感知与检测　物联网技术为智慧供应链系统提供了实时感知与监测能力。物联网传感器可以对供应链各环节的物流、生产、销售等活动进行监控，实现实时数据采集和反馈，从而提高供应链的灵活性和响应速度。

（3）人工智能与数据分析及预测　人工智能在智慧供应链系统中具有重要作用。通过数据分析、预测和优化，人工智能可以帮助企业实现精准的需求预测、库存管理和供应计划，从而降低库存成本、提高运营效率。

总之，通过供应链大数据平台连接供应链各节点所构成的智慧供应链系统是企业提高供应链管理水平和竞争力的关键。通过合理的智慧供应链大数据平台架构设计和平台构建，充分利用数据整合、物联网技术、人工智能和区块链等先进技术，企业可以实现供应链管理的数字化、智能化和高效化。当然，智慧供应链系统的建设还面临一系列挑战，需要企业持续投入和创新、不断优化和完善，才能实现智慧供应链的战略目标和商业价值。

视野拓展

包裹的奇幻漂流，智能供应链推动“科幻”成现实

包裹在物流仓库里自发排队，机器手臂快速分拣，再通过无人车送到消费者手中；人们在餐厅里的美食是AI“炼”成的，新鲜的食材被机器大厨烹煮煎炒，出锅后由机器人送到餐桌上。此外，自动驾驶、人脸识别、AR试妆和试衣……这些酷炫的场景背后，是“智能供应链”系统的现实投影。

供应链的持续发展，需要科技来支撑或赋能，形成智慧供应链系统，即通过互联网、物联网等新兴信息通信技术手段，基于产业各利益相关方或者产业集群的有机组织和结合，使商流、物流、信息流、资金流、知识流、人才流形成网络状、多方互动并创造价值。

智慧供应链系统跨越了单一纵向的供应链，呈现了多相关行业或者同水平层级多主体协同，并且根据服务的要求，由不同行业、企业或者不同地理位置的组织来承担相应的价值创造和传递，并且最终形成体系化的价值。

5.2 智慧供应链系统的类型

根据供应链技术和管理的主要结合点不同，智慧供应链系统主要可以分为以下 5 种类型。

5.2.1 面向现代物流的智慧供应链系统

面向现代物流的智慧供应链系统是结合了先进的科技和信息管理方法，对物流活动的各个环节进行智能化管理和优化的系统。它旨在通过提高供应链的效率和响应速度，降低成本，为顾客提供更好的服务。

1. 系统架构

智慧供应链系统运用物联网技术、RFID 技术等手段，对供应链中的物流、库存、订单等关键信息进行实时监测。这种实时监测能够确保企业及时、准确地掌握供应链的运作状态，从而更好地进行决策和调整。

面向现代物流的智慧供应链系统包括多个子系统，如订单管理系统（OMS）、仓库管理系统（WMS）、运输管理系统（TMS）和计费管理系统（BMS）等。这些子系统共同实现了订单的快速处理和智能化管理，对仓库进行精细化管理，对运输过程进行全面把控，对各项费用进行精细化管理。

2. 优化调度

智慧供应链系统能实现物流的优化调度。通过智能化的算法和模型，智慧供应链系统可以对供应链中的资源进行合理的配置和调度，从而提高物流效率、降低物流成本，并提升物流服务质量。

面向现代物流的智慧供应链系统依靠强大的数据分析功能，对供应链各个环节的数据进行深入挖掘和分析。这些数据可以为企业提供有价值的业务洞察和预测，帮助企业更好地了解市场需求、产品趋势、客户满意度等信息。通过这些数据，企业可以制定更加精准的业务决策，提高市场竞争力。例如，针对运输管理场景，集成智能车载终端，对货物环境和车辆内外环境进行监测反馈与异常预警，确保运输过程中的安全和稳定。通过数字化人工智能算法实现预知预判功能，在运输场景中对驾驶人登签状态、驾驶习惯、整车硬件系统、温度和密度的装置等进行识别、记录和监控，以确保订单的顺利进行。当订单出现异常状态时，会主动提报反馈并提供智能处理方案、预置选项，帮助客户及时解决问题，为客户提供更好的服务和解决方案，助力物流运输行业的快速发展。

3. 预警管理

智慧供应链系统具备预警管理功能。通过对数据的分析，系统能够预测和发现供应链中可能存在的包括物流在内的风险和问题，并提前发出预警。这样，企业就可以及时采取措施，避免潜在的风险转化为实际的损失。

总之，智慧物流供应链系统是企业提升供应链管理水平和效率的重要工具。随着科技的不断发展，该系统的应用场景也将越来越广泛，成为未来物流行业的重要趋势之一。

5.2.2 面向柔性生产计划的智慧供应链系统

面向柔性生产计划的智慧供应链系统是一种先进的供应链管理模式，它结合了柔性生产计划的灵活性和智慧供应链系统的智能化特点，以应对市场需求的快速变化和不确定性。

视野拓展

破解“不可能三角”，打造柔韧敏捷的智慧供应链

2021 年，国内某大型互联网公司突然向某生产企业发出 14 000 台服务器订单，希望在 4 周以内交付。该服务器是该生产企业专为该互联网公司研发的定制型产品。当时很多工厂停工、运输中断，全球供应链处于前所未有的动荡中，芯片物料供应全球大缺货。面对严峻的挑战，该生产企业依托强大的生产智慧供应链系统对突发订单快速响应，一个工作日内给出客户 8 周交付“11 000 台通用机型 +3 000 台定制机型”的替代方案，并与客户快速确认方案。同时针对定制专用料，派出采购人员在供应商驻厂，同供应商一起提拉产能；针对其他物料，市场现货询价应收尽收，不到 3 周时间备齐全部物料，然后充分发挥多厂区生产优势，快速投产，只用 4 周就完成交付。

1. 满足用户需求

面向柔性生产计划的智慧供应链系统强调让客户需求得到最大限度的满足。与传统供应链系统下的大规模标准化生产相比，面向柔性生产计划的智慧供应链系统更多展现出强信息流赋能下的个性化、定制化生产。面向柔性生产计划的智慧供应链系统需要通过智慧技术方案来降低采购、交易、内部信息流动等方面的成本，特别是要突破企业运营的三大问题——复杂性、敏捷性和低成本。为达成这一目标，必须运用日趋成熟的智慧化技术，将客户需求引入研发、供应链、生产和客服的全业务流程，逐个破解个性化、定制化带来的挑战，解决成本控制、流程重组、数字技术应用鸿沟等一系列问题，从而实现产品个性化、定制化生产。

同时，面向柔性生产计划的智慧供应链系统模式并非单纯地把产品卖给客户，而是与客户开展合作，让客户参与产品的研发、生产、交付，让客户需求得到最大限度的满足，进而提升整个产品供应链的效率。

视野拓展

供应链的“柔性”之路

“你可以要任何颜色的汽车，只要它是黑色的”，这句看上去前后矛盾的话，出自美国汽车大王亨利·福特之口。这位被美国《财富杂志》评为20世纪最伟大的企业家的汽车大王，为何说出这句话？我们先来看一下他的故事。1903年，福特与其他投资者一起成立了福特汽车公司。随着大量订单的到来，产品供不应求，如何提高效率成为福特的头号难题。1913年，世界上第一条汽车流水装配线出现在福特汽车公司，不仅提高了生产效率，还降低了生产成本。但1919年以后，福特汽车公司由于车型单一以及管理模式僵化，在美国逐渐失去了市场份额。面对大规模生产的弊端，美国Molins公司提出的新型生产模式“柔性生产”被现代企业应用于生产制造过程中，旨在使生产系统能对市场需求变化做出快速适应，力求企业获得更大的效益。

联合设计制造（Joint Design Manufacture，JDM）模式是面向柔性生产计划的智慧供应链系统的实践。JDM三个字母分别有不同的内涵：J即Joint，是围绕产品创新，与客户和合作伙伴进行网络化数字化协同作业；D即Design（Development/Deliver），是打造用户需求、设计、研发、生产、交付的敏捷业务链；M即Manufacture，是敏捷创新的根基，是形成产品交付用户的实现路径，通过智能制造平台，实现网络“一键下单”、快速定制、直达用户的运营能力。JDM模式可以形成客户、产品兼容的融合模式，既具备领先的产品规划布局和应用推广能力，也可以为用户提供定制化的产品和服务。

面向柔性生产计划的智慧供应链系统能使企业快速制订生产计划，并通过供应商的生态协同平台快速精确地完成与供应商的信息交互，从而使产品的个性化、定制化业务得以快速增长。只有构建敏捷、柔性的智慧供应链，才能让客户订单、库存物料和企业产能快速高效地匹配。

2. 灵活性和适应性

柔性生产计划强调生产系统的灵活性和适应性。在制造过程中，柔性生产计划能够根据不同的市场需求、产品特性和生产条件，灵活调整生产计划和生产流程。这种灵活性使企业能够迅速响应市场变化，减少库存积压和浪费，提高生产效率和资源利用率。

视野拓展

根据《关于开展2023年度智能制造试点示范行动的通知》（工信厅联通装函〔2023〕212号），工信部公布了2023年度智能制造示范工厂揭榜单位和优秀场景名单。该名单显示，共有212家工厂入选，2023年度智能制造示范工厂揭榜单位共有205家企业的智能制造场景入选2023年智能制造优秀场景。据此前公告，此次试点示范行动拟通过遴选一批智能制造优秀场景，以揭榜挂帅的方式建设一批智能制造示范工厂和智慧供应链，在各行业、各领域选树一批排头兵企业，推进智能制造高质量发展。

将柔性生产计划与智慧供应链系统相结合，可以形成面向柔性生产计划的智慧供应链系统。这种系统能够根据市场需求和生产条件的变化，灵活调整生产计划，并通过智慧化的供应链管理，确保生产过程的顺利进行和产品的及时交付。同时，系统还能够实时监控供应链的运作状态，预测潜在的风险和问题，并采取相应的措施进行应对。

面向柔性生产计划的智慧供应链系统的实施，可以帮助企业更好地应对市场变化，提高生产效率和产品质量，降低库存和运营成本，增强企业的市场竞争力。同时，它也有助于推动供应链的可持续发展，实现经济效益和社会效益的双赢。

总的来说，面向柔性生产计划的智慧供应链系统是一种融合了柔性生产计划与智慧供应链系统优势的高级供应链管理模式。它旨在通过提高供应链的灵活性和智能化水平，来应对复杂多变的市场环境，实现企业的可持续发展。

5.2.3 面向价值链的智慧供应链系统

面向价值链的智慧供应链系统是一种先进的供应链管理模式。它将价值链理论与智慧供应链技术相结合，以优化和提升整个供应链的价值创造能力。价值链是指企业价值创造过程中一系列不相同但相互联系的价值活动的总和。这些价值活动涵盖了从产品研发、设计、生产、营销到售后服务等各个环节，形成了企业价值创造的全过程。

将价值链理论与智慧供应链技术相结合，就形成了面向价值链的智慧供应链系统。该系统以价值创造为核心，通过智慧化的手段对供应链中的价值活动进行优化和协同。它不仅能够实时掌握供应链中各环节的价值流动情况，还能够预测和评估价值创造的潜力和风险，从而帮助企业做出更加科学、合理的决策。

面向价值链的智慧供应链系统的主要优势在于以下几个方面：

（1）提高价值创造能力　通过优化供应链中的各个环节，减少资源浪费和降低成本，提高产品或服务的附加值，从而增强企业的竞争力。

（2）增强供应链的协同性　通过信息共享和智能化决策，实现供应链各环节之间的无缝衔接和协同工作，提高整个供应链的响应速度和运营效率。

（3）提升顾客的价值　通过精准的市场分析和预测，以及个性化的产品和服务设计，满足顾客的多样化需求，提升顾客的价值和满意度。

例如，面向价值链的智慧供应链系统在销售预测上，改变了以往手工预测的方式，可设计短期预测、长期预测等多种算法模型，侧重算法和数据的加工拟合，支持预测算法的训练和选择，提升了销售预测的准确率，同时重建产品需求预测制定和调整以及产销协同的流程，以应对供应链可能出现的不确定性。在特殊时期，智慧供应链系统能很好地迅速应对业务变化，自动更新仓网结构，按需更新、快速更新。

5.2.4 面向供需链的智慧供应链系统

在社会经济生活中，需求端不断追求个性化，供应端生产效率提高，不断追求低成本，新兴技术、数字经济蓬勃发展，物流数字化、智能化领域投融资热度升高等成为供应链智慧化升级的主要驱动因素。在实际工作中，由于售、补、调商品数量多、品种复杂，依赖人工决策导致断货、缺货、库存不均衡等问题时有发生，而面向供需链的智慧供应链系统是一种综合性的供应链管理解决方案，可以通过关注供需链中各个环节的信息流、物流、资金流的优化和协同，智能预测，实现自动补调联动的精准性操作，从而解决上述问题。

面向供需链的智慧供应链系统通过打通订单管理系统（Order Management System，OMS）和企业管理解决方案系统（System Applications and Products，SAP）的壁垒，使补货单据和调拨单据自动下发至下游系统，减少了制单员，节省了人力成本，方便快捷。同时，系统预测数据可以提升至以天为单位，需求计划与补货计划、调拨计划自动进行联动，使需求与补调活动更加协调和顺畅。

需求预测遇到的困难：无法准确和全面收集信息及数据，人工操作效率低、时间长，最终造成库存堆积或库存不足的缺货损失，可采取智能需求预测算法进行处理。

（1）进行信息协同　搜集商品交易总额、新老品替代、库存上线及下架时间、仓网管理等信息，打破原有信息的孤岛，实现信息共享与协同。

（2）进行数据处理　对搜集到的库存、订单等数据进行清洗、筛选。针对需求计划，对历史销量中的噪点进行系统自动识别，提供噪点剔除。系统将根据完成噪点处理后的历史销量生成基线销量。

（3）进行模型构建　设计多种算法模型用于计算基线预测，支持预测算法的训练和使用，如季节性模型、短期模型、中长期模型等，并且支持多维度进行相关人工协同。

这样，根据系统算法，最终可生成企业货仓年、季、月、周、天供需预测，系统还可以支持按货品品种、规格等多维度进行查看及应用。

视野拓展

近年来，我国数字经济增速保持持续高位运行。2020 年，我国数字经济增长率达到 9.7%。其中，“产业数字化”是我国数字经济发展的主阵地。2022 年，我国产业数字化增加值为 31.7 万亿元，占数字经济比重的 80.9%，占 GDP 比重的 31.2%。数字经济蓬勃发展驱动供应链智慧升级转型，单点环节数字化改造进程较快，大批量数字化后进者进入数字化追随、评估乃至实践阶段；信息流、物流、资金流供应链数字化服务共同构造了 2.8 万亿元的市场。近年来，国务院办公厅、国家发改委、交通运输部、国家税务总局等部门连续发布多项供应链相关政策，推动物流枢纽、物流龙头企业、供应链服务企业的发展。

5.2.5　混合型的智慧供应链系统

智慧供应链系统依托信息化、数字化等技术手段，实现对产品的智能化、可视化管理，能极大地提高供应链的效率和安全性，所能带来的经济和社会效益巨大。目前，智慧供应链已实现包括供应商管理、采购管理、库存管理、运输管理、配送管理等环节的系统管理，覆盖了产品从采购、库存、生产到销售的全生命周期，因此混合型的智慧供应链系统的搭建日益成为主流。

混合型的智慧供应链系统主要通过以下途径实现管理目标。

1. 形成数字化劳动力

企业在数字化转型进程中，通过供应链引擎体系的搭建、算法规模化输出形成数字化劳动力。其所具备的机器学习等功能能持续赋能供应链优化。数字化劳动力是可应用于各种规则明确、高重复度业务的场景化软件机器人、办事助手，可以用来解放生产力，大幅度减少重复性劳动。数字化劳动力基于先进的流程自动化和人工智能等技术，能够运用于现有的电子和网络设备，将人工智能和生产力相结合：能够根据不同单位的性质和任务，量身定制并适应环境，可直接部署到不同工作环境的场景中。

数字化劳动力

小思考

在物流领域，数字化劳动力有哪些应用场景？具体有哪些功能？

2. 形成数字孪生模型

供应链数字孪生模型具有极强的仿真能力，使算法在供应链优化的基础上可以便捷、快速地得到反馈，不断提升迭代效率。在供应链管理中，运用数字孪生技术可以在供应链的各个阶段实现实时监控、预测和优化。例如，运用数字孪生技术，企业可以收集供应商的各种数据，包括生产能力、质量、交货期等，从而建立一个全面的供应商评价模型。这可以帮助企业更好地选择供应商，优化采购策略，降低采购成本。

小思考

什么是数字孪生技术？数字孪生模型有哪些特征？

视野拓展

京东零售供应链数字孪生探索与实践

京东零售供应链包含中小件、冷链、大件、B2B、跨境及众包六大网络，不同类型的网络运营逻辑不一样，从而带来不同的网络层级结构，网络层级最高可达 3 级。在如此庞大的供应链网络上有 1 400 多个仓库，实现了全国区、县 100% 覆盖，并且每天有 1 000 多万自营商品通过这个网络从品牌商送到消费者手中。京东零售供应链能力布局涵盖了创意、设计、研发、制造、规划、采购、库存、营销、履约和售后 10 个环节，其中前 4 个环节主要服务上游品牌商，而从规划到履约是京东零售商品供应链的核心环节。

利用大数据、AI、运筹优化等前沿算法技术布局相应的智能决策能力，例如在规划层面，京东有大规模的网络规划优化能力，在采购方面有行业领先的端到端补货模型，在库存环节有采 - 配一体决策，营销人员可以根据库存信息进行促销排期，并且在最终的履约环节，全渠道智能履约决策，将商品送至消费者手中。

3. 提供供应链算法服务

智慧供应链可通过科学的算法，以成本、效率、体验最优配置的方式，将商品送至消费者手中，同时还可以捕捉消费者的需求与消费趋势信息，反馈给供应链上游，实现反向定制。

在大力提倡环境治理的今天，智慧算法的出现正在为供应链上每一次运输、每一张订单、每一个包装的碳排放做出积极的贡献。此方案可以应用到各行各业中，如快消行业、服装行业、家电行业、汽车行业等，让这些行业拥有智慧大脑，给出最合适的送货路径，让订单能更快到达最终用户，提升消费者的购物体验，同时减少出车次数，减少碳排放。

5.3 智慧供应链系统的合作伙伴

视野拓展

融媒电商与智慧供应链系统

面对互联网广告的强势冲击，传统媒体的传统广告业务市场份额逐渐下降，面临产业转型升级。随着互联网的广泛普及和电子商务的快速发展，融媒电商开始成为各方重点打造的产业新方向和新生态。供应链作为融媒电商的业务核心，建设“向上对接多电商平台、向下覆盖各类供应商”的供应链系统，能够更好地满足和支撑融媒电商业态的多元化发展，助力广电媒体产业转型和业态创新。借助人工智能、云计算、大数据等高新技术的融合应用的智慧供应链系统能够实现系统云化部署、数据精准分析、流程智能流转，为客户提供全方位，包括采购、库存、物流、销售等各个环节的供应链解决方案。企业通过该系统，可以更好地掌握商品信息、供应商信息、物流信息等关键数据，提高供应链的透明度和效率，从而更好地满足消费者的需求。通过流程再造和系统重构，融媒电商智慧供应链系统将各个环节统一整合到同一系统，实现供应链的智能化、集约化管理，实现电商供应链资源的归集和整合，打造融媒电商的智慧供应链系统融合生态。

5.3.1 供应链合作伙伴关系的概念和意义

1. 供应链合作伙伴关系的概念

供应链合作伙伴关系（Supply Chain Partnership，SCP）一般是指在供应链内部两个或两个以上独立的成员之间形成的一种协作关系，以保证实现某个特定的目标或效益。

其中，供应链合作是指在供应链中不同环节的企业之间建立的相互合作、共同发展的商业合作。例如，零售商和制造商之间的合作、制造商和原材料供应商之间的合作，以及物流公司和零售商之间的合作等。供应链合作伙伴关系的建立可以帮助企业获得更好的产品质量、更高的生产效率和更好的客户服务。

2. 建立供应链合作伙伴关系的意义

（1）降低库存，减少市场的不确定因素　供应链各节点企业建立供应链合作伙伴关系，在面对供需关系的不确定因素时，可以通过相互合作消除。通过合作，特别是共享包括需求与供给在内的大量相关信息，使许多不确定因素得以明确。

小思考

给供应链上的企业带来合作障碍的因素有哪些？

（2）提高产品快速响应市场的能力　通过建立供应链合作伙伴关系，企业能集中力量在自身的核心竞争优势，以充分发挥各方的优势，按照市场要求，迅速进行产品制造，从而使产品响应市场的时间明显缩短。

（3）加强企业的核心竞争力　以供应链合作伙伴关系为基础的供应链管理，能充分发挥企业的能动性，有利于确立核心竞争优势，获得市场竞争地位。

（4）提升用户的满意度　由于建立供应链合作伙伴关系的目的在于提高整个供应链的运作绩效，所以合作伙伴在产品设计、产品制造过程、售后服务等领域开展互助互惠式工作，如制造商帮助供应商做更新生产和配送设备的工作，同时加大对技术改造的投入，共同提高产品和服务质量，达到用户满意度提升的良好效果。

3. 供应链合作伙伴关系的发展阶段

供应链合作伙伴关系

供应链合作伙伴关系的发展主要经历了以下几个阶段：

（1）传统企业关系阶段　企业之间主要呈现为“买－卖”关系的博弈关系。在这一阶段，企业各自以生产为中心，注重内部资源的管理和利用，而企业之间的沟通与合作相对较少，更谈不上战略联盟与协作。

（2）物流关系阶段　为了达到生产的均衡化和物流同步化，企业开始加强部门间、企业间的合作与沟通。这一阶段可视为供应链合作伙伴关系产生的中间过渡阶段。

（3）合作伙伴关系阶段　企业开始意识到，为了共同应对市场挑战，提升竞争力，需要建立更为稳固和长期的合作关系。这种合作关系不仅涉及物料交换，更包括技术共享、信息共享、战略协同等多个方面。

在这一阶段，企业间的合作不再局限于简单的买卖关系，而是向资源集成、内部集成和外部集成的方向发展。企业开始寻求在供应链上的各个环节实现协同和优化，以提高整体效率和降低成本。

（4）战略联盟关系阶段　在这一阶段，企业间的合作已经深入战略层面，双方共同追求长期利益，实现双赢。这种关系建立在相互信任、信息共享和共同价值观的基础上，有助于企业在激烈的市场竞争中立于不败之地。

供应链合作伙伴关系需要建立在互相尊重、互惠互利、公正合理的基础上，每个节点（包括顾客）都需要扮演好一个角色。这需要节点之间相互信任、交换信息、合作生产和分配利益，诚实交往、加强沟通，实现合作与共赢。供应链合作伙伴需要形成强大的合作伙伴关系，以便共同应对市场的变化、提高产品质量和生产效率、降低成本以及增强自身的竞争力。

5.3.2　智慧供应链系统下的合作伙伴关系的特点

智慧供应链系统下的合作伙伴在整个供应链链条中扮演着至关重要的角色。这些合作伙伴之间形成了紧密的战略协作关系，共同致力提高供应链的效率和响应速度，以满足市场需求并提升企业的竞争力。

1. 智慧供应链系统下的合作伙伴之间实现信息共享

通过采用先进的物联网、大数据和云计算等技术，供应链中的各个环节都能够实时获取并分享关键信息，如库存状态、订单信息、生产进度等。这种信息共享机制使合作伙伴能够更好地协同工作，减少信息不对称带来的风险，从而提高供应链的可靠性和稳定性。

2. 智慧供应链系统下的合作伙伴之间注重风险共担

在面临市场变化、需求波动等不确定性因素时，合作伙伴能够共同承担风险，通过协同决策和资源共享来降低风险影响。这种风险共担机制增强了供应链的韧性，使其能够在复杂多变的市场环境中保持稳健运行。

3. 智慧供应链系统下的合作伙伴之间追求共同获利

合作伙伴通过优化供应链流程、降低成本、提高效率等方式，实现整个供应链的增值。同时，合作伙伴之间也会建立合理的利润分配机制，确保各方都能从合作中获得合理的收益，从而形成长期稳定的合作关系。

5.3.3　智慧供应链系统下的合作伙伴关系的建设思路

1. 全链路数字化建设，提升供应链系统的整体效益

在供应链系统中，产品要依次经过供应商、生产商、加工制造商、物流企业、批发商、零售商等才能到达消费者手中，任何一个环节出现纰漏都会导致利益受损事件的发生。这里可以以区块链技术为基础，通过构建智慧供应链管理平台，全链路数字化建设，打造原材料供应、产品加工、物流、销售一体化的项目运营体系，高效统筹管理，更高效地提供产品与服务。

2. 确定智慧供应链系统平台横向节点

由于供应链合作伙伴将会从智慧供应链系统平台上的横向节点中产生，因此应先确定智慧供应链系统平台上的横向节点。这些横向节点可以包括供应商企业、生产商企业、物流企业、经销商企业、银行、金融信贷机构，以及其他社会节点等。它们所形成的数据，在各授权节点上进行同步复制、实时共享，完全公开透明。各节点都可以通过公开的网络接口查询供应、加工、仓储、运输、消费者需求等信息。供应链合作伙伴企业根据链上信息及自身能力、需求可实现即时对接，形成集约化、一体化的各个环节衔接模式，从而有效减少成本，降低运营风险。

3. 建立良好的供应商合作伙伴关系，稳固上游基础

在智慧供应链系统中，合作伙伴的选择至关重要。企业需要根据自身的业务需求和战略目标，选择价值观相似、互补优势和信誉良好的合作伙伴。同时，还需要建立有效的合作机制和沟通渠道，确保合作伙伴之间能够顺畅地交流和协作。

智慧供应链是供应链创新环境下的一种管理模式，选择更兼容匹配的供应商是打造智慧供应链系统的关键。智慧供应链系统能为企业提供全面、健康的供应商全生命周期管理机制，如AI智能定义供应商准入机制和评估体系。供应链智慧系统实现供应商全生命周期的电子化管理，保证供应链上企业供应商体系有序、透明、高效地运行，做到供应链平台上的供应商全程可控、可管、可查，保障供应链运行安全。

视野拓展

多策并举打造智慧供应链体系

从政策层面来说，这些年多项惠及供应链的政策密集出台。

2017年，国务院出台《关于积极推进供应链创新与应用的指导意见》，标志着供应链新阶段发展的重要起点，明确了供应链的定义和发展阶段，指出数字技术与供应链融合是打造智慧供应链体系的有效路径。

2018年，《关于开展供应链创新与应用试点的通知》明确了试点城市和企业的主要任务。

2020年，《关于进一步做好供应链创新与应用试点工作的通知》提出“加快推进供应链数字化和智能化发展”。

2021年，《关于开展全国供应链创新与应用示范创建工作的通知》再次提出，“加快物联网、大数据、边缘计算、区块链、5G、人工智能、增强现实/虚拟现实等供应链新技术集成应用，推进数字化供应链加速发展”。

针对供应体系的问题，2022年4月，我国发布《关于加快建设全国统一大市场的意见》，要“培育一批有全球影响力的数字化平台企业和供应链企业”“加快发展供应链金融”“深入推进招标投标全流程电子化”。7月，《全国供应链创新与应用示范创建工作规范》出台，为各地企业的供应链创新实践提供指导，文件还附带“评价指标体系”，明确了城市（企业）供应链创新的具体量化标准和建设方向。

以数字技术为基础的智慧供应链系统能够构建透明、可视化的行业运营环境，为供应链合作伙伴提供一站式的深度价值服务。智慧供应链系统在所有参与方之间创建透明的供应链物流网络，建立数据自动化和业务流程高度可塑的管理框架，全面整合内外部信息资源，促进企业内部信息化建设，进一步加快端到端供应链的应用集成，实现智慧供应链平台上下游数据互通、全链融合，降低交易与沟通成本，综合提升企业运营效率与收益。

素养园地

全球经济一体化、市场竞争的加剧以及电子商务的迅猛发展使行业发展面临着前所未有的挑战和机遇，由此对供应链系统的效率和灵活性提出了更高的要求。传统供应链管理模式存在响应速度慢、信息传递不畅、决策不精准等问题，难以满足现代商业对高效、准确、及时的需求。智慧供应链系统借助先进的数字技术，能够实现供应链的智能化、网络化和自动化，提高供应链的协同效率和响应速度，从而满足市场需求和企业竞争的需要。为了应对这一变化，供应链需要转型升级，而智慧供应链系统成为解决传统供应链问题的有效途径。先进数字技术作为智慧供应链系统的核心驱动力，为行业的转型升级提供了强大的技术支撑。

请你查阅区块链、云计算、大数据、物联网等相关技术论述，结合实例，谈谈这些先进数字技术对智慧供应链系统发展的助力。

技能训练

请你选择一家物流配送或仓储公司，观察并分析其物品配送或仓储系统，评价其物流作业的智慧度，讨论今后企业的发展方向。

同步测试

一、判断题

1. 以供应链大数据平台节点建设为核心的智慧供应链系统是区别于传统供应链系统的最突出特征。 （　　）

2. 智慧供应链系统设计包含大量敏感数据，因此数据隐私性和数据安全性成为亟待解决的挑战。 （　　）

3. 可以通过重塑产品需求预测和调整产销协同流程，建立面向价值链的智慧供应链系统，以打破企业内部的“数据孤岛”。 （　　）

4. 采取智能需求预测算法进行处理，进行需求智能预测时，由于智能需求预测算法的先进性，无须对搜集到的库存、订单等数据进行清洗筛选。（　　）

5. 数字化劳动力是可应用于各种规则明确、高重复度业务的场景化软件机器人、办事助手，可以用来解放生产力，大幅度减少重复性劳动。（　　）

6. 智慧算法方案很难应用到快消行业、服装行业、家电行业、汽车行业等行业中。（　　）

7. 零售商和制造商之间的合作、制造商和原材料供应商之间的合作以及运输公司和零售商之间的合作等都可以建立起供应链合作伙伴关系。（　　）

8. 供应链合作伙伴关系需要建立在互相尊重、互惠互利、公正合理的基础上。（　　）

9. 智慧供应链可通过科学的算法，以成本、效率、体验最优配置的方式，将商品送至消费者手中，同时还可以捕捉消费者的需求与消费趋势信息，反馈给供应链上游，实现正向定制。（　　）

10. 以数字技术为基础的智慧供应链系统能够构建透明、可视化的行业运营环境，为供应链合作伙伴提供一站式的深度价值服务。（　　）

二、单选题

1. 供应链的概念是从扩大的（　　）概念发展而来的。

A. 采购　　B. 生产　　C. 销售　　D. 消费

2. 供应链大数据平台节点对智慧供应链的功能不包括（　　）。

A. 数据整合与共享　　B. 物联网技术的应用

C. 人工智能与数据分析　　D. 管理供应链上所有节点企业

3. 面向柔性生产计划的智慧供应链系统强调让（　　）需求得到最大限度的实现和满足。

A. 供应商　　B. 生产商　　C. 销售商　　D. 客户

4. 联合设计制造模式是面向（　　）的智慧供应链系统的实践体现。

A. 柔性生产计划　　B. 订单管理系统

C. 仓库管理系统　　D. 运输管理系统

5. 供应链合作伙伴将会从智慧供应链系统平台上的（　　）中产生。

A. 纵向节点　　B. 横向节点　　C. 老客户　　D. 新客户

三、多选题

1. 在目前技术前提下，智慧供应链系统中共享型供应链大数据平台的建设内容主要有（　　）等。

A. 数据平台建设　　B. 物联网平台建设

C. 人工智能平台建设　　D. 应用与服务平台建设

2. 供应链大数据平台架构设计和平台构建，应充分利用（　　）等先进技术，企业可以实现供应链管理的数字化、智能化和高效化。

A. 区块链　　B. 数据整合　　C. 物联网技术　　D. 人工智能

3. 面向供需链的智慧供应链系统打通（　　）的壁垒，达到补货单据和调拨单据自动下发至下游系统，解决断货缺货、库存不均衡等问题。

A. OMS　　B. SAP　　C. OMS　　D. WMS

4. 目前，智慧供应链已实现包括（　　）、物流配送等环节的系统管理。

A. 供应商管理　　B. 采购管理　　C. 库存管理　　D. 运输管理

5. 以下可以作为智慧供应链系统下的合作伙伴关系建设思路的有（　　）。

A. 全链路数字化建设，提升供应链系统的整体效益

B. 确定智慧供应链系统平台上的横向节点

C. 建立良好的供应商合作伙伴关系，稳固上游基础

D. 深化供应链合作伙伴应用集成，促进供应链平台融合

四、简答题

1. 传统供应链系统与智慧供应链系统之间的差异体现在哪些方面？
2. 根据供应链技术和管理的主要结合点不同，智慧供应链系统主要可以分为哪些类型？
3. 面向供需链的智慧供应链需求智能预测的步骤有哪些？
4. 混合型的智慧供应链系统实现管理目标的主要途径有哪些？
5. 什么是供应链合作伙伴关系？

五、论述题

1. 企业数字化劳动力有哪些应用场景？可为社会带来怎样的改变？
2. 请你结合实例分析、论述建立供应链合作伙伴关系的意义。

单元6 智慧物流供应链系统的优化

知识目标

- 掌握智慧物流供应链系统优化的基础
- 理解智慧物流供应链系统优化的方法
- 了解智慧物流供应链系统优化绩效评价的特点
- 掌握智慧物流供应链系统优化绩效评价的主要内容

技能目标

- 能够分析智慧物流供应链系统的运营现状
- 能够评价智慧物流供应链系统优化对企业的影响
- 能够实施智慧仓储物流管理的优化
- 能够结合实际搭建某一智慧物流供应链系统优化绩效评价的指标体系

素养目标

- 培养和提升对智慧物流供应链系统优化的思想和认识
- 培养和强化对以新技术、新手段提升供应链绩效的意识

思维导图

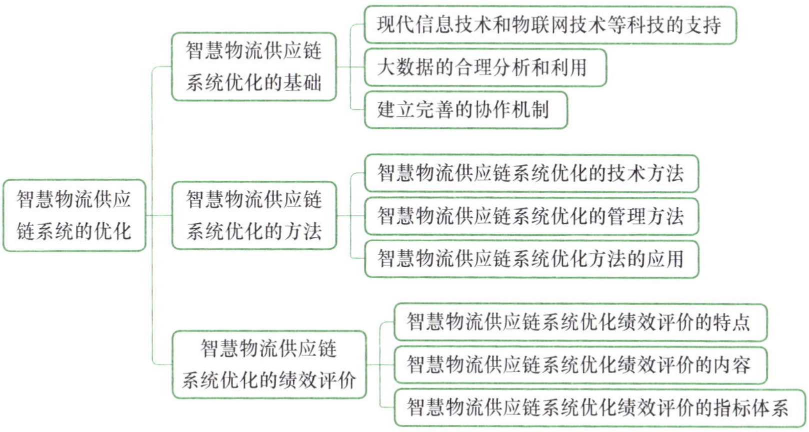

情景案例

供应链库存成本优化挑战：多变的需求与牛鞭效应

在供应链的成本结构中，库存成本是最主要的成本，也是品牌方、分销商、零售商“最头疼”的成本。随着供应链信息的在线化、数据化和智能化，信息的流动、共享和决策支持将有望大幅优化库存，让正确数量的库存出现在正确的时间、正确的地点。

从客户体验的维度来看，客户的需求总是多变的，难以准确预测。在当前的市场环境中，产品的生命周期越来越短，顾客需求和购买的历史数据将不可用或者作用很小。

从上游生产、采购和运输的维度来看，也需要有提前期进行订单处理、产品的生产和运输，产品补货到位之前需要持有库存。同时，为了满足大规模生产、大规模采购降低采购成本，整车运输降低物流成本，企业会倾向于做大订单，这也带来了库存的压力。

更具挑战性的是，由于终端需求信息的不透明、提前期等原因，需求在向供应链上游传达的过程中，其变动程度会逐级放大。例如，分销商不了解终端客户的需求，就只能根据下游零售商的采购订单来进行需求预测和备货，同时分销商对上游采购也需要有提前期，因而分销商对上游采购需求的波动性相比终端需求的波动性就会放大，进而给整个供应链带来更大的库存冗余和资源浪费，这就是供应链中的“牛鞭效应”。

思考：

请你围绕库存问题展开讨论。作为供应链上的各方，供应商、生产商、销售商、终端客户等参与者对待库存的态度是什么样的？什么是库存的最佳状态？如何通过供应链优化措施实现上述目标？

6.1 智慧物流供应链系统优化的基础

智慧物流供应链系统是一种现代化物流新模式，它借助一系列智慧化技术、软件和硬件，实现对物流各个环节的可视化、智能化和动态化管理。这种系统使物流系统具备了智能决策、操作和执行的能力，极大地提升了物流的效率和准确性。图 6-1 所示为以智慧物流园区为核心打造的智慧物流供应链系统的运营模式。

智慧物流供应链系统优化是一个综合性的过程，旨在通过应用先进的技术和管理手段，提升物流供应链的效率、降低成本，并增强供应链的灵活性和韧性。智慧物流供应链系统优化的基础主要包括以下几个方面。

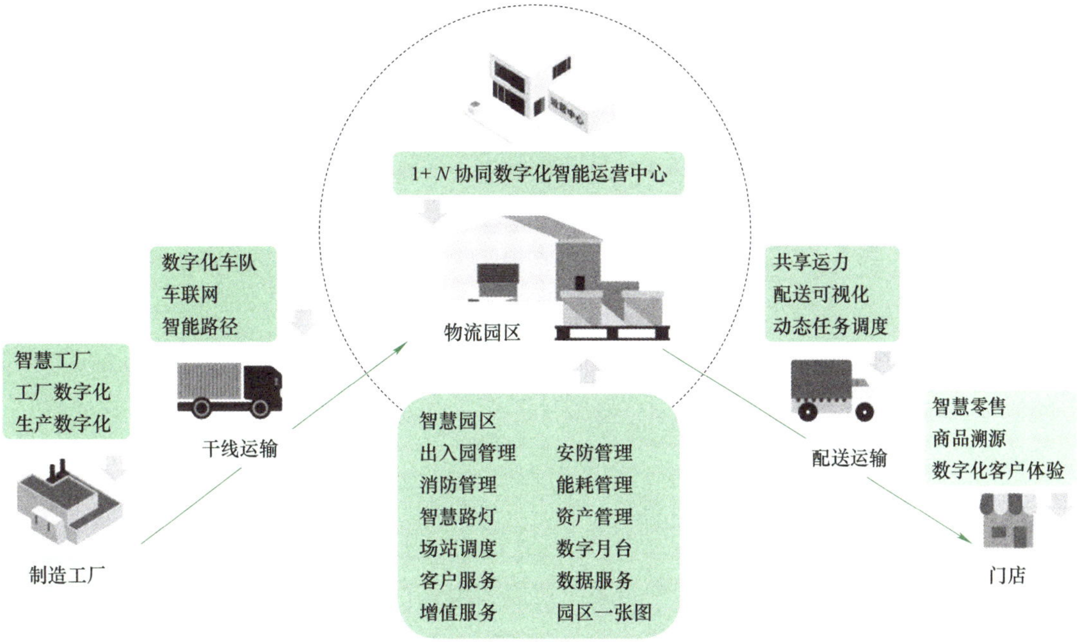

图 6-1　智慧物流供应链系统的运营模式

6.1.1　现代信息技术和物联网技术等科技的支持

智慧物流供应链系统与现代信息技术和物联网技术等科技之间有着密不可分的关系。简单来说，现代信息技术和物联网技术等科技为智慧物流供应链系统提供了强大的技术支持，而智慧物流供应链系统则是这些科学技术在实际应用中的具体体现。

1. 现代信息技术

现代信息技术，如大数据、云计算、人工智能等，为智慧物流供应链系统提供了强大的数据处理和分析能力。通过这些技术，智慧物流供应链系统可以实时收集和分析供应链中的数据，如订单信息、库存情况、物流状态等，从而实现对供应链的实时监控和智能决策。人工智能技术的应用也是智慧物流供应链系统优化的重要基础。通过人工智能算法，智慧物流供应链系统可以自动分析供应链的数据，实现决策的自动化，减少人工干预的误差和延迟，进一步提高供应链的协同性和响应速度。

视野拓展

人工智能与供应链预测

人工智能在供应链预测中起到了关键的作用，为企业提供了更精确、高效的预测能力。传统的预测方法往往依赖历史数据和人工经验。这种方法不仅耗时耗力，而且预测结果往往不够准确。人工智能技术的应用，特别是机器学习和深度学习算法，使得供应链预测更加精准和智能化。

具体来说，人工智能可以通过对历史销售数据、市场趋势、消费者行为等大量信息的分析，学习并识别出潜在的模式和规律。基于这些模式和规律，人工智能可以生成准确的预测模型，帮助企业预测未来的需求、库存和物流情况。这种预测能力有助于企业提前做好准备，合理安排生产和库存，避免库存积压或生产过剩，降低成本并提高运营效率。

此外，人工智能还可以根据实时的市场信息和消费者行为进行动态调整，使预测模型更加符合实际情况。这种实时性和动态性使供应链预测更加灵活和准确，有助于企业更好地应对市场变化和客户需求。

除了需求预测外，人工智能还可以应用于供应链的其他方面，如优化供应链运作、降低运营成本、提高客户满意度等。通过利用人工智能技术，企业可以实现供应链的智能化管理，提高整体竞争力。

2. 物联网技术

通过物联网技术，智慧物流供应链系统可以实现对物品的实时追踪和监控，从生产到销售的每一个环节都可以被精确掌控，进一步扩展了它的应用范围。这不仅提高了供应链的透明度和可追溯性，还有助于及时发现和解决潜在问题，降低运营风险。

同时，智慧物流供应链系统也充分利用了现代信息技术和物联网技术的优势，实现了供应链的智能化、网络化和自动化。通过智慧物流供应链系统，企业可以更加高效地管理供应链资源，优化供应链流程，降低成本，提高运营效率。智慧物流供应链系统与现代信息技术和物联网技术相互促进、共同发展，共同推动着供应链管理的创新和升级。图 6-2 所示为物联网技术在快递物流供应链系统中的应用。

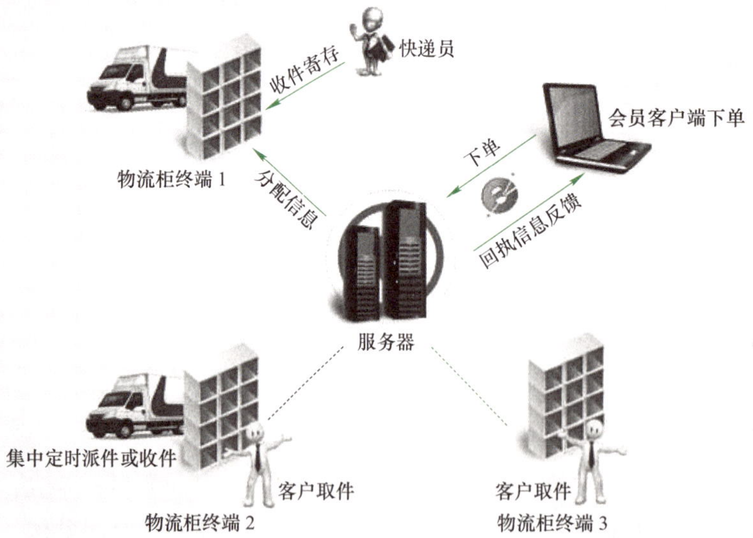

图 6-2　物联网技术在快递物流供应链系统中的应用

6.1.2　大数据的合理分析和利用

智慧物流供应链系统优化方案依赖对大数据的合理分析和利用。企业战略规划应是一个企业“能够做的”和“可能做的”之间的有机组合。企业通过对供应链海量数据的收集、整理和分析以及深入挖掘，以支持企业发展战略。例如，企业可以深入了解供应链的运作情况，包括销售趋势、库存状况、物流效率等，还可以发现潜在问题和机会，进而对供应链运营所涉及的运输路径、库存策略、生产和销售策略等进行优化，帮助企业识别供应链中可能存在的缺陷，从而优化资源配置，降低成本，提高效率。一般来说，供应链缺陷出现的主要原因有牛鞭效应和涟漪效应。

视野拓展

供应链缺陷——牛鞭效应

牛鞭效应最初是由宝洁公司提出来的。20世纪90年代初，宝洁公司开始生产“帮宝适”纸尿片。宝洁公司的高管在进行考察时发现，其产品终端零售商的库存是相对稳定的，波动不大，但分销商、批发商往往会对历史销量及最新市场动态进行分析，通常会把预测的订货量人为放大，即随着时间的推移表现出较大的波动。这样一级一级地放大，宝洁公司的高管从批发商提交的订单中观察到更大的订单数量差异，产品需求的波动性增加。后来，惠普也发现，虽然其产品需求有一定的波动，但是打印机部门比集成电路板部门接到的订单波动要大得多。这使惠普很难按时完成订单，或者要增加成本来完成订单。服装和杂货业也有类似的现象。如图6-3所示，横轴代表的是时间，纵轴代表的是订单的数量，供应链不同环节的需求波动不同，可以看出，订单的波动沿着供应链向上从零售商到制造商不断增大。

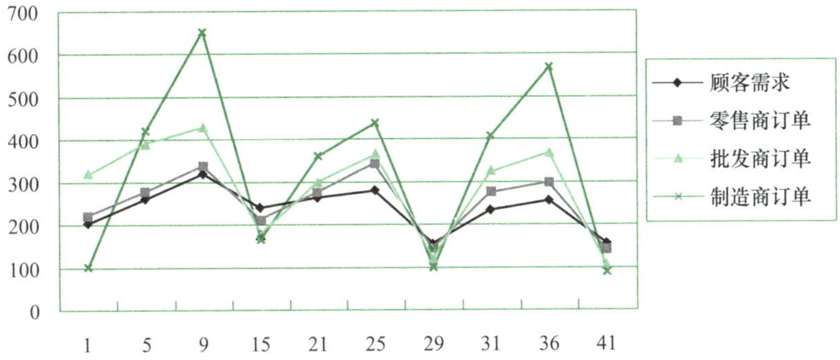

图6-3　供应链不同环节的需求波动

由于牛鞭效应，供应链上的企业必须满足比顾客需求更大的订单，这显然增加了供应链的生产成本、库存成本、运输成本，以及发货、收货的劳动力成本。牛鞭效应延长了供应链中的补货提前期，使供应链上的企业的生产计划比平稳需求时更难安排，甚至生产能力和库存不能满足订单。牛鞭效应的存在造成过大的订单波动，使供应链上的企业很难按时满足订单，增大了零售商的缺货率，降低了产品的可获性水平。牛鞭效应对供应链上的每个环节都有负面影响，从而损害了供应链上的企业之间的合作，使供应链的协调更加困难。

牛鞭效应

供应链缺陷——涟漪效应

企业从接单到交货，即订单履行流程期间经历的订单处理时间、生产前置时间、生产组装时间、配销运送时间等的总和，称为订单履行流程的周期。在这个过程中，一个环节上的一个小失误最终可能造成非常大的不良后果，即涟漪效应。涟漪效应指的是供应链上某一个活动的延误，比如某个零件的缺失，将造成整个供应链订单履行流程周期与效率的延误，就像在水面上丢入一颗小石头泛起一圈圈的涟漪，扩散到整个水面。涟漪效应会对供应链产生很多负面影响，如停工待料、囤货或缺货、订单履行周期延长、降低顾客满意度等，如图 6-4 所示。

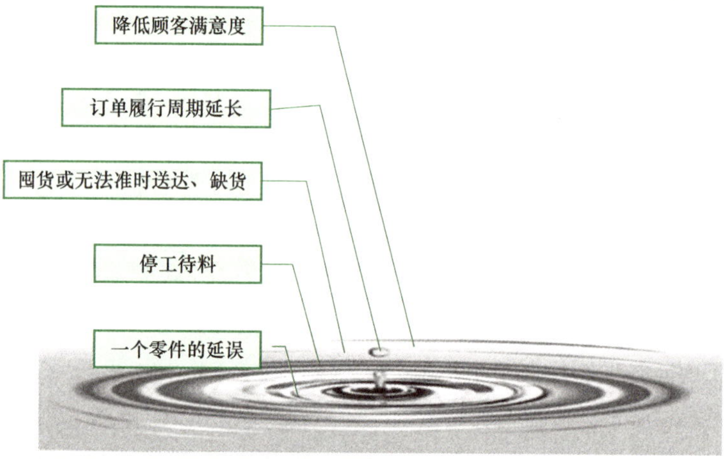

图 6-4　涟漪效应对供应链的影响

同时，大数据的应用还可以实现供应链的智能化管理。通过数据挖掘和机器学习等技术，智慧物流供应链系统可以对数据进行深度分析，发现潜在的规律和趋势，并预测未来的市场变化。这有助于企业提前调整供应链策略，应对市场波动，保持竞争优势。

当然，大数据的利用也需要注意数据的质量和准确性。企业需要建立完善的数据采集和清洗机制，确保数据的真实性和可靠性。此外，企业还需要加强数据安全和隐私保护，避免数据泄露和滥用。

6.1.3　建立完善的协作机制

智慧物流供应链系统通过资源共享、智慧运作、信息集成等手段，实现了在仓储、运输、贸易服务等多领域的协作，提升了物流供应链系统的效率，降低了成本，并增强了供应链的灵活性和韧性。

1. 建立完善的协作机制对智慧物流供应链系统优化的意义

智慧物流供应链系统优化还需要建立一套完善的协调机制，通过信息共享和沟通协作平台，实现供应链各环节之间的紧密配合和协同工作，提高整体供应链的效率和竞争力，实现可持续发展。

（1）协作机制有助于实现供应链各环节的无缝对接　在智慧物流供应链中，各个环节、各个部门以及各参与方之间需要紧密配合，才能确保信息的实时共享、资源的有效配置和风险的共同应对。通过建立协作机制，可以明确各方的职责和权利，规范工作流程，减少信息壁垒和沟通障碍，从而实现供应链的顺畅运作。

（2）协作机制能够提高供应链的灵活性和响应速度　随着市场需求的不断变化和竞争的日益激烈，供应链需要具备更高的灵活性和响应速度来应对各种挑战。通过协作机制，各参与方可以共同制定应对策略，快速响应市场变化，调整供应链计划，以满足客户需求并保持竞争优势。

（3）协作机制还有助于降低供应链的风险　供应链中存在着各种潜在风险，如供应商风险、物流风险、市场风险等。通过建立协作机制，各参与方可以共同识别和评估风险，制定风险应对措施，降低风险发生的概率和影响程度。同时，协作机制还可以促进各参与方之间的信任和合作，增强供应链的韧性和稳定性。

2. 建立完善的协作机制以实现智慧物流供应链系统优化的要点

（1）明确目标与职责　首先，要明确智慧物流供应链的整体目标，并细化到各个环节和各个参与方。同时，要清晰界定各方的职责和角色，确保各参与方在供应链中的定位准确，避免职责重叠或遗漏。

（2）强化信息共享与透明度　通过建立统一的信息共享平台，实现各环节和各参与方之间的实时数据共享。这不仅可以提高决策的准确性和效率，还能增强供应链的透明度和可追溯性。

（3）建立沟通与反馈机制　定期召开供应链协作会议，加强各方之间的沟通和交流。同时，建立有效的反馈机制，对协作过程中出现的问题进行及时反馈和处理，确保供应链的顺畅运行。

（4）优化流程与协同决策　对供应链中的流程进行梳理和优化，减少环节和浪费。同时，鼓励各方共同参与决策过程，形成协同决策机制，确保决策的科学性和合理性。

（5）加强风险管理与应对　对供应链中可能出现的风险进行识别、评估和管理，制定应急预案和措施。同时，加强风险信息共享和协同应对能力，确保在风险发生时能够迅速响应和处理。

（6）持续改进与优化　定期对协作机制进行评估和改进，根据市场变化和供应链发展情况及时调整和优化机制。同时，鼓励创新和尝试新的协作方式和技术手段，不断提升供应链的协作效率和水平。

6.2 智慧物流供应链系统优化的方法

视野拓展

菜鸟智慧物流系统助力供应链全面降本增效

除了持续拓展全球化智慧物流网络，数字科技也是菜鸟全球化物流提效和提供差异化服务的关键。菜鸟不仅能提供从中国至179个国家及地区端到端可追踪的物流服务，AI优化算法、自动化及智能硬件等技术也在助力物流全链路降本增效。菜鸟智能化集成能力沉淀有两个核心自研硬件——自动化设备的“中枢大脑”PLC，以及可在仓库内“纵横行走”的托盘四向穿梭车。菜鸟自研PLC整机已获欧盟CE认证，核心芯片已实现100%国产化，在保障自研的同时还能降本50%以上；托盘四穿则可被广泛应用于物流自动化仓与制造业线边库，结合AGV产品可实现“上存下拣”“存拣一体”的仓储自动化模式。

菜鸟已将ESG各项举措应用于物流价值链各环节之中，并承诺通过科技创新推进低碳变革。其技术和举措覆盖物流订单、包装、运输、仓储、回收等各核心环节，包括电子面单、智能包装算法、智能路径调配等。其“智能切箱”相比人工包装纯凭肉眼和经验判断，菜鸟研发的装箱算法要“轻松”得多——就在订单生成的瞬间，AI通过商品大数据迅速地与纸箱的长宽高和承重量进行匹配，并且计算出商品在箱子里如何摆放最节省包装，整个过程不到1秒。单在包装减量方面，菜鸟智能装箱每年可助力至少3亿个快递包裹“瘦身”，而单是纸箱循环再利用这一项，菜鸟年均回收包装及使用旧包装寄件的数量就达到上千万个。

已有一批国际化品牌与菜鸟在绿色物流领域开展深入合作。耐克、雀巢等国际品牌与菜鸟合作旧鞋回收、咖啡包装回收。菜鸟也开始为百事、英氏等领先快消品企业提供RFID可循环包装产品。截至2023年6月30日，菜鸟的碳足迹管理系统已与40多家不同行业的公司签约，助其有效管理碳资产。

智慧物流供应链系统优化是一个综合且深入的过程，它涉及对供应链中各个环节的精细化管理和持续改进。这一过程旨在通过运用先进的技术和理念，提升供应链的运作效率、降低成本、增强响应能力，并最终实现供应链整体的协同化、智能化和绿色化。

6.2.1 智慧物流供应链系统优化的技术方法

视野拓展

“智慧 + 绿色”新生态物流园区

坚持绿色低碳、节能高效理念，在成品供应链环节集成使用智能扫描站、智能分拣机器人等多项智能设备，采用智能控制算法将软硬件采集的数据集中于成品库智能管控系统，实现设备与设备、设备与物料、设备与人的互联和匹配，打造物流分中心成品“黑灯仓库”。

“黑灯仓库”不需要照明设备，可以24小时不间断无灯作业，在提高作业效率的同时节省能源。白天，在自然光线下，分拣线完成分拣、码段信息采集，采集完成后写入对应托盘内的芯片，分拣线仓储控制系统（WCS）向库管仓储管理系统（WMS）发出请求指令，WMS向机器人调度系统发出作业指令，插取式机器人依据调度指令将入库产品送入指定货位存放，完成入库作业；在出库时，WMS依据指令调度机器人将出库产品送到装车位，完成出库作业。夜晚，“黑灯仓库”通过智能管控系统超前响应订单，将第二天要出库的产品由库存货位转移至待出库区，缩短取货路径，提升出库效率。

同时，整合数据资源，推动供应链数字化转型。通过梳理供应链各环节，摸排合并业务关键节点和进行数据流转关键节点的业务赋能，建设物流成品“有感月台”一体化项目，打造绿色低碳、敏捷智能、精益智慧、规范高效的智慧物流体系，实现产品配送全业务供应链无人化、无纸化智能管理。

“有感月台”遵循“1+2+N”的建设思路，即一个调度总台全面掌控状态、两大业务系统提供平台支撑、N个移动终端实时指挥管理。其中，WMS和机器人实时控制系统（RCS）两大系统通过业务整合、数据融合，实现业务过程一体化集成、平台化运作；月台智能视觉识别系统利用边缘计算捕捉车辆信息传送至车辆管理系统进行智能排序，同时叫号App向即将装运车辆推送信息；调度管理不再局限于控制中心，可随时随地查看现场作业情况；在途监管系统实时跟踪在途车辆、货品信息，实现由订单响应到商业到货全流程闭环管理；数据分析系统实时更新装运成品数量，为信息查询提供便利。

“智慧+绿色”新生态物流园区的“光伏建筑”，采用光伏发电“自发自用、余电上网”模式。在正常生产时段，光伏全部发电量被输送至物流园区和企业各用电设备；在非生产时段，企业用电负荷小于发电负荷，冗余电量经原进线柜反送至市政电网。

智慧物流供应链系统优化的核心在于运用现代科技，包括人工智能、物联网、大数据、云计算、自动化设备与机械等前沿技术的引入和应用。这些技术可以实现对供应链全过程的实时监控、精准预测和智能决策，提升供应链的智能化水平。智慧物流是一种集人工智能、物联网、云计算等现代化信息技术于一体的物流管理模式，企业运用先进的信息、自动化系统和传感器等信息技术，旨在通过科技手段实现物流全过程的自动化、数字化和智能化，对整个供应链物流过程进行全面的管理和控制，从而提高供应链和物流的效率。

小思考

举例说明人工智能技术的应用场景。

1. 人工智能技术

人工智能技术在物流领域的应用越来越广泛，如智能仓储、智能配送、智能调度等，可以实现自动化、智能化的物流管理，提高物流效率和准确性，在供应链规划、调度、优化等方面发挥了重要作用。例如，人工智能技术可以帮助智慧物流系统对数据进行分析和处理，快速获取有效信息，优化配送计划和成本控制，并根据历史数据实现对物流趋势的预测，提前做好补充和备货等工作。通过人工智能技术的支持，智慧物流系统还能实现对货物品质和运输环节的追踪和监控，以确保物流过程的有效管理和高质量服务。

2. 物联网技术

物联网技术是智慧物流的重要基础，通过各种物联网设备的互联，物流系统可以实现对物流过程的全程监控和管理，从而做出更加科学合理的决策。物联网技术可以实现对物流过程中的各种信息进行实时监测和管理，实时追踪货物的位置和状态，确保物流过程的透明化和可控性。例如，物流设备的位置、状态、温度等信息，以及物流运输路线的规划和优化等，从而提高物流运输的效率和准确性。物联网设备通过自动识别、传感器和卫星定位等技术，实时掌握货物运输信息，随时追踪和监测货车行驶路线和状态，及时调整路线和运输计划，同时还可以控制货物的温度、湿度和安全性等指标，保障货物的质量和安全。

3. 大数据技术

大数据技术可以对供应链中的海量信息进行挖掘和分析，为决策提供有力支持。在大数据背景下，物流行业及相关企业借助“大数据 +”构建智慧物流，从而实现及时响应市场，调整市场策略，发现潜在商机，优化物流与供应链。可以说，物流带来的海量数据与数据信息技术相结合，带来了物流行业的革命。例如，大数据技术可以分析和处理大量的物流数据，如物流订单、货物运输路线、运输成本等，以便更好地优化物流运输方案，提高物流运输的效率和准确性。

视野拓展

菜鸟物流数据来源

菜鸟物流汇集的数据源除了阿里自身体系之外，还引入了消费者、商家、物流公司以及其他社会机构相关数据等。

（1）消费者的物流数据　消费者收货地址、服务选择、对物流公司的评价数据等。

（2）商家的物流数据　商家发货地（通过物流公司揽收网点解析）、商家的发货速度、商家总体以及每个合作伙伴的时效 / 评分 / 投诉等、商家对物流公司的选择偏好等。

（3）物流公司数据　全国主要物流公司都向菜鸟实时推送包裹跟踪数据，菜鸟通过对包裹跟踪数据进行分析挖掘，解析出 14 大物流公司的路由网络。

（4）其他社会机构数据　菜鸟通过和中国气象局合作，采集全国的天气预测和实况数据；通过和高德地图合作，采集全国交通实况数据等。

4. 云计算技术

云计算技术可以提供可靠的数据存储和计算能力，可以支持物流企业进行实时监测和管理，如智能仓储、智能配送、智能调度等，从而提高物流运输的效率和准确性。例如，由云计算技术支持的智能物流系统通过收集和分析大量物流数据、预测算法和机器学习技术，能够对物流需求量、货物运输线路及时进行优化和调整。

5. 自动化设备与机械

智慧物流系统的自动化设备与机械可以实现对物流过程的自动化操作和控制，提高物流效率和准确性。例如，智能配送车辆使物流配送更快速、更便捷。智能配送车辆通过将行车记录仪、智能导航等配件与芯片技术相结合，选择最优配送路线，同时还可以利用车载系统对车内环境进行监测及数据传输，同步配送信息，减少配送时间，提高配送货物效率，目前无人机配送也已开始出现。

6.2.2　智慧物流供应链系统优化的管理方法

1. 信息共享

企业通过构建统一的物流信息平台，实现供应链各环节之间的信息互通和共享。这不仅可以提高供应链的响应速度，降低沟通成本，还可以帮助企业更准确地把握市场需求和变化，从而做出更明智的决策。

首先，信息共享有助于实现物流资源的优化配置。通过实时共享货物信息、运输状态、库存水平等数据，供应链上的各方可以更加精确地预测和规划物流需求，从而避免资源浪费和降低运营成本。例如，供应商可以根据实时销售数据调整生产计划，减少库存积压；物流企业可以根据运输需求优化路线和车辆调度，提高运输效率。

其次，信息共享有助于提升供应链的协同性。通过共享信息，供应链上的各方可以更加紧密地协作，共同应对市场变化和风险挑战。例如，当市场需求发生变化时，供应链各方可以迅速调整生产和配送计划，确保产品能够及时、准确地送达消费者。这种协同性有助于提升整个供应链的竞争力。

最后，信息共享还有助于提高供应链的透明度和可追溯性。通过共享货物来源、生产流程、运输过程等信息，消费者可以更加放心地购买产品，同时便于监管部门对供应链进行有效的监管。这种透明度和可追溯性有助于提升供应链的信誉和品牌形象。

然而，实现信息共享也面临着一些挑战和障碍，如数据安全问题、隐私保护问题，以及信息共享机制的建设等。因此，在推动智慧物流供应链系统优化的过程中，需要充分考虑这些因素，制定相应的政策和措施，确保信息共享的顺利实施和有效运行。

2. 协同

供应链各主体之间协同工作能够实现资源的优化配置和共享，提高供应链的整体运作效率。例如，通过仓储、配送等的协同，可以实现库存的优化管理和运输成本的降低。

首先，协同有助于减少资源浪费。在物流供应链中，各个环节之间往往存在信息不对称和资源分配不均的问题。通过加强协同，可以更加精确地预测和规划资源需求，确保每个环节都能得到充分的资源支持，避免浪费。

其次，协同能够提升供应链的响应速度。当供应链中的各个环节能够实时共享信息并协作时，能够更快地响应市场变化和客户需求。例如，当某个环节出现延误或其他问题时，其他环节可以迅速调整计划，确保整个供应链的顺畅运作。

最后，协同还能够增强供应链的韧性。在面对突发事件或风险挑战时，供应链中的各个环节能够相互支持、共同应对，减少损失并尽快恢复正常运作。这种韧性对于保障供应链的稳定性和可靠性至关重要。

当然，为了实现协同，需要建立有效的沟通机制和合作平台。通过加强信息共享，建立统一的协同机制，推动跨部门、跨企业的合作，可以促进供应链中各个环节的紧密配合和协同工作。

3. 关注绿色化和可持续发展

智慧物流供应链系统优化确实需要关注绿色化和可持续发展，这两个方面对现代物流业的长远发展至关重要。

2023 年 1 月 19 日，国务院新闻办公室发布了《新时代的中国绿色发展》白皮书。绿色化是智慧物流供应链系统优化的重要方向之一。在物流运作过程中，采用环保材料和设备、减少包装废弃物的产生、降低能源消耗和尾气排放，都有助于实现绿色物流。通过合理规划运输路线、优化运输方式，可以降低运输过程中的能源消耗和碳排放。同时，利用智能仓储设备和自动化管理系统，提高仓储效率、减少库存积压和浪费，也是绿色物流的重要手段。

可持续发展是智慧物流供应链系统优化的另一重要目标。在满足当前需求的基础上，要考虑未来发展的需要，确保物流活动对环境、社会和经济的影响最小化。资源的有效利用、循环经济的推广以及绿色技术的应用，都是实现可持续发展的关键。通过推动供应链的绿色化和可持续发展，可以为企业创造更多的商业机会，提高市场竞争力，同时也有助于保护环境和实现社会的可持续发展。

在实际操作中，企业可以从以下几个方面着手推进智慧物流供应链系统的绿色化和可持续发展：首先，评估供应链的可持续性，了解供应链的环境、社会和经济影响，制定符合实际情况的可持续发展战略；其次，加强技术研发和创新，推动绿色物流技术和设备的研发和应用；再次，建立合作伙伴关系，促进供应链各方的协同工作，共同推动绿色化和可持续发展；最后，加强员工培训和教育，提高员工对绿色化和可持续发展的认识和重视程度。

4. 建立完善的供应链长效优化机制

智慧物流供应链系统优化是一个持续过程。随着市场环境和客户需求的变化，供应链也需要不断调整和优化。因此，企业应建立一套完善的供应链优化机制，定期对供应链进行评估和改进，确保其始终保持高效、稳定、可持续的运作状态。以下建议可以帮助企业构建这一机制。

（1）进行全面的供应链分析 通过深入剖析供应链的各个环节，确定关键指标和潜在问题，企业能够更有针对性地制定优化策略。这包括对供应商的交货时间、运输成本、物料管理等方面的评估，以发现潜在的风险和机会。

（2）把强化供应链协同作为管理核心 企业应建立跨部门的协同机制，加强内外部沟通与合作，确保供应链各环节的顺畅运作。通过定期召开供应链协同会议、建立信息共享平台等方式，促进供应链各方之间的信息共享和协作，共同应对市场变化和风险挑战。

（3）利用先进技术提升供应链的可见性和透明度 通过引入物联网、大数据、人工智能等先进技术，实现对供应链各环节的实时监控和数据分析，提升供应链的可见性和透明度。这不仅有助于企业及时发现和解决问题，还能提高供应链的响应速度和灵活性。

（4）持续优化流程 持续优化流程也是长效优化机制的重要组成部分。企业应定期审查供应链流程，识别瓶颈和浪费，并采取有效措施进行改进。例如，优化物料管理、仓储布局和运输路线等，以提高效率和降低成本。

（5）培养供应链人才 培养供应链人才是确保长效优化机制持续运行的关键。企业应加强对供应链人才的培养和引进，建立专业的供应链管理团队，并定期进行培训和知识更新，通过不断提升团队的专业能力和素质，为供应链的优化提供有力的人才保障。

6.2.3 智慧物流供应链系统优化方法的应用

智慧物流系统通过实现物流过程自动化、智能化、信息化，提高物流效率和准确性，降低物流成本，进而实现供应链系统的优化。以下仅从仓储、运输、配送这几个方面阐述智慧物流供应链系统优化方法的应用。

1. 仓储管理优化

智慧物流供应链系统能在仓储物流的入库、在库、出库作业过程中实现上架优化、库存管理优化、任务管理优化、调度优化、拣选优化等优化管理，从而形成利用智慧仓储物流进行仓储物流管理的优化解决方案，如图 6-5 所示。除了上述全面物资入库、在库、出库管理功能外，智慧物流供应链系统优化还可以支持：

（1）动态盘点 支持“多人 + 异地 + 同时”盘点，在盘点的同时可出入库记账，盘点非常直观。

（2）动态库存 重现历史时段库存情况，方便财务审查。

（3）单据确认 入库、出库、调拨制单后需要进行确认，更新库存。

（4）RFID 手持机管理 使用手持机进行单据确认、盘点、查询统计。

（5）库位管理 RFID 关联四号定位（库架层位）。

（6）质检管理 强检物品登记、入库质检确认、外检通知单。

（7）定额管理 领料定额、储备定额、项目定额。

（8）全生命周期管理　物资从入库到出库直至报废全过程管理。

（9）工程项目管理　单项工程甲方供料管理。

（10）需求物资采购计划审批　审批权限、审批流程、入库通知单、实现无限制审批层级。

智慧物流供应链系统优化方法的应用

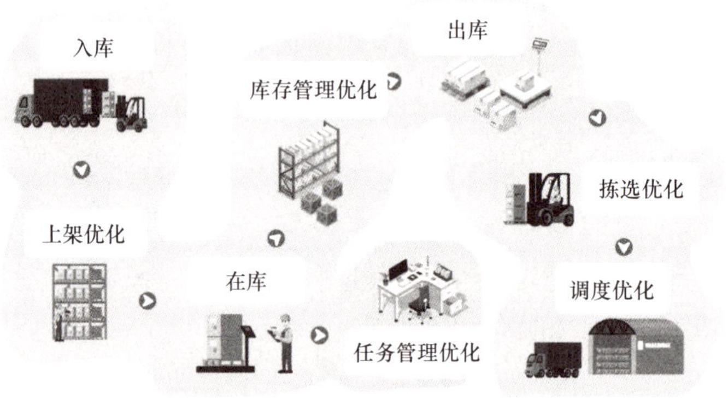

图 6-5　智慧仓储物流管理优化

2. 运输管理优化

智慧物流运输系统进行运输管理优化是指利用物联网、大数据、AI 等技术实现运输信息化和智能化，实现多领域智慧物流运输。智慧物流运输系统可以实现对运输过程的实时监控和管理，提高运输效率，降低成本，提高客户满意度。

智慧物流运输系统能够通过运用智能算法和实时数据分析，选择最优化的运输路径和交通工具，减少运输时间和成本。智慧物流运输系统主要包括订单管理、配载作业、调度分配、行车管理、GPS 车辆定位系统、车辆管理、人员管理、数据报表、基本信息维护、系统管理等功能模块，能够实现运输企业的信息化、数字化和智能化管理，能够提高运作效率，降低运输成本。

3. 配送路线规划

随着人们生活品质的不断提高，对物流配送的要求也越来越高，传统的物流配送方式已经不能满足人们的需求，智慧配送应运而生。智慧配送是指在使用人工智能、物联网、云计算等现代科技手段的基础上，利用先进的卫星定位系统和地理信息系统等技术手段，实现对物流系统的智能化管理。智慧物流运输系统可以根据订单的数量，目的地和派送时间要求，快速计算出最佳的配送路线，提高配送效率，减少人力和运输成本。智慧配送的优势在于提高配送效率和准确性，有助于降低物流成本，直接影响企业的竞争优势和效益提升。同时，智慧配送也有效解决了最后一公里配送、配送效率不高、安全性低、能源耗费大等问题。

以上是智慧物流技术在供应链物流系统中的几种主要应用。随着科技的不断发展和应用，智慧物流技术会越来越成熟和普及，将为物流行业的发展带来更多的机遇和挑战。

6.3　智慧物流供应链系统优化的绩效评价

6.3.1　智慧物流供应链系统优化绩效评价的特点

1. 整体性

传统企业绩效评价侧重于企业单个部门的考核，不注重从企业价值链整体绩效进行衡量，这种评价容易使各个部门各自为政、不考虑整体效益。智慧物流供应链系统的绩效评价注重的是供应链的整体效益，不单独分析一个企业，从而能反映整个供应链的情况。绩效评价除了对企业内部运作的基本评价，还应把注意力放在外部链的测控上，以保证内外在绩效上达到一致，追求的是各成员企业之间利益的均衡。

2. 时效性

传统企业绩效评价指标的数据来源于财务结果，在时间上略为滞后，导致企业对供应链运营过程中产生的问题反应迟缓，不能及时、准确地应对市场变化，影响企业的发展。供应链的绩效评价要求能反映供应链的动态运营情况。供应链是由多个企业构成的系统，企业之间的信息传递速度远远比不上企业内部的信息传递迅速，某个节点企业在生产或送货方面的延误很有可能影响下游的多个企业，造成“牛鞭效应”，从而影响供应链成员合作关系的长期稳定，所以供应链的绩效评价必须注重时效性。

3. 多维性

这是由供应链空间多维度的特性决定的：①供应链的系统空间已远远突破单个企业界限，通过电子商务、虚拟供应链、战略联盟等模式由点向线、由线向面，再向立体空间拓展，使供应链的资源、生产和销售的发展范围扩大；②由于各供应链主体之间往往没有明显的界线，且不同主体之间相互影响，使供应链的影响范围扩大，供应链必须在更大的范围内来制定产、供、销战略，规划产、供、销活动。

4. 科学性

传统企业绩效评价主要针对企业职能部门的工作完成情况，不对企业流程进行评价，更不能客观准确地反映企业的经营结果。供应链绩效评价指标是基于业务流程的绩效评价指标，用它能科学、客观地评价整个供应链的运营情况。

6.3.2　智慧物流供应链系统优化绩效评价的内容

智慧物流供应链系统优化绩效评价的内容

1. 物流效率优化的评价

物流效率优化的评价衡量的是物流供应链系统的运营效率。物流效率可通过货物周转率、库存周转率、装卸效率、运输效率等指标的完成情况进行评估，可以反映智慧物流供应链系统的运营效率和物流服务水平的情况。它是否实现优化也决定了智慧物流供应链系统的绩效高低。

2. 物流成本优化的评价

物流成本优化的评价衡量的是物流供应链系统的运营效益。物流成本包括运输成本、仓储成本、人工成本、设备成本等。它是否实现优化可以反映物流供应链系统的运营成本和物流服务价格水平的情况。

3. 物流服务优化的评价

物流服务优化的评价衡量的是物流供应链系统的服务质量。物流服务可通过货物损失率、货物延误率、客户满意度等指标的完成情况进行评估。这些指标是否实现优化可以反映物流供应链系统的服务质量和客户满意度的情况。

4. 环境优化的评价

环境优化的评价反映物流供应链系统环境保护的水平，也反映了企业社会责任的履行情况。环境优化评价包括对噪声污染、空气污染、水污染等情况的评估。

6.3.3 智慧物流供应链系统优化绩效评价的指标体系

考察供应链的角度不同，所关心的焦点就会有所不同，建立的评价指标体系也只能反映供应链的一个侧面。本书从智慧物流供应链的常规业务出发，搭建智慧物流供应链系统优化绩效评价的指标体系。

1. 现金流量周期

现金流量周期（资金周转率）作为物流供应链优化绩效的重要指标，是当今企业供应链运作绩效测评的一种重要工具和手段，它涵盖了从原材料投入到产品价值实现的全过程，不仅包括企业内部的各种作业活动，如采购、仓储、生产、分销等作业，而且涵盖了企业外在的经营行为，如客户服务等活动。其计算可以按照库存商品所产生的收益周期来进行，一些学者认为现金流量周期能够帮助企业建立良好的绩效检验工具或矩阵，以优化企业的供应链物流行为，确立优化的商业运作模式。目前，现金流量周期已经被一些先进企业采用，并取得了良好的效果。

2. 货运单准确度

从供应商到仓库，或仓库到消费者的运输活动的准确程度对整个操作的成功至关重要，其中任何与最优方案不符的操作都可能造成损失，浪费物流供应链的运营时间和效益。

$$货运单准确度 = （无差错运费单 / 总运费单）\times 100\%$$

货运单准确度对盈利能力和客户满意度都至关重要，因此跟踪这一特定指标将帮助企业发现物流运输隐患，提高整体运输的准确性，并最终帮助企业增长业务。

3. 订单履约率

订单履约率是企业最关键的供应链绩效之一。订单履约率衡量的是企业在正常经营情况下交付订单的能力。这将帮助企业及时发现和解决错误、损坏、延迟和库存损失等所造成的履约问题。订单履约率越高越好，因为该指标同时对企业的客户留存度和忠诚度有直接影响。

4. 应收账款周转天数

应收账款周转天数是企业从取得应收账款的权利到收回款项、转换为现金所需要的时间。它是应收账款周转率的一个辅助性指标，周转天数越少，说明流动资金使用效率越好。它衡量的是企业能够从客户处产生收入的速度。

从本质上说，应收账款周转天数越少，意味着企业需要越短的时间来收回其应收账款。应收账款周转天数越多，说明企业通过赊账方式向客户销售产品，意味着企业收回应收账款所需的时间越长，这可能会阻碍现金流，使利润最小化。

5. 存货周转率

存货周转率是衡量企业投入生产、存货管理水平、销售收回能力的综合性指标，是企业一定时期营业成本（销货成本）与平均存货余额的比率，用于反映存货的周转速度，即存货的流动性及存货资金占用量是否合理。较高的存货周转率促使企业在保证生产经营连续性的同时，提高资金的使用效率，增强企业的短期偿债能力，帮助企业了解其整个库存在特定时间范围内的销售情况，从而提升生产计划效率，优化生产流程，提升履约能力以及营销和销售管理能力。

6. 毛利率投资回报率

每个企业的服务、产品，都在努力获得最佳的投资回报，因为稳定而理想的投资回报率是企业生存发展的前提。

在供应链指标中，毛利率投资回报率清楚地揭示了库存中平均单位投资获得的毛利润。定期对此指标进行分析，有助于企业快速了解哪些项目表现不佳、哪些项目值得更多投资，从而为经营调整取得关键性数据支撑。

$$毛利率投资回报率 = (毛利润 / 平均库存投资) \times 100\%$$

7. 仓储成本

仓储成本的分配、库存时间控制和仓储空间的管理对于建立健康的物流供应链至关重要。虽然这些成本因仓库而异，但对其定期审查和衡量，能识别机会成本和降低成本。仓储成本包括各种成本，如人工成本、仓库租金、公共费用、设备成本、材料和信息处理系统的成本，以及与供应、订购和存储货物相关的成本。

要将库存成本保持在较低的水平，首先要充分了解和评价仓储运作流程，这样将有机会减少成本，调整为更有效的仓储运作。例如，定期在专业的智慧仓储工具的帮助下收集信息，就有机会做出更快、更准确的仓储决策。

8. 供应链成本

供应链成本是供应链系统优化的关键绩效指标之一，反映了与供应链管理相关的成本。供应链成本包括供应链中所发生的一切成本，可定义为在供应链的运营过程中，为了保证供应链上各节点企业的顺利生产并提供相关服务，在开展各项活动时所占用和消费的所有费用。

例如，如果因为运输成本很高，企业决定提高卡车的速度和载重，就有可能面临事故和潜在的有害后果。由于效益背反的存在，在供应链的一个领域削减成本可能会在另一个领域增加成本，所以通过仔细分析，或者执行一个基准或将自己与竞争对手进行比较，以了解该指标在供应链中是否稳定和健康，做出是否需要进行调整以保持竞争力的决策。

9. 供应链成本与销售比例

物流供应链成本指标基本上都与销售相关，通过计算相关支出占总成本的比例，能够做出供应链的成本是否健康的分析判断，并为潜在的节约建立流程，实现优化。优化供应链虽然意味着尽可能地降低成本，但重要的是要在合理的地方削减成本。如果削减的成本会导致供应链其他部分的成本增加，总成本不理想，那么这样的成本削减不合理。

10. 准时发货率

准时发货是将订单物品准时运送给客户，是建立合作伙伴关系的重要因素。设置相对于每种产品的基准运输时间，不仅可以监督准时发货的完成，还可以优化运输和交付流程，减少周转时间，提高客户满意度。

11. 交货时间

交货时间是物流供应链效益的关键绩效指标，它关注改善物流服务，衡量从订单发送到交付客户所需的时间。这一指标要求订单得到正确的处理，并在合理的时间范围内到达目的地。

12. 退货原因

退货原因这一指标能使供应链企业了解导致客户退回订单的各种原因，对物流供应链系统评估哪些领域存在弱点具有重大意义。通过对退货原因的收集、整理和分析，能评估供应链流程的关键区域的运营质量，实施有针对性的优化措施，企业将有机会减少退货，提高利润，并最终改善现金流。

13. 库存与销售比例

库存与销售比例也是关键的物流供应链系统绩效优化指标之一。这个指标衡量的是存货数量与实际销售数量的比例。它需要保持一个健康的比例来帮助企业调整库存，从而确保利润率和及时发现意外情况，同时帮助企业调整未来的发展战略。

14. 库存速度

库存速度通过期初库存除以下一期间的销售预测来计算。库存速度提供了预计在下一个时期或季度内消耗的库存百分比的可视化景象，帮助企业优化库存水平，更好地满足消费者的需求，并防止过多的库存资金占用。

15. 库存供货天数

库存供货天数反映的是如果没有补充，多长时间将用尽库存。通过定期跟踪、分析和理解库存供货天数数据，企业能够在紧急情况下避免任何基于库存的意外甚至灾难。

素养园地

智慧物流供应链优化对于企业传统管理模式的升级以及全面数字化业务运营的实现具有重要意义。它不仅能够提升企业的运营效率和市场竞争力，降低运营成本，还能够提升客户服务水平，为企业创造更大的价值。随着科技的不断进步和应用场景的拓展，智慧物流供应链将发挥更加重要的作用，为企业和社会创造更大的价值。

请你查阅相关文献资料，谈一谈通过智慧物流供应链优化，将传统采购管理、生产管理、销售管理、物流管理等升级优化为智慧物流供应链管理系统，全渠道营销，为企业提供面向客户、伙伴、员工等的全面数字化业务运营的意义。

技能训练

以淘宝、京东、拼多多的物流供应链绩效为考察对象，分析、评价其智慧物流供应链系统的运营绩效，讨论我国快递物流企业的发展趋势。

同步测试

一、判断题

1. 战略应是一个企业“能够做的”所有项目的有机组合。（ ）

2. 供应链绩效评估指标体系是衡量供应链管理效果的重要依据。（ ）

3. 随着市场需求的不断变化和竞争的日益激烈，供应链需要具备更高的灵活性和响应速度来应对各种挑战。（ ）

4. 利用人工智能的预测方法可以实现与实际没有差距。（ ）

5. 智慧物流能够极大地提高物流企业的运作效益和服务质量、降低成本，为企业赢得竞争优势。（　　）

6. 大数据技术可以分析和处理大量的物流数据，提高了物流运输的效率，但准确性不高。（　　）

7. 智慧配送能有效解决最后一公里配送、配送效率不高的问题，但同时存在安全性低、能源耗费大等问题。（　　）

8. 由于供应链是由多个企业构成的系统，企业之间的信息传递速度远远比不上企业内部的信息传递迅速，所以供应链绩效评价的时效性不强。（　　）

9. 物流效率优化评价衡量的是物流供应链系统的运营效率。（　　）

10. 环境优化评价包括对噪声污染、空气污染、水污染等情况的评估，属于物流成本优化的评价。（　　）

二、单选题

1. 牛鞭效应最初是由（　　）公司提出来的。

A. 戴尔　　B. 宝洁　　C. 苹果　　D. 华为

2. 以下不属于现代信息技术的是（　　）。

A. 大数据　　B. 云计算
C. 人工智能　　D. 头脑风暴法

3. （　　）年 1 月 19 日，国务院新闻办公室发布了《新时代的中国绿色发展》白皮书。

A. 2021　　B. 2022　　C. 2023　　D. 2024

4. （　　）是衡量企业投入生产、存货管理水平、销售回收能力的综合性指标。

A. 现金流量周期　　B. 货运单准确度
C. 订单履约率　　D. 存货周转率

5. 反映企业在正常经营情况下交付订单的能力，同时对企业的客户留存度和忠诚度有直接影响的指标是（　　）。

A. 现金流量周期　　B. 货运单准确度
C. 订单履约率　　D. 存货周转率

三、多选题

1. 建立协作机制以实现智慧供应链系统优化的要点有（　　）。

A. 明确目标与职责　　B. 强化信息共享与透明度
C. 建立沟通与反馈机制　　D. 优化流程与协同决策

2. 一般来说，供应链缺陷出现的主要原因有（　　）。

A. 涟漪效应　　B. 服务质量低
C. 牛鞭效应　　D. 市场开发不够

3. 智慧物流供应链系统优化的技术手段主要有（　　）、自动化设备与机械等。

A. 人工智能技术
B. 物联网技术
C. 大数据技术
D. 云计算技术

4. 智慧物流供应链系统优化绩效评价的内容主要有（　　）。

A. 物流效率优化的评价
B. 物流成本优化的评价
C. 物流服务优化的评价
D. 环境优化的评价

5. 以下属于智慧物流供应链系统优化绩效评价指标体系的有（　　）。

A. 现金流量周期
B. 货运单准确度
C. 订单履约率
D. 应收账款周转天数

四、简答题

1. 什么是涟漪效应?
2. 什么是牛鞭效应?
3. 智慧物流供应链系统优化的基础是什么?
4. 智慧物流供应链系统优化绩效评价有哪些特点?
5. 请列举智慧仓储物流解决方案进行仓储管理优化的应用场景。

五、论述题

1. 试举例说明智慧物流供应链系统优化对供应链管理产生的积极影响。
2. 试建立智慧物流供应链系统优化绩效评价的指标体系。

单元7 智慧物流供应链系统的技术组成

知识目标

- 熟悉智慧物流供应链系统的基础技术和专业技术
- 掌握智慧物流供应链仿真技术的发展趋势和内容
- 掌握智慧物流供应链系统专业技术的主要应用场景

技能目标

- 能够运用智慧物流供应链系统的各种技术
- 能够识别智慧物流供应链系统的技术组成

素养目标

- 培养数字化技术素质，提升对物流专业技术的认识
- 培养技术创新意识，加强对智慧物流系统运营决策的思考

思维导图

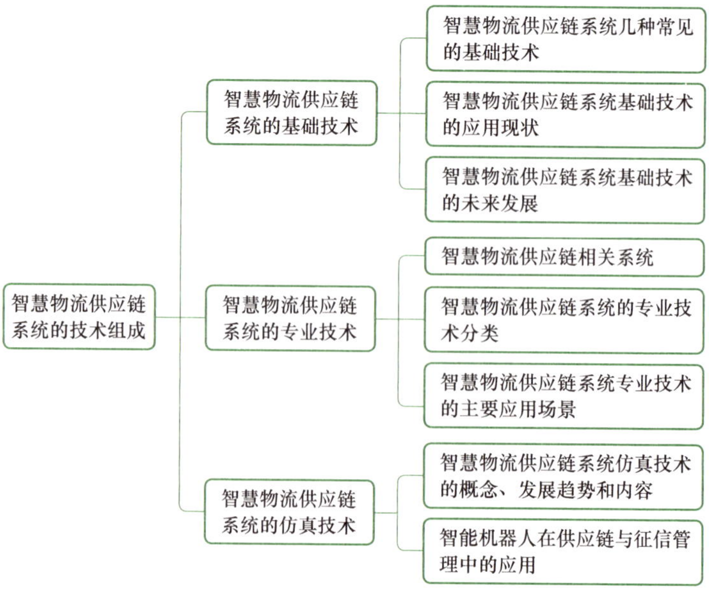

情景案例

华润物流有限公司的物流信息技术与信息系统

华润物流有限公司在为杜邦公司提供物流服务时，通过先进的信息技术，实现物流信息的实时采集、分析和处理。这些信息技术包括条码技术、RFID技术、电子数据交换技术等。通过这些技术，华润物流有限公司能够实现货物从供应商到客户的高效、准确、实时的跟踪和监控，确保货物的安全和及时到达。

此外，华润物流有限公司还建立了完善的物流信息系统，包括订单处理系统、库存管理系统、运输管理系统等。这些系统能够帮助华润物流有限公司实现精细化的物流管理，提高运作效率，降低成本。同时，这些系统还能够与杜邦公司的内部系统进行无缝对接，实现信息的共享和协同作业。

在库存管理方面，华润物流有限公司采用了先进的库存管理技术，包括实时库存更新、安全库存设定、库存预警等。这些技术能够帮助华润物流有限公司更好地管理库存，减少库存积压和缺货现象，提高库存周转率。

在运输管理方面，华润物流有限公司采用了先进的运输管理技术，包括运输路线规划、运输计划制订、运输执行监控等。这些技术能够帮助华润物流有限公司实现运输过程的优化，提高运输效率，降低运输成本。

综上所述，华润物流有限公司的物流信息技术与信息系统在为杜邦公司提供物流服务中发挥了重要作用，实现了物流过程的精细化管理，提高了运作效率，降低了成本。

思考：

请结合案例，谈谈智慧物流供应链系统相关技术的作用。

7.1 智慧物流供应链系统的基础技术

7.1.1 智慧物流供应链系统几种常见的基础技术

智慧物流供应链系统的基础技术是指支撑智慧物流供应链系统的有关元件、器件的相关技术，主要包括微电子技术、光子技术、光电子技术、分子电子技术等。

1. 智慧物流中的微电子技术

微电子技术是随着集成电路，尤其是超大型规模集成电路发展起来的一门新技术，包括系统电路设计、器件物理、工艺技术、材料制备、自动测试，以及封装、组装等一系列专门的技术。微电子学研究的对象十分广泛，除各种集成电路（单片集成电路、薄膜电路、厚膜电路和混合集成电路）外，还包括集成磁泡、集成超导器件和集成光电子器件等。微电子技术的快速发展，使电子设备可以越来越小，功能越来越强大，这极大地改变了人们的生活方式和社会面貌。它使电子产品，如手机、计算机、电视等变得越来越便携，功能越来越丰富。同时，微电子技术也促进了通信技术、信息技术、生物医学技术等许多领域的发展。

未来，微电子技术将继续朝着更小、更快、更安全的方向发展。人们将继续探索新的材料和新的工艺，以制造出更小、更快、更可靠的微电子设备。同时，人们也将加强微电子设备的安全性，以保护用户的数据和隐私。

在智慧物流中，微电子技术可以广泛应用于各种物流环节。在仓储管理过程中，可以利用微电子技术实现物品信息的记录和跟踪。例如，通过 RFID 技术，可以将电子标签附着在物品上，以便自动分拣系统可以读取并识别物品的具体属性。

在运输过程中，微电子技术也可以帮助物流企业实时掌握物流运输过程中产生的各项位置数据，实现运输车辆和货轮的智能调度，进而实现对物流配送的可视化管理。

另外，微电子技术也可以通过在机器内部有效嵌入无线通信设备，实现物流节点与物品之间智能化、交互式的通信。这种技术可以应用于自动化仓库、无人驾驶车辆、无人机配送等新兴领域。

综上所述，微电子技术在智慧物流中具有广泛的应用前景，可以提升物流行业的效率、准确性和可追溯性。

微电子技术在智慧物流中的基本应用

2. 智慧物流中的光子技术

光子技术在智慧物流领域中有着广泛的应用。

（1）自动化仓库管理　光子技术可以通过对仓库中的物品进行光学扫描，以高精度、高速度的方式识别和跟踪物品的位置和移动。这种技术可以帮助实现仓库的自动化管理，提高存储效率和取货效率。

（2）实时监控和确保安全　光子技术可以用于实时监控物流运输过程，确保货物的安全和准时到达。通过光子扫描设备，可以获取货物的详细信息，包括温度、湿度、压力等，并将这些信息实时传输给物流公司和管理人员。

（3）优化运输路径　光子技术可以通过分析大量的数据，包括交通流量、道路状况、天气条件等，帮助物流公司优化运输路径，减少运输时间和成本。

小思考

光子技术如何改变现代物流？其形成的工具及其驱动力主要是什么？

（4）提高包装效率　光子技术可以用于自动识别和包装物品。通过光学扫描设备，可以快速准确地确定物品的位置和形状，并自动进行包装和封口。这种技术可以提高包装效率，减少人工错误。

（5）开发智能标签和识别系统　光子技术可以用于开发智能标签和识别系统。将光子技术与 RFID 等技术结合，可以实现物品的快速识别和跟踪，提高物流管理的效率和准确性。

总之，光子技术在智慧物流领域有着广泛的应用前景，可以提高物流管理的效率、安全性和准确性，降低成本并提高服务质量。

视野拓展

光子技术在物流领域的应用

光子技术正以其独特的方式改变着物流领域。想象一下，一个能够实时追踪包裹位置的系统，让你可以随时掌握包裹的状态、预计送达时间，甚至可以精确到分钟，这将为你带来前所未有的购物体验。这正是智能光子跟踪系统所能实现的。

在现代化的仓库中，光子识别技术正在发挥着巨大的作用。通过快速准确地识别包裹上的标签信息，光子技术使仓库管理变得更为高效和准确。每次进出库，每次搬运，都精确无误，让你的包裹在最短时间内找到归宿。

你是否想过，在网购世界里，每个包裹都是经过严格检测的。光子技术为货物包装提供了智能化的解决方案，它能对货物进行无损扫描和识别，任何危险物品或违禁品都难逃其法眼，为你的网购之旅提供更为安心的保障。

交通拥堵是大城市难以避免的问题，但光子技术为我们打开了一扇解决之门。通过智能控制交通信号，光子技术能够合理分配车流，优化交通流量，让城市交通变得更为流畅。

智能物流配送系统更是将光子技术的优势发挥得淋漓尽致。通过优化配送路线，智能物流配送系统能够缩短配送时间、提高配送效率，从而降低配送成本。这不仅让你的包裹能够更快地到达手中，也为企业节约了成本，实现了双赢。

光子技术正在以其独特的方式改变着物流领域，为我们的生活带来前所未有的便利和安心。让我们共同期待这个充满无限可能的未来！

3. 智慧物流中的光电子技术

智慧物流中的光电子技术主要应用于物流信息化、智能化、自动化等方面，以提高物流效率和质量，降低物流成本。光电子技术包括光电效应、光电子倍增管、光敏电阻、光电二极管等光电器件，可以实现物体的感应、识别、计数、检测等功能。在智慧物流中，光电传感技术因其高效、快速、安全等优势成为不可或缺的技术手段。在智慧物流中，光电子技术可以应用于以下几个方面。

（1）物流信息采集与处理　光电子技术可以用于物流信息采集和数据处理，例如通过激光扫描条码或 RFID 标签，快速准确地获取物品信息，实现物流信息的实时采集和传输。RFID 标签示意图如图 7-1 所示。

（2）物流安全与质量检测　光电子技术可以用于物流安全和质量检测，例如通过红外线感应、激光扫描等技术，对物品进行快速、准确的检测，确保物流的安全和质量。

（3）物流自动化与智能化　光电子技术可以用于物流自动化和智能化，例如通过机器视觉、光电子传感器等技术，实现自动化识别、计数、检测等功能，提高物流的效率和准确性。

（4）物流跟踪与定位　光电子技术可以用于物流跟踪和定位，例如通过 GPS、北斗卫星导航系统等，对物流车辆、物品进行实时跟踪和定位，实现物流过程的可视化管理和监控。

（5）物流信息显示与交互　光电子技术可以用于物流信息显示和交互，例如通过 LED 显示屏、触摸屏等技术，实现物流信息的实时显示和交互，提高物流信息的透明度和用户体验。

图 7-1 RFID 标签示意图

总之，光电子技术在智慧物流中发挥着重要作用，可以提高物流的效率和质量，降低成本，保障安全，促进信息化、智能化发展。随着科技的不断进步和创新，光电子技术在智慧物流中的应用将更加广泛和深入，并会被迅速投入物流应用领域，加速物流与信息流的融合，开启电子化物流阶段。

4. 智慧物流中的分子电子技术

分子电子技术是一种新兴的技术领域，旨在通过操纵分子或分子组件来实现电子功能，从而为未来的电子技术开辟新的道路，其应用场景如图 7-2 所示。该技术需要解决很多难题，包括如何通过化学反应或物理方法来精确控制分子或分子组件的运动，以及如何将分子或分子组件与现有的电子设备进行集成等。

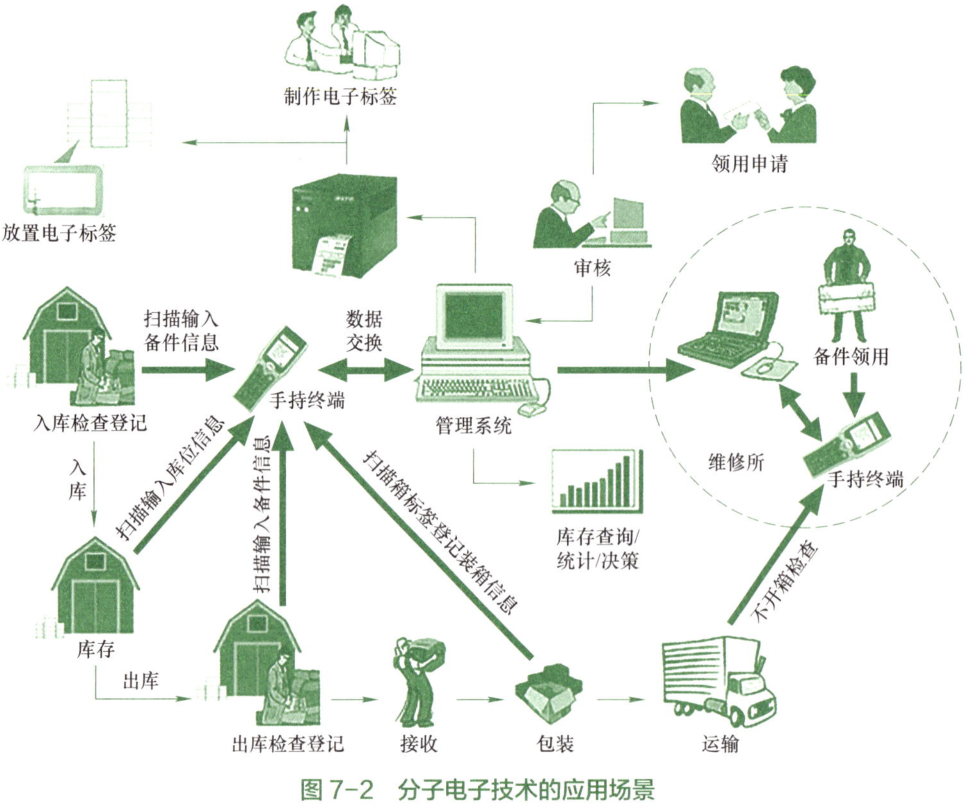

图 7-2 分子电子技术的应用场景

目前，分子电子技术的研究主要集中在开发新的分子材料和设计新的分子结构上，以实现更高效、更低能耗和更小尺寸的电子器件。此外，该技术还需要进行大量的实验和理论研究，以验证其在实践中的应用成效。

虽然分子电子技术仍处于发展初期，但已经有一些研究成果表明，该技术具有巨大的应用潜力。分子电子技术的部分应用如图 7-3 所示。

图 7-3　分子电子技术的部分应用

智慧物流中的分子电子技术是指通过分子尺度电子元器件的特性解析及应用，提高物流运作的效率和精度。

在智慧物流中，分子电子技术可以用于以下几个方面：

（1）物流信息处理　分子电子技术可以用于快速、准确地处理物流信息，包括货物信息、运输信息、库存信息等。这种技术可以极大地提高物流信息处理的效率和精度，从而更好地支持物流决策和运营。

（2）物流跟踪与监控　分子电子技术可以用于实时跟踪和监控货物的位置与状态，以及运输车辆的位置与状态。这种技术可以提供更加准确和及时的物流信息，从而更好地满足客户的需求。

（3）物流安全与质量保障　分子电子技术可以用于检测货物的质量和安全，以及运输车辆的安全性能等。这种技术可以提供更加全面和可靠的安全和质量保障，从而确保货物的安全和完整。分子电子技术在智慧物流中具有广泛的应用前景，可以提高物流运作的效率和精度，促进物流行业的发展。

（4）物流自动化与智能化　分子电子技术可以与其他先进技术相结合，如人工智能、物联网、大数据等，实现物流自动化与智能化。例如，分子电子技术可以实现物流信息的快速处理和精准控制，结合人工智能实现自动化决策和优化，结合物联网实现物流设备的智能互联与协同，结合大数据实现物流数据的深度挖掘与分析。

（5）绿色物流与低碳战略　分子电子技术可以用于优化物流过程，降低能源消耗和排放，实现绿色物流和可持续发展。例如，运用分子电子技术优化运输路线和调度，降低运输成本和碳排放；运用分子电子技术实现货物的精准匹配和调度，减少库存成本和资源浪费；运用分子电子技术实现废物的分类、处理和回收等。

综上所述，分子电子技术在智慧物流中具有巨大的潜力，可以推动物流行业的创新和发展，提高物流运作的效率和智能化水平，促进绿色物流和可持续发展。然而，这种技术还需要进一步的研究和发展，以克服其面临的挑战和问题，如稳定性、可靠性、安全性等。未来，随着技术的不断进步和应用场景的不断扩展，分子电子技术将在智慧物流中发挥越来越重要的作用。

7.1.2 智慧物流供应链系统基础技术的应用现状

在国内，各种智慧物流供应链系统基础技术已经广泛应用于物流活动的各个环节，对物流企业的运营产生了深远影响。

1. 物流自动化设备的应用

物流自动化设备的应用非常广泛，主要体现在以下几个方面：

（1）工业生产　在工业生产中，自动化物流设备能够实现生产过程中物料、半成品、成品等的自动化搬运和储存，提高生产效率。

（2）商业贸易　在商业贸易中，自动化物流设备能够实现商品或服务的快速、准确配送，提高客户满意度。

（3）物流管理　应用自动化物流设备，可以实现物流信息的自动收集、处理和传递，提高物流管理的效率。

（4）交通运输　在交通运输中，自动化物流设备能够实现货物的快速、准确装卸和搬运，提高运输效率。

（5）电商领域　在电商领域，自动化物流设备能够实现订单的快速处理、货物的快速分拣和配送，提高电商的服务质量。

具体来说，自动化物流设备包括但不限于自动输送设备、自动存储设备、自动分拣设备、自动包装设备、自动装卸设备等。这些设备通过运用一系列现代化技术，实现物流信息的自动收集和处理，从而提高物流管理的效率。快递物流的标准化分拣场景如图 7-4 所示。

图 7-4　快递物流的标准化分拣场景

同时，自动化物流设备的应用还能使物流作业更加智能化、标准化、高效化，降低物流成本，提高企业的竞争力。除了上述提到的应用领域，物流自动化设备还可以应用于以下方面：

（1）冷链物流 在冷链物流中，自动化物流设备能够实现温度控制的自动化管理，保证冷链物品在整个物流过程中始终处于规定的低温状态，提高冷链物流的效率和可靠性。

（2）医疗物流 在医疗物流中，自动化物流设备能够实现药品、医疗器材等的自动化搬运和储存，提高医疗物资的管理效率和配送速度。

（3）军事物流 在军事物流中，自动化物流设备能够实现军用物资的自动化搬运和储存，提高军事后勤保障的效率和可靠性。

（4）农业物流 在农业物流中，自动化物流设备能够实现农产品的自动化搬运和储存，提高农业生产的效率和农民的收入水平。

小思考

新一代信息技术对物流全过程的支撑为用户带来了哪些体验？对智慧物流业态的高质量发展有哪些推动作用？

总之，物流自动化设备的应用能够提高物流运作效率、降低物流成本、提高服务质量，是企业实现现代化、智能化、高效化的重要手段之一。未来，随着科技的不断进步和应用领域的不断拓展，物流自动化设备的应用将会更加广泛和深入。库存积压、延期交货、送货不及时、库存与运输不可控等风险大大降低，从而加强了供应商、物流商、批发商、零售商在物流过程中的协同，以及对物流过程的控制。

2. 智慧物流设备跟踪和控制技术的应用

智慧物流设备跟踪和控制技术的应用主要表现在以下几个方面：

（1）实时监控和跟踪 通过物联网技术，可以实时监控货物的位置、温度、湿度等信息，以及车辆的行驶情况，确保货物在运输过程中的安全和完整性。例如，对于长途运输的货物，我们可以通过北斗卫星导航系统（BDS）跟踪货车的实时位置，掌握货车的行驶状态和货物在途中的情况，确保货物的安全和及时到达。

（2）路线优化 利用大数据分析和人工智能算法，智慧物流可以为货物选择最佳的运输路线，避开拥堵并避免绕路，提高运输效率并节省成本。例如，通过分析历史运输数据和实时交通信息，智慧物流系统可以预测货车的行驶时间，并为货车选择最优的行驶路线，从而减少运输时间和成本。

（3）自动化仓储和分拣 智慧物流可以使用自动化设备，如自动堆垛机、自动导引小车等，实现仓储和分拣的自动化操作。这些设备通过物联网技术和传感器技术，可以感知货物的位置和状态，实现货物的快速、准确和自动化的存取和分拣。

（4）智能调度和决策 智慧物流可以通过大数据分析和人工智能算法，实现智能调度和决策。例如，根据历史运输数据和实时交通信息，智慧物流可以预测货物的运输时间和成本，为制订运输计划提供决策支持。

（5）连接与协同　智慧物流可以通过物联网技术和通信技术，实现设备之间、设备与人之间的连接与协同。例如，通过物联网技术，可以将货车的运行数据和货物信息实时传输给物流公司和企业，实现信息的共享和协同作业。这种连接与协同可以提高物流效率、减少资源浪费并降低成本。

综上所述，智慧物流设备跟踪和控制技术的应用对于提高物流的效率和准确性、降低物流成本、保障物流安全等方面具有重要意义。伴随新一代信息技术的快速升级，现代物流产业的高质量发展呈现出网络化、协同化、标准化、数字化、智能化、绿色化和全球化态势。

随着 5G 技术、大数据、物联网、人工智能等现代信息技术与智慧物流的有机融合，现代物流全流程、全要素资源数字化水平正在全面提升。高端标准仓库、智能立体仓库的建设在加快。末端智能配送设施在迅速完善，自助提货柜、智能生鲜柜、智能快件箱（信包箱）等配送设施快速进入社区。

3. 智慧物流动态信息采集技术的应用

智慧物流动态信息采集技术是现代物流行业的重要技术之一，它可以帮助物流企业实现更高效、准确和实时的物流信息采集和管理。以下是智慧物流动态信息采集技术的一些应用：

（1）一维和二维条码技术　一维条码技术在国内应用较早，已经相当成熟，但受信息容量的限制，必须依赖数据库。二维条码技术将特定的几何图形按一定的规律分布在平面上，形成黑白相间的图形，用于记录数据信息，并通过图像输入设备或光电扫描设备自动识读，以实现信息自动处理。二维条码具有信息容量大、可靠性高、成本低和易制作等优点，因此在物流信息采集领域具有广泛的应用前景。

（2）磁条（卡）技术　磁条（卡）技术是一种广泛使用的物流信息采集技术，它以涂料形式把一层薄薄的、定向排列的铁性氧化粒子用树脂黏合在一起，并粘在如纸或塑料等非磁性基片上。磁条（卡）技术可以实现非接触式的信息读写，具有操作简便、成本低廉和易携带等优点，因此在物流信息采集领域应用广泛。

（3）声音识别技术　声音识别技术是一种利用声音信号进行物流信息采集的技术，它可以通过对声音的识别和分析，实现物流信息的自动化采集和传输。声音识别技术具有非接触性、快速性和准确性等优点，因此在物流信息采集领域具有广泛的应用前景。

（4）便携式数据终端　便携式数据终端是一种可以随时随地采集和传输物流信息的设备，它集成了多种物流信息采集技术，包括条码扫描、RFID 读写、BDS 定位等。便携式数据终端具有操作简便、移动性强和可靠性高等优点，因此在物流信息采集领域应用广泛。

（5）射频识别（RFID）技术　RFID 技术是一种利用无线电波进行物流信息采集的技术，它通过在标签和读写器之间建立无线通信，实现物流信息的自动化采集和传输。RFID 技术具有非接触性、快速性和准确性等优点，因此在物流信息采集领域具有广泛的应用前景。

（6）互联网技术　互联网技术可以实现全球范围内的物流信息共享和交互，使得物流企业可以实时获取物流信息，并对物流过程进行实时的监控和管理。互联网技术包括 Web 技术、TCP/IP 协议、HTTP 协议等，是实现智慧物流的重要基础之一。

（7）区块链技术 区块链技术可以实现物流信息的不可篡改性和透明性，提高物流信息的可信度和安全性。区块链技术可以应用于物流信息的存储和管理，使物流企业可以更好地跟踪和管理物流过程。

总之，智慧物流动态信息采集技术的应用可以帮助物流企业实现更高效、准确和实时的物流信息采集和管理，提高物流效率和降低成本。同时，智慧物流动态信息采集技术还可以提高物流信息的可信度和安全性，实现更可靠的物流过程监控和管理。平台企业和数字化服务商开发面向中小微企业的云平台、云服务的热情在增加。

视野拓展

RFID 技术的应用

RFID 技术在许多领域得到了应用，包括但不限于以下领域：

（1）物流 利用 RFID 技术，可以实时追踪物品的位置和状态，提高物流效率和准确性。

（2）零售 RFID 标签可以用于商品识别和库存管理，提高销售效率和客户体验。

（3）制造业 在生产线上，RFID 技术可以用于追踪生产流程和质量控制，提高生产效率和产品质量。

（4）身份识别 RFID 标签可以用于身份认证和门禁控制，提高安全性。

（5）资产管理 RFID 标签可以实时追踪资产的位置和状态，提高资产管理效率。

（6）交通 在公路、铁路和航空运输中，RFID 技术可以用于票务和行李追踪，提高交通效率。

（7）食品 RFID 标签可以追踪食品的来源和安全信息，提高食品的安全性。

（8）汽车 RFID 技术可以用于车辆识别和防盗，提高车辆的安全性。

（9）军事 在军事领域，RFID 技术可以用于追踪物资和人员的位置和状态，提高军事效率。

（10）金融支付 运用 RFID 技术，可以实现快速、安全的金融支付交易。

在这些领域中，政策制定者需要制定相应的政策和规定，以保障公众的隐私和数据安全，同时也要鼓励和支持 RFID 技术的创新和应用。

7.1.3 智慧物流供应链系统基础技术的未来发展

根据《物流术语（GB/T 18354—2021）》，智慧物流（Smart Logistics）是以物联网技术为基础，综合运用大数据、云计算、区块链及相关信息技术，通过全面感知、识别、跟踪物流作业状态，实现实时应对、智能优化决策的物流服务系统。智慧物流作为新一代信息技术与现代物流业深度融合的新兴领域，具有联通性强、融合度广、经济成本低、运行效率高、生态效益好等显著优势，代表着现代物流业的发展方向。

1. RFID 技术将成为智慧物流领域的关键技术

RFID 技术已经在物流领域发挥了重要的作用，并有可能在未来进一步扩大在智慧物流领域的影响。

首先，RFID 技术能够大幅提高物流管理与运作效率，降低物流成本。例如，在仓库的入口安装 RFID 读写器，对商品进行自动识别，在数据库系统中寻找对应商品的信息并自动录入 RFID 的库存量智能管理系统中，可以实现对货物的实时跟踪和管理，提高物流运作的效率和精度。

其次，RFID 技术能够实现物流信息的自动收集和录入，提高信息的准确性和及时性。例如，将 RFID 标签贴在货物上，并在仓库的各个节点安装 RFID 读写器，可以实现对货物的实时监控和管理，并将货物的信息自动录入物流信息系统中。这种方式能够减少人工录入错误，提高信息的准确性和及时性。

再次，RFID 技术还能够提高货物的安全性。例如，在仓库的出入口和通道等关键位置安装 RFID 读写器和报警装置，可以实现对货物的实时监控和管理，一旦发现异常情况，立即触发报警装置，提高货物的安全性和防盗能力。

最后，随着 RFID 相关技术的不断完善和成熟，RFID 产业将成为一个新兴的高技术产业群，从而成为国民经济新的增长点。因此，RFID 技术在智慧物流领域的应用前景广阔。

综上所述，RFID 技术将成为智慧物流领域的关键技术，其在提高物流管理和运作效率、降低物流成本、实现信息自动化收集和录入、提高货物安全性和防盗能力等方面具有重要作用。随着科技的不断发展和完善，RFID 技术在智慧物流领域的应用前景将更加广阔。

视野拓展

RFID 技术的基本构成

RFID 技术包括硬件层和软件层。

硬件层主要由电子标签（Tag）和读写器（Reader&Writer）构成。电子标签由耦合元件及芯片组成，每个标签具有唯一的电子编码，附着在物体上标识目标对象，用于阅读器识别。读写器主要由无线收发模块、天线、控制模块及接口电路组成，可设计为手持式或固定式。天线在标签和读写器间传递射频信号。

软件层由数据交换和管理系统组成。数据交换和管理系统主要是把数据信息进行搜集、存储、管理和进一步处理，使用户能够使用。

RFID 技术的基本工作原理是：读写器将要发送的射频信号，经编码后加载到高频载波信号上，再经天线向外发送。进入读写器工作区域的电子标签接收此信号，卡内芯片的有关电路对此信号进行倍压整流、调制、解码、解密，然后对命令请求、密码、权限等进行判断，电子标签再根据命令进行处理。

2. 动态信息采集技术将成为智慧物流发展的突破点

动态信息采集技术在智慧物流发展中的确扮演着至关重要的角色。运用这种技术，物流企业可以实时获取货物和运输工具的信息，从而更好地监控和管理整个物流过程。这不仅有助于提高效率、降低成本，还可以提高物流运输的准确性和可靠性。

以下是动态信息采集技术成为智慧物流发展突破点的一些原因：

（1）实时监控　通过动态信息采集技术，物流企业可以实时监控货物的位置和状态，以及运输工具的运行情况。这有助于确保货物按时到达目的地，减少运输过程中的延误或损失。

（2）提高透明度　动态信息采集技术可以提供货物的详细信息，包括温度、湿度、压力等。这有助于保持货物的质量，并确保货物在运输过程中不被损坏。这种透明度也有助于提高客户满意度，因为客户可以实时了解货物的状态。

（3）优化运输路线　基于实时信息的优化算法可以帮助物流企业选择最佳的运输路线，以减少时间和成本。这可以提高物流效率，并减少能源消耗。

（4）提高安全性　动态信息采集技术还可以提供有关运输工具和货物的实时安全信息。这有助于及时发现潜在的安全隐患，并采取相应的措施以防止事故的发生。

（5）预测分析　通过分析历史数据和实时信息，物流企业可以进行预测分析，以预测未来的运输需求和潜在问题。这有助于提前做好规划和准备，进一步提高物流运营的效率。

（6）客户参与　动态信息采集技术使客户可以更积极地参与物流过程。他们可以实时了解货物的状态，并在必要时做出调整。这种客户参与可以提高客户满意度和忠诚度。

综上所述，动态信息采集技术已经成为智慧物流发展的重要突破点。随着科技的不断进步和深入应用，智慧物流将变得更加高效、可靠和可持续。

视野拓展

云服务助力更多行业实现数字化转型

央视网 2022 年 3 月 11 日消息：阿里作为供应端和消费端的连接枢纽，一端连接近 1 000 万的 SKU（库存量单位）、几十万家商家联通产业互联网，另一端通过超 5.5 亿活跃用户连接消费互联网。庞大的自营模式让阿里更紧密、更近距离地洞察生产环节，通过叠加物流、金融和技术等服务让自身更加贴近和了解产业，进而立足产业互联网，构建起数智化社会供应链。超强的数字化能力，让阿里比消费者更懂得消费者，比品牌商更懂得产业。事实上，阿里云是阿里集团整个数字化的“云底座”。阿里云的任务首先是支撑阿里集团全面的运营业务。随着数实融合趋势加速，阿里云在促进规模持续增长的同时，也正在带动和惠及更多产业，驱动实体运营向数字化运营转变，加速更多行业的数智化进程，为社会创造更大的价值。

3. 物流传感技术应用前景广阔

物流传感技术是物流行业的重要组成部分，其应用和发展趋势将会受到物流行业发展趋势的影响。物流传感技术将会得到充分的呈现，以下是一些可能的趋势：

（1）智能化　物流传感技术将会与人工智能、物联网等技术结合，实现物流过程的智能化。通过传感器采集货物信息，结合人工智能算法处理数据，可以实现货物的智能跟踪、智能预测和智能管理，提高物流效率。

（2）微型化　随着微电子技术和微型机械加工技术的发展，物流传感技术将会越来越微型化。微型传感器可以更加方便地应用于各种物流设备中，提高其自动化和智能化水平。

（3）多样化　物流传感技术的应用范围将会越来越广泛。例如，在运输、仓储、包装、配送等环节中，都可以应用物流传感技术来实现智能化管理。同时，针对不同行业和不同场景，物流传感技术将会出现更多的应用形式。

（4）集成化　物流传感技术将会与其他物流技术进行集成，形成更加完整的物流系统。例如，将传感器与 RFID 技术结合，可以实现货物的自动化识别和跟踪；将传感器与机器人技术结合，可以实现自动化搬运和配送等。

（5）低碳化　随着人们的环保意识的提高，物流传感技术将会越来越注重环保。例如，利用太阳能等可再生能源为传感器供电，可以减少对环境的影响；同时，传感器的设计和生产也将会更加注重环保和节能。

总之，物流传感技术的应用和发展将会受到多种因素的影响，但随着科技的不断进步和应用场景的不断扩展，其前景将会越来越广阔。

4. 物流信息安全技术将日益被重视

随着物流行业的快速发展，物流信息量不断增加，物流信息化的程度也越来越高。在这个过程中，物流信息安全问题也变得越来越重要。

首先，物流信息涉及企业的商业机密和客户隐私，如果信息泄露或被恶意攻击，会对企业形象和客户信任度造成极大的损害。因此，企业需要加强物流信息安全技术，保护物流信息的机密性和完整性。

其次，物流信息安全技术是保障企业物流信息系统或平台安全、稳定运行的关键。如果物流信息系统或平台遭受攻击或病毒入侵，可能会导致系统崩溃、数据丢失等问题，从而影响企业的正常运营。因此，企业需要加强物流信息安全技术，防范网络黑客的恶意攻击和病毒的肆虐。

最后，随着物联网、大数据等新技术在物流行业的应用，物流信息安全问题也变得越来越复杂。例如，物联网设备的安全问题、大数据信息的隐私保护等都需要更加专业的物流信息安全技术来保障。

因此，未来物流行业将更加重视物流信息安全技术的研究和应用，以保障物流信息的安全和企业的正常运营。

视野拓展

构建高效、可靠物流服务的关键要素

（1）满足目标市场　物流服务覆盖范围广泛，可将产品快速送达目标客户。

（2）时效性　快速的物流服务有助于满足客户对送货速度的期望，提高客户满意度。

（3）成本效益　选择合适的物流方案，降低运输成本，提高企业利润。

（4）安全性　保障货物在运输过程中的安全，避免损失和损坏。

（5）跟踪服务　实时追踪货物状态，提高客户的信任度和购物体验。

（6）通关速度　快速通关有助于减少货物滞留时间，提高货物的周转率。

（7）退货处理　便捷的退货服务有助于提高客户的满意度，降低售后成本。

（8）遵守当地法规　符合目标市场进口法规和限制，降低法律风险。

（9）信誉与评价　选择拥有良好声誉及科技实力的物流服务提供商，确保高质量的物流服务。

7.2　智慧物流供应链系统的专业技术

7.2.1　智慧物流供应链相关系统

1. POS 系统

POS（Point of Sale）系统，即销售时点信息系统，它通过自动读取设备在销售商品时直接读取商品销售信息，并通过通信网络和计算机系统传送至有关部门进行分析、加工以提高经营效率。POS 系统最早应用于零售业，以后逐渐扩展至其他行业，如金融、旅馆等服务行业。POS 系统的使用范围也从企业内部扩展到整个供应链。POS 系统具有多功能性，如消费、预授权、余额查询和转账等，为提高经营效率、优化库存管理提供了支持。POS 系统的核心是通过扫描条码或刷卡来记录销售信息，每笔交易都会被记录在系统中。这种系统可以提高销售数据的准确性和可追溯性，还可以帮助商家更好地管理库存和优化供应链。

除了基本的销售数据记录外，POS 系统还可以提供各种报表和分析数据，帮助商家了解销售情况、客户喜好和市场趋势。这些数据可以帮助商家制定更好的销售策略，提高客户满意度和忠诚度。此外，POS 系统还可以与企业的财务系统、订单管理系统等其他系统进行集成，实现数据的共享和同步。这有助于提高企业的整体运营效率和决策能力。

总之，POS 系统是一种高效、便捷的销售管理工具，可以帮助企业提高经营效率、降低成本、优化库存管理，并为决策提供数据支持。

2. 电子数据交换系统

电子数据交换（Electronic Data Interchange，EDI）系统按照一个公认的标准进行商业事务处理，形成结构化的数据传输格式，进行计算机到计算机的电子传输。简单地说，EDI 就是按照商定的协议，将商业文件标准化和格式化，并通过计算机网络，在商贸伙伴的计算机网络系统之间进行数据交换和自动处理。

在国际、国内商贸活动中使用 EDI 业务，取消了传统的纸面商贸文件，代之以电子数据交换，双方使用统一的国际标准格式编制文件，利用电子方式将商贸资料由一方传递到另一方。

EDI 系统作为一种高效、安全、环保的商业文档传输和处理系统，可帮助企业降低成本、提高效率、增强竞争力。EDI 系统的应用范围广泛，不仅可以用于企业之间的交易，还可以用于企业内部的管理和优化。例如，在物流领域，EDI 系统可以实现物流信息的自动化传输和处理，提高物流效率和准确性。在供应链领域，EDI 系统可以用于供应链节点间数据的传输和共享，增强了供应链系统的智慧性。

未来，随着数字化转型的深入推进和人工智能技术的发展，EDI 系统将会进一步升级和完善。例如，通过人工智能技术，可以实现 EDI 系统的自动化学习和自我优化，提高系统的智能化水平。同时，随着物联网技术的发展，可以实现 EDI 系统与其他系统的无缝对接和集成，提高系统的综合应用效果。

总之，EDI 系统是一种非常重要的数字化转型工具，可以帮助企业实现商业文档的自动化传输和处理，提高效率和准确性。未来，随着数字化转型的深入推进和人工智能技术的发展，EDI 系统将会进一步升级和完善，为企业的数字化转型提供更好的支持和帮助。

EDI系统在智慧供应链中的角色

视野拓展

EDI 系统的基本组成要素及运行

EDI 系统的运行有三个基本组成要素：①具有计算机设备及通信网络这一基础条件，这也是 EDI 系统必不可少的组成部分；②为实现 EDI 系统的功能，必须设计和开发相应的 EDI 运行软件，这是发挥 EDI 系统作用的依托；③ EDI 的标准化，在 EDI 系统发展中起着核心作用，这包括通信标准、传输标准、语音标准等。

EDI 系统的运行流程主要包括：①文件的格式化和标准化处理——用户首先将原始的纸质商业文件经计算机处理后形成符合 EDI 标准、具有标准格式的 EDI 数据文件；②数据传输和交换——用户用自己的本地计算机系统将形成的标准数据文件经由 EDI 数据通信和交换网传送到登录的 EDI 服务中心，继而转发到对方用户的计算机系统；③文件的接收和自动处理——对方的计算机系统收到发来的报文后，立即按照特定的程序自动进行处理。

随着技术的演进，在 EDI 系统运行过程中基于服务架构（Service-Oriented Architecture，SOA）创立了现代化的物流服务模式。它通过构建基于 SOA 的物流信息平台，实现服务的目标。它以信息技术为依托，集成供应商、物流服务商、企业用户的资源信息，协调优化供应链上的物流资源，整合和升级物流服务的各个系统，完成“一站式”专业化的智慧物流综合服务。此外，该平台还提供一系列的增值服务和决策服务。

3. 智慧物流信息系统

智慧物流信息系统面向物流与制造企业，利用微服务、物联网、大数据、云计算及移动互联等技术，为企业建立一套完善的物流运营管理体系，打造物流供应链业务一体化、多模式运力交易、运输与仓储可视化、统一结算支付、诚信体系构建、配套服务商城、物流供应链金融等应用；结合线下物流网络资源，打造O2O物流服务新模式，持续推进智慧物流建设和平台化运营水平，构建物流供应链立体生态圈。

智慧物流信息系统通过平台式架构、先进的技术手段和较高的信息化水平，将物流业务、资源、流程和信息有机整合起来，提供高效和智能化的供应链、流程管理、信息跟踪和管理服务。它具有以下特点：

（1）信息化集成　将所有物流业务、资源、流程和信息有机整合起来，实现信息的共享和协同。

（2）智能化决策　利用大数据、云计算和人工智能等技术，对海量数据进行挖掘和分析，提供智能化决策支持。

（3）自动化运作　通过物联网技术实现设备的连接和智能化管理，提高自动化运作水平。

（4）平台化运营　提供完善的平台化服务，包括门户网站、移动应用、交易平台等，实现一站式服务。

（5）持续创新　不断引入新技术和业务模式，持续优化和升级系统功能，保持领先地位。

智慧物流信息系统能够提高物流效率和降低物流成本，促进供应链的协同和整合，实现物流行业的可持续发展。随着人工智能等新一代信息技术的融入，物流系统逐步能模仿人的智能，具有思维、感知、学习、推理判断和自行解决物流中某些问题的能力。物流系统的自动化、信息化、网络化和智能化水平快速提升，智慧物流系统正在形成并持续升级。

视野拓展

阿里巴巴菜鸟无人仓信息化平台

菜鸟作为阿里巴巴的项目公司，每天都有大量快件需要处理。为了提高物流速度、减少物流成本，菜鸟研发了柔性自动化仓储系统，利用包括AI在内的技术创新，打造全面智慧化、自动化的物流体系，更加快速高效地满足用户需求。

7.2.2　智慧物流供应链系统的专业技术分类

1. 地理信息技术

（1）北斗卫星导航技术　北斗卫星导航系统（BeiDou Navigation Satellite System，BDS）是中国自行研制的全球卫星导航系统，它利用人造地球卫星进行高精度无线电导航和定位。北斗卫星导航系统由空间段、地面段和用户段三个部分组成，可在全球范围内全天候为各类用户提供高精度、高可靠定位、导航、授时服务，并且具备短报文通信能力。它已经被广泛应用于国防建设、交通运输、资源勘测、休闲旅游、科学试验、水利工程等领域。

BDS 技术的基本原理是利用卫星信号来计算接收机的位置和时间。BDS 卫星地面监控系统包括一个主控站、三个注入站和五个监测站。接收机通过接收来自至少三颗卫星的信号，可以计算出其位置和时间。每个卫星都发送一个包含其位置和时间的信号，接收机通过接收这些信号并测量它们到达的时间差，可以计算出其自身的位置和时间。

BDS 技术已经成为物流行业管理的重要工具，同时也成为汽车安全的“守护神”。

除了在物流和交通领域的应用，BDS 技术还被广泛应用于土地资源调查、土壤侵蚀调查、工程施工测量、生态环境监测与评估等方面。同时，随着技术的不断进步和应用领域的不断扩展，BDS 技术在水土保持应用中也表现出其独特的特点。

视野拓展

BDS 技术在智慧物流领域的应用

（1）车辆跟踪　利用 BDS 技术和电子地图可实时确定车辆的实际位置，对配送车辆和货物进行有效的跟踪。

（2）路线规划和导航　路线规划和导航分为自动和手动两种模式。路线规划完成后，系统可以在电子地图上设计路线，显示车辆的运行路径和方向。

（3）指挥调度　指挥中心可以监控区域内车辆的运行状况，合理调度被测车辆。指挥中心还可以随时与跟踪目标通话，实施远程管理。

（4）信息查询　指挥中心可以使用监控台查询区域内任何目标的位置，车辆信息以数字形式显示在指挥中心的电子地图上。

（5）紧急救援　通过 BDS 技术对遇到危险或事故的配送车辆提供紧急援助。

（6）办公自动化　物流信息平台全面规划了物流网络各网点之间的操作流程，不需要通过传真或电话确认，即可实现完全无纸化操作，所有信息均通过互联网准确及时地传递至对方。

（7）物流配送　BDS 技术把车辆的状态信息以及客户的位置信息，快速、准确地反馈给物流系统。

（8）动态调度　运输公司可进行车辆待命计划管理。

（9）货物跟踪　通过 BDS 技术和电子地图系统，可以实时了解车辆位置和货物状况，真正达成在线监控。

（10）车辆优选　查询在锁定范围内可供调用的车辆。

（2）GIS 技术　地理信息系统（Geographic Information System，GIS）是一种特定的十分重要的空间信息系统，它是在计算机硬件、软件系统支持下，对整个或部分地球表层（包括大气层）空间中的有关地理分布数据进行采集、储存、管理、运算、分析、显示和描述的系统。

GIS 技术的操作对象是空间数据，即点、线、面、体这类有三维要素的地理实体。空间数据的根本特点是每一个数据都按统一的地理坐标进行编码，实现对其定位、定性和定量的描述。这是 GIS 区别于其他类型信息系统的根本标志，也是其技术难点之所在。

GIS 技术的优势在于它的数据综合、模拟与分析评价能力，可以得到常规方法或普通信息系统难以得到的重要信息，实现地理空间过程演化的模拟和预测。

此外，GIS 技术与测绘学和地理学有着密切的关系。大地测量、工程测量、矿山测量、地基测量、航空摄影测量和遥感技术，为 GIS 中的空间实体提供各种不同比例和精度的定位数；电子速测仪、BDS 全球定位技术、解析或数字摄影测量工作站、遥感图像处理系统等现代测绘技术的使用，可直接、快速和自动地获取空间目标的数字信息产品，为 GIS 技术提供丰富和更为实时的信息源，并促使 GIS 技术向更高层次发展。

视野拓展

GIS 技术在智慧物流领域的应用

GIS 技术在智慧物流领域有广泛的应用，以下是其中几个具体应用：

（1）运输配送管理　GIS 技术可以用于规划运输线路、计算运费、评估仓库容量、实时查询物资、制定合理的装卸策略以及运输车辆的调度管理等，这些功能都是物流管理的重要组成部分。

（2）网点标注　运用 GIS 技术，可以将物流企业的网点及网点信息（如地址、电话、提送货等信息）在电子地图上标注出来。这样使用者可以快速查询所需信息。

（3）快速分单　通过地址匹配技术，快速定位到相应的区域及网点并确认责任人，完成“最后一公里”配送作业。

（4）物流配送路线规划和车辆监控管理　运用 GIS 技术可以合理规划路线和调度车辆，提高车辆利用率，保证货物快速到达，节省企业资源，提高用户满意度。同时，还可以对货物从出库到到达客户手中的全程进行监控，保证货物及车辆的安全。

（5）数据统计与服务　将物流企业的数据信息在地图上可视化地直观展示，运用科学的业务模型、GIS 专业算法和空间挖掘分析技术，深入分析其趋势和内在关系，为物流企业制定市场营销策略、分析和预测发展趋势等提供依据和便利，使决策系统更加智能和精准。

2. 人工智能技术

人工智能技术主要研究如何让计算机去完成以往需要人的智力才能胜任的工作。人工智能技术主要包括机器学习、深度学习、自然语言处理、计算机视觉、语音识别、专家系统、机器人技术、强化学习、推荐系统、知识表示与推理、遗传算法等。这些技术共同构成了人工智能的核心技术框架，它们在不同的应用领域中被广泛使用，如智慧物流、自动驾驶汽车、智能助手、医疗诊断、金融风险管理等。随着技术的发展，人工智能技术也在不断地扩展和深化。

在智慧物流系统中，基于系统的相关智能技术及硬件设备，可以有效调度平行资源系统及其子系统。这些子系统包括订单管理子系统、仓储管理子系统、运输管理子系统、配送管理子系统、结算子系统、客户管理子系统、智能监控子系统等。利用系统的开放性，能够通过预留接口实现与其他信息系统的集成服务。

7.2.3 智慧物流供应链系统专业技术的主要应用场景

智慧物流供应链技术通过标准接口链接供应链上下游系统，以集成化的园区物流供应链系统集合仓储管理、订单管理、计划管理、物流结算管理等模块，实现从采销、订单管理、仓储管理、运输管理、客户签收到运作、成本监管全流程的互联互通、智能协同，并将全流程的数据进行统一汇聚。

智慧物流供应链技术将商品信息、在线询价管理、订单管理、支付管理、电子合同、评价体系等进行数字化管理，简化供采双方的交易路径，实现交易智能化，帮助企业建立智慧物流供应链管理平台交易闭环，在保证运输效率的同时有效提质、降本、增效。数据驱动是物流运输行业的核心，通过大数据平台，可以更好地利用数据，实现数据价值的最大化。

1. 采购管理场景

采购管理在企业运营中扮演着至关重要的角色，所使用的智慧物流专业技术涵盖了从供应商选择、合同管理、商品检验到订单处理、物流控制等各个环节。以下是一些与采购管理相关的关键技术和工具。

（1）供应商评估和选择　这是采购过程中至关重要的一步。企业需要评估潜在供应商的能力、可靠性、价格等各个方面，以确保他们能满足企业的需求。在评估过程中，企业可以使用线性规划、决策树等数学方法。

（2）电子采购　这是一种利用互联网技术进行采购的方法。它可以帮助企业更快地找到合适的供应商，同时也能享受更优惠的价格和更好的服务。

（3）数据分析　在采购管理中，数据分析可以帮助企业更好地理解市场需求、预测价格波动、发现潜在的供应商等。

（4）供应链管理　供应链管理是采购管理的重要组成部分，它涵盖了从供应商到最终消费者的整个过程。在这个过程中，企业需要协调各个环节，以确保产品的顺利流动。

（5）采购风险评估　由于市场波动、供应商有问题等原因，采购过程中可能出现风险。因此，企业需要对采购过程进行风险管理，以降低潜在的损失。

（6）采购谈判　这是采购过程中必不可少的一环。在这个过程中，企业需要使用有效的谈判策略，以获得更好的价格和服务。

（7）质量控制　在采购过程中，企业需要确保所购商品的质量符合预期。这可以通过使用统计过程控制等质量控制工具来实现。

总的来说，这些技术和工具在采购管理中各有用途和价值，企业可以根据自身的实际情况和需要进行选择使用。从物流功能的层面来考虑，智慧物流系统尽管包括物流的全业态、全流程、全场景，但其主要的功能场景可以划分为智慧运输服务、智慧仓储服务、智慧配送服务、智慧数据服务。

销售管理系统

视野拓展

智慧采购服务

智慧采购服务是指利用人工智能、大数据、物联网等先进技术，实现采购过程的智能化、数字化和信息化。智慧采购服务可以帮助企业提高采购效率，降低采购成本，优化供应链管理，提升竞争力。

智慧采购服务的实现需要以下几个方面的技术支持：

（1）人工智能技术　人工智能技术可以帮助企业实现对海量数据的智能分析、预测和优化，从而为采购决策提供更加准确的数据支持。

（2）大数据技术　大数据技术可以帮助企业实现对采购过程中产生的海量数据进行收集、分析和处理，从而更好地掌握市场动态、供应商情况和企业需求等信息。

（3）物联网技术　物联网技术可以帮助企业实现对采购物品的实时监控和管理，从而更好地掌握物品的库存、质量和物流等信息，实现精细化管理。

（4）电子商务技术　电子商务技术可以帮助企业实现线上采购和销售，从而更加便捷地进行交易和支付，提高采购效率。

智慧采购服务的应用范围非常广，可以应用于各个行业和领域。例如，在政府采购领域，智慧采购服务可以帮助政府实现公开透明、高效便捷的采购过程；在企业采购领域，智慧采购服务可以帮助企业实现智能化、数字化和信息化的采购管理，提高采购效率和准确性。

2. 库存管理场景

库存管理是指利用先进的信息技术和物联网技术对仓储管理进行优化和智能化的过程。智慧化仓储模式将传统仓储管理转变为数字化、智能化、无人化的管理模式，以全新的数字化智慧仓储管理模式，为客户提供轻松、便捷的一站式数字仓储服务。

智慧化仓储主要应用人工智能、物联网、机器学习等技术，推动仓库管理向智慧化方向迈进。在仓库中，各种所需装备、器材，可以通过轻点鼠标实现“一键出库”；在拣货区，穿梭机来回奔波，运输叉车鱼贯而行。这种智慧化的仓储管理模式可以提升仓库管理的效率和精度，降低仓库运营成本，提高客户满意度。

同时，智慧化仓储也注重培养数字化仓储物流人才，助力仓储物流企业转型升级，朝着高质量、智能化、智慧化的发展道路迈进。

3. 销售管理场景

销售管理是指销售人员基于大数据和云计算技术，运用智慧物流系统的运作逻辑，通过分析工具挖掘和处理大量数据，帮助企业解决商业问题或提升业务表现的过程。

（1）客户画像与精准营销　销售人员使用大数据分析客户行为、兴趣、偏好等信息，构建客户画像，帮助企业精准定位目标客户并制定个性化的营销策略。例如，利用社交媒体数据、购买历史、浏览记录等，分析哪些客户对某类产品感兴趣，从而进行精准推广。

（2）市场趋势预测　大数据可以帮助企业洞察市场趋势和消费行为变化，帮助企业制定更精准的销售策略和产品开发计划。例如，利用大数据分析市场上的商品销量、行业新闻、社会经济数据等，预测未来的市场需求。

（3）销售机会挖掘　大数据通过分析潜在客户的行为数据、在线互动、搜索记录等，帮助销售团队发现潜在的商机并主动出击。

（4）客户关系管理　优化大数据可以帮助企业优化客户关系管理，通过分析客户的反馈、投诉、历史订单等数据，识别高价值客户，并提供个性化的服务。例如，根据客户过去的购买行为和互动，预测客户的生命周期价值，从而为重点客户提供特别的折扣或优先服务。

（5）供应链管理　销售与供应链管理紧密相关，利用大数据分析库存、运输、物流等信息，帮助企业优化销售与供货计划，减少库存积压，提升资金周转效率。例如，根据历史销售数据和市场需求预测，制定优化的供应链策略，确保销售与库存的平衡。

7.3　智慧物流供应链系统的仿真技术

7.3.1　智慧物流供应链系统仿真技术的概念、发展趋势和内容

1. 概念

智慧物流供应链系统仿真技术是分析和优化复杂系统的重要工具。它通过建立虚拟模型来模拟真实系统，测试针对真实供应链系统的各种想法和假设条件。这种仿真技术可以节省资金和时间投入，更重要的是，它极大地降低了电商企业的决策风险。

在智慧物流领域，仿真技术被广泛应用于优化供应链决策，如采购、补货、调拨等业务场景。例如，天猫智能供应链平台融入了针对电商供应链业务的仿真技术，支持对不同业务线多个业务场景进行仿真分析，将其供应链作为一个整体系统来进行研究和分析。通过模拟每个区域的客户下单、采购补货、预约入库、调拨入库以及订单送达等多个业务环节，在不同决策场景下对这些环节进行一体化的仿真分析，以确定采购补货和仓间调拨等业务决策的合理性。

随着仿真技术的不断发展，数字孪生技术也被应用于智慧物流领域。数字孪生是一种在虚拟环境中创建物理对象或系统的技术。在物流行业，数字孪生技术被用于构建低成本物流三维仿真模型，包括通用物流服务资源工程组件库开发，仓储搬运类、分拣类、显示反馈类、先进制造装备类、空港物流类、冷链生鲜物流类、危化物流类、货物类、建筑园区类等物流

服务资源的建模开发。这些数字孪生模型可以帮助企业更好地理解物流流程，优化资源配置，提高物流效率。

数字孪生通过实时数据创建现实世界中物理对象或系统的数字镜像，实现对其实时监控、分析、预测和优化。相比传统的物流仿真，数字孪生更强调实时性和动态性。物流仿真更多地用于研究和测试不同的物流策略，模拟特定情境下的操作效果。数字孪生则更像是实时的“数字镜像”，帮助企业持续监控、优化物流系统。

2. 发展趋势

数字孪生技术是物流仿真的重要延伸，通过实时数据的获取和反馈，实现虚拟世界与物理世界的双向连接。数字孪生允许物流系统的实时监控、仿真和优化。数字孪生技术使物流仿真从静态计划工具转向动态实时系统，能够更快地应对供应链的波动和变化，优化决策的精确度。在大型物流中心或供应链网络中，数字孪生可以实时监控仓储设备、车辆和运输路线，并根据实际运营情况调整操作。

随着全球对环境保护和可持续发展的关注，物流仿真系统将更多地考虑碳排放、能源消耗等因素，帮助企业实现绿色物流。通过仿真不同的运输路线、仓储布局和设备选择，系统将能够优化物流过程的能源使用和碳排放，推动企业在保证运营效率的同时降低对环境的影响。

3. 主要内容

智慧物流供应链系统仿真技术的主要内容包括以下几个部分：

（1）生成模型　在考虑库存限制的情况下进行订单调度（选择仓库和配送快递）仿真，计算理想情况下各商品在各仓库的分配量及比例，用于指导采购入仓及仓库间的库存调拨等实际业务运行。

（2）方案调优　设置相关参数，优化成本（仓库拣货费、快递费等）及用户体验（配送时间、是否拆包等）。

（3）收益评估　线上会对一定时间内的同一用户及地址订单进行合并发货。仿真环境使用合单前的订单进行仿真。两版数据对比，即可得出合单收益。

这些内容能够有效地模拟真实系统，帮助企业进行决策，降低决策风险，提高决策准确性。在企业的合理打造下，智慧物流供应链系统已呈现出较为突出的运作成效。

智慧物流供应链系统是一个优化的系统，包含硬件设施和设备、软件技术系统，以及诸多节点和线路。节点的选址是通过优化的方法科学遴选的，物流线路的确定来自系统性优化选择，运输配送车辆的调度遵循科学的调配方法，这有效优化了交通秩序，为社区居民提升了生活服务质量。

7.3.2　智能机器人在供应链与征信管理中的应用

1. 供应商主数据维护机器人

供应商主数据维护机器人是一种自动化的工具，用于帮助企业和组织更有效地管理和维护供应商主数据。这些数据包括供应商的基本信息、财务数据和采购数据等。

这种机器人可以自动执行以下任务：

（1）收集供应商的数据　机器人可以通过各种渠道收集供应商的数据，信息来源包括企业自身的系统、手工输入的数据以及其他供应商提供的文件。

（2）验证和清洗数据　机器人可以对收集到的数据进行验证和清洗，以确保数据的准确性和完整性。这可能包括验证供应商的名称、地址、财务信息和其他关键数据字段的一致性。

（3）更新数据　一旦数据经过验证和清洗，机器人可以自动更新企业的供应商主数据存储库。这包括将新数据添加到系统中、修改现有数据或删除不再需要的旧数据。

（4）监控数据质量　机器人可以定期监控供应商主数据的质量，以确保数据的准确性和完整性。如果发现任何异常或错误，机器人可以立即提醒相关人员进行处理。

（5）生成报告和分析　机器人还可以生成报告并进行分析，帮助企业更好地了解其供应商的情况。这包括分析供应商的财务状况、采购历史和其他相关信息。

总之，供应商主数据维护机器人是一种能够提高效率和减少错误的人工智能工具，可以帮助企业更好地管理和维护供应商主数据。

2. 招标信息定时监测机器人

招标信息定时监测机器人的使用步骤如下：

（1）确定监测目标　确定想监测哪些招标网站或平台，以及需要收集哪些信息，例如招标项目名称、招标时间、招标公司、招标内容等。

（2）数据采集　使用爬虫技术，如 Python 中的 BeautifulSoup 或 Scrapy 框架等，定时访问目标网站，并采集所需的信息。

（3）数据处理和分析　收集到的数据需要进行清洗、整理和分析。例如，可以使用 Excel 或其他数据处理工具来对数据进行排序、筛选和计算，以便更好地了解招标情况。

（4）定时提醒　为了使机器人能够定时提醒，需要设置一个定时任务。可以通过使用操作系统的任务计划程序或使用 Python 中的 Schedule 库等实现。

（5）反馈和优化　根据实际需求，可以定期反馈收集到的数据和监测结果，以便及时调整和优化机器人。

以上步骤仅提供了一个基本的思路，在现实中还需要考虑很多细节问题，例如，如何处理重复数据、如何保证数据的准确性、如何提高爬虫效率等。同时，还需要注意遵守相关法律法规和网站的使用协议，不要侵犯他人的权益。

3. 供应商评估机器人

供应商评估机器人是一种智能化的工具，可以帮助企业评估供应商的绩效，包括完成率、节拍和预算等方面。通过自动化和智能化的评估，企业可以更快速、更准确地筛选出符合自己需求的优质供应商，提升采购效率和降低成本。

完成率是评估供应商的重要指标之一，它指的是供应商在规定时间内完成工作的比例。在评估过程中，可以通过对供应商的交货准时性、订单完成情况、产品质量等方面进行考察，来评估其完成率。

节拍是指供应商在生产过程中，完成一个产品所需的时间。高效的供应商通常能够在短时间内生产出高质量的产品，从而加快企业的生产节奏。在评估过程中，可以通过对供应商的生产周期、生产计划、库存管理等方面进行考察，来评估其节拍。

预算是影响企业选择供应商的重要因素之一。在评估过程中，可以通过对供应商的价格、成本结构、利润率等方面进行考察，来评估其预算是否合理。同时，还可以通过与供应商进行谈判，争取更优惠的价格和更好的折扣，以降低采购成本。

除了以上三个方面的评估指标，还可以结合实际需求和行业特点，制定更加全面的评估标准。例如，可以考察供应商的技术能力、研发实力、服务水平、质量控制等方面，以更全面地评估其综合实力和竞争力。

总之，供应商评估机器人是一种智能化的工具，可以帮助企业更好地管理供应商关系，提升采购效率和降低成本。通过自动化和智能化的评估，企业可以更快速、更准确地筛选出符合自己需求的优质供应商，实现供应链的优化和升级。

4. 企业征信查询机器人

企业征信查询机器人是一种自动化程序，可以自动登录工商、税务等系统平台，收集并整理企业的征信信息。这种机器人可以极大地减少员工的工作量，提高查询效率，确保数据的完整性和准确性，有利于银行及时调整企业授信。

此外，使用这种机器人进行征信查询，还可以实现极速响应，用时较短。使用了企业征信查询机器人之后，工作人员只需轻轻点击鼠标，机器人就可以进行自动化操作。

企业征信查询机器人是现代科技发展的产物，其可以根据设定的程序自动完成复杂的任务，提高工作效率，降低人工错误率，为企业提供更准确、更及时的信息。

素养园地

随着供应链的全球化和电子商务的快速发展，物流行业面临前所未有的挑战。每天都会产生大量的物流订单数据，包括货物状态、运输信息、库存情况等，这些数据对企业的运营决策具有重要影响。传统的数据处理方法无法有效地处理这些大规模、高复杂度的数据。因此，需要一种新的数据处理和分析方法来帮助企业更好地利用这些数据，提高运营效率和服务质量。

请你查阅相关物流资料和浏览物流企业的网站，利用 Python 打开招标网站，抓取招标信息；利用 Python 将招标信息读入 Excel，并进行可视化展示。

技能训练

请你选择一个身边的物流运营企业，观察分析物品寄收件系统，并跟踪物品流动轨迹，利用自动化机器人把供应商的主数据自动录入 ERP 系统中并更新。

同步测试

一、判断题

1. 微电子技术将继续朝着更大、更快、更安全的方向发展。 （ ）

2. 目前，分子电子技术的研究主要集中在开发新的纳米材料和设计新的纳米结构，以实现更高效、更低能耗和更小尺寸的电子器件。 （ ）

3. 微电子技术可以帮助物流企业实时掌握物流运输过程中产生的各项位置数据，实现运输车辆和货轮的智能调度。 （ ）

4. 分子电子技术可以用于快速、准确地处理物流信息，包括货物信息、运输信息、库存信息等。 （ ）

5. 在冷链物流中，自动化物流设备能够实现温度控制的自动化管理，保证冷链物品在整个物流过程中始终处于规定的低温状态，提高冷链物流的效率和可靠性。 （ ）

6. 利用大数据分析和人工智能算法，智慧物流可以为货物选择最佳的运输路线，避开拥堵并避免绕路，提高运输效率并节省成本。 （ ）

7. 智慧物流可以通过物联网技术和边缘计算技术，实现设备之间、设备与人之间的连接与协同。 （ ）

8. 二维条码技术将特定的几何图形按一定的规律分布在平面上，形成黑白相间的图形，用于记录数据信息。 （ ）

9. RFID 技术是一种利用声音信号进行物流信息采集的技术，它可以通过对声音的识别和分析，实现物流信息的自动化采集和传输。 （ ）

10. 动态信息采集技术并不足以提供货物的环境详细信息，包括温度、湿度、压力等。 （ ）

二、单选题

1. 通过（ ），可以将电子标签附着在物品上，以便自动分拣系统可以读取并识别物品的具体属性。

A. 分子电子技术　　B. 射频识别技术

C. 电子数据交换技术　　D. 卫星定位技术

2. POS 系统的核心是通过扫描（ ）或刷卡来记录销售信息，每笔交易都会被记录在系统中。这种系统可以极大地提高销售数据的准确性和可追溯性，同时还可以帮助商家更好地管理库存和优化供应链。

A. 条码　　B. 二维条码　　C. RFID 标签　　D. MFID 标签

3. EDI 系统是一种非常重要的（ ）工具，可以帮助企业实现商业文档的自动化传输和处理，提高效率和准确性。

A. 技术化转型　　B. 边缘计算　　C. 数字化转型　　D. 分布式计算

4. (　　)是一种自动化程序，可以自动登录工商、税务等系统平台，收集并整理企业的征信信息。这种机器人可以极大地减少员工的工作量，提高查询效率，确保数据的完整性和准确性。

A. 供应商主数据维护机器人　　B. 招标信息定时监测机器人

C. 供应商评估机器人　　D. 企业征信查询机器人

5. 随着电商形式的多样化，电商大数据分析开始应用(　　)，该模型旨在从各个渠道了解客户访问的产品的分类、品牌、价格和渠道等数据，打造完整的客户消费模型，以此来分析出有用的数据。

A. BFM 模型　　B. RFM 模型　　C. SCM 模型　　D. QCM 模型

三、多选题

1. 智慧物流中的光电子技术主要应用于(　　)等方面。

A. 物流信息化　　B. 集成化　　C. 智能化　　D. 自动化

2. 除了基本的销售数据记录外，POS 系统还可以提供(　　)，帮助商家了解销售情况、客户喜好和市场趋势。

A. 报表　　B. 现金流　　C. 订单数据　　D. 分析数据

3. 互联网技术包括(　　)等，是实现智慧物流的重要基础之一。

A. Web 技术　　B. TCP/IP 协议　　C. TCP/IP 协议　　D. MIS 技术

4. 智慧物流信息系统面向物流与制造企业，利用微服务、物联网、大数据、云计算及移动互联等技术，打造(　　)等应用，为企业建立一套完善的物流运营管理体系。

A. 物流供应链业务一体化　　B. 多模式运力交易

C. 运输仓储可视化　　D. 统一结算支付

5. 电商大数据的活跃用户量包括(　　)等基本指标。

A. 日活跃用户(DAU)　　B. 周活跃用户(WAU)

C. 月活跃用户(MAU)　　D. 年活跃用户(YAU)

四、简答题

1. 简述智慧物流系统的基础技术构成。
2. EDI 系统具有哪些特点?
3. 简述北斗卫星导航技术的原理。
4. 简述智慧物流与供应链技术在采购管理场景中的应用。
5. 简述智慧物流供应链系统仿真技术的内容。

五、论述题

1. 物流传感技术已经在智慧物流领域得到应用，其未来发展趋势如何?
2. 试述招标信息定时监测机器人的使用步骤。

智慧物流与供应链的运维基础

单元8 智慧物流基础系统的运作

知识目标

- 掌握智慧运输物流系统、智慧仓储物流系统和智慧配送物流系统的概念、功能和构成
- 熟悉智慧运输装备系统、智慧仓储装备系统和智慧配送装备系统

技能目标

- 能够识别智慧运输物流系统、智慧仓储物流系统和智慧配送物流系统的构成要素
- 能够操作智慧物流基础系统

素养目标

- 培养高质量发展观，提升对智慧物流产业升级的认识
- 培养技术创新意识，能够对智慧物流基础系统迭代进行思考

思维导图

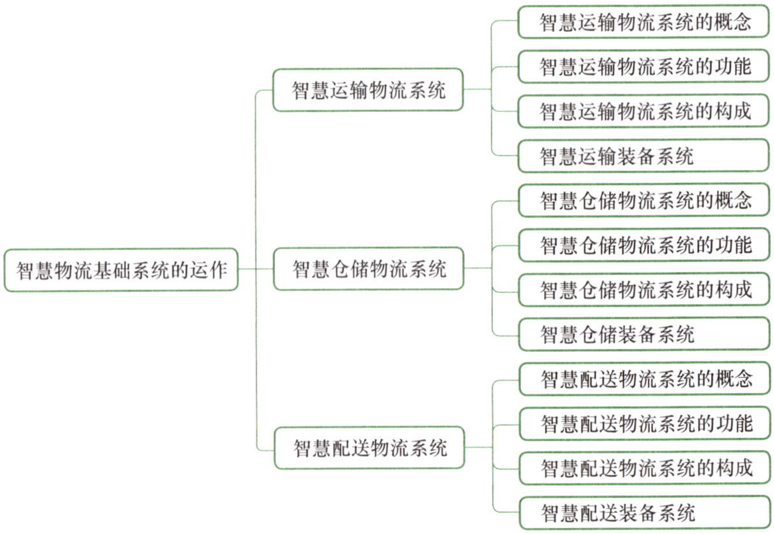

情景案例

大力发展智慧交通、智慧物流

2023年9月，国新办新闻发布会提出：可持续交通以安全、便捷、绿色、高效、经济、包容、韧性为发展方向。

从创新驱动的角度来看，“中国路”“中国桥”“中国车”是中国的新名片，智慧物流技术正在全面改造传统运输体系。杭绍甬智慧高速公路、京杭运河智慧航道建设持续推进，C919大飞机已正式交付……中国将完善科技创新体系，深入实施关键核心技术攻坚、智能交通先导应用试点等科技工程；加快发展数字交通，特别是智能铁路、智慧公路、智慧港口、智慧航道、智慧民航、智慧邮政、智慧枢纽等一批新型的交通基础设施；将规范交通运输新业态的发展。

此外，中国还将加快运输结构调整，推动大宗货物“公转铁、公转水”，大力发展铁水联运、江海直达运输；加快推进运输服务“一单制”“一箱制”“一票制”，加强交通运输污染防治和生态环境保护，推动新能源清洁车辆、船舶应用，持续推进快递包装绿色治理。

思考：

基于智慧物流基础系统的发展现状，请你根据对专业和行业发展的认知，谈一谈推进智慧物流发展的现实意义。

8.1　智慧运输物流系统

8.1.1　智慧运输物流系统的概念

1. 智慧运输物流系统

智慧运输物流系统是指利用物联网、大数据、人工智能等技术，实现物流运输过程的自动化、信息化和智能化，提高运输效率和服务质量的管理系统。这种系统利用各种技术和工具来跟踪、管理和优化货物的运输过程，以满足不断增长的物流需求。

智慧运输物流系统

2. 智慧运输物流系统的产生

美国通用汽车公司和福特汽车公司在20世纪30年代设想过“现代化公路网”。20世纪60年代，对城市路口交通进行控制和高速公路监控系统的产生，是最早进行的交通智能化。随着研究的深入，系统功能逐渐扩展到道路交通运输的全过程及其服务部门，于是发展出了智慧运输物流系统。

视野拓展

京东物流入选首批智能制造 4 级服务商

2023 年 10 月 20 日，2023 世界物联网博览会正式召开，在大会的智能制造高峰论坛暨首届 CMMM 大会上，中国电子技术标准化研究院公布了新一批通过智能制造能力成熟度模型（China Manufacturing Maturity Model，CMMM）评估的企业名单，以及首批智能制造服务商。京东物流入选为仓储物流行业唯一一家 4 级服务商。

CMMM 的评估依据是中国电子技术标准化研究院联合相关企事业单位共同制定的《智能制造能力成熟度模型》（GB/T 39116—2020）和《智能制造能力成熟度评估方法》（GB/T 39117—2020）两项国家标准。这些标准已经在全国近 8 万家制造企业广泛应用，成为制造业企业识别智能制造现状、明确改进路径的有效工具。

面对物流运输场景，京东物流为外部各行业客户研发了一套智慧运输管理系统（Intelligent Transportation Management System，ITMS），为企业提供运输信息化“一站式”解决方案，核心能力包括智能调度、运输执行、运费自动化对账结算等，帮助企业在运输环节实现大幅降本提效。ITMS 通过承运商分单、自动拆单、智能调度功能，实现自动化调度派车，为客户推荐合适的承运商及最优的排线及配载方案，提升分单指派环节的工作效率，降低客户运输成本。在过程管理方面，ITMS 实现运输全链路的实时监控，同时异常事件由系统提前预警并引导运营介入，客户可有效掌控运输时效及风险。

8.1.2 智慧运输物流系统的功能

智慧运输物流系统主要包括以下功能模块，通过这些模块的综合应用实现智慧运输。

1. 实时监控和跟踪

智慧运输物流系统通过使用传感器、GPS、RFID 技术等，实时监控货物和运输工具的位置、状态和条件，以提供运输过程的实时可见性。

2. 数据集成和分析

智慧运输物流系统整合各种数据源，包括交通、气象、库存、订单和供应链信息，以支持数据分析和决策制定。

3. 路线优化和计划

智慧运输物流系统可以为货物选择最佳的运输路线，以减少运输成本、缩短交货时间并减少碳排放。

4. 电子商务和在线平台

智慧运输物流系统通常涉及在线平台，帮助货主、承运商和物流提供商实现在线协作、订单处理和支付。

5. 车队管理

车队管理功能可以帮助车队管理者提升车辆利用率、维护计划和优化驾驶人管理。

6. 货物追踪和验证

智慧运输物流系统通过此功能来确保货物从装载到交付的整个运输过程中的安全性、完整性和质量。如图 8-1 所示。

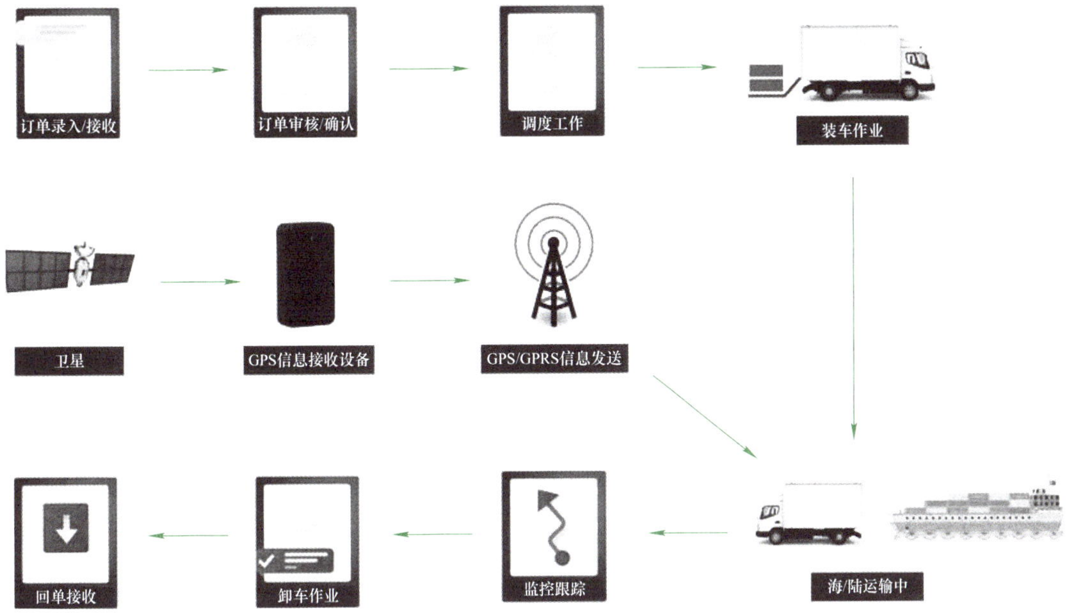

图 8-1　货物追踪

7. 可持续性和环保

智慧运输物流系统可以帮助减少运输中的浪费和碳排放，以支持可持续的物流和供应链管理。

8. 供应链协同

智慧运输物流系统可以增加不同环节之间的协同工作，帮助实现更高的供应链效率。

9. 风险管理和应急响应

智慧运输物流系统还可以协助应对突发事件和风险管理，以确保货物的安全性和及时性。

小思考

智慧运输物流系统有哪些重要作用？

8.1.3　智慧运输物流系统的构成

智慧运输物流系统由智能交通管理系统（Advanced Traffic Management System，ATMS）、

智能交通信息系统（Advanced Traffic Information System，ATIS）、智能车辆控制系统（Advanced Vehicle Control System，AVCS）、智能商用车辆系统（Commercial Vehicle Operations，CVO）、电子收费系统（Electronic Toll Collection，ETC）、应急管理系统等构成（Emergency Management System，EMS）。

1. 智能交通管理系统

智能交通管理系统供交通管理者使用，系统对道路系统的交通状况、交通事故、气象状况和交通环境进行实时监视，并处理和评价收集到的信息，以便对交通进行有效控制。

2. 智能交通信息系统

智能交通信息系统为出行者提供准确实时的交通服务信息。它通过电子出行指南，收集交通设施的静态及动态服务信息，帮助出行者选择出行方式、出行时间和出行路线。

3. 智能车辆控制系统

智能车辆控制系统依靠传感器和信息显示系统，根据交通规则和处理方法的程序库，自动控制车辆行驶，避免碰撞，辅助驾驶人驾驶。

4. 智能商用车辆系统

智能商用车辆系统应用于包括重型载货车、出租车等在内的商用车。

5. 电子收费系统

电子收费系统应用于高速公路收费站、停车场或车站，实现电子自动收费。

小思考

使用电子收费系统给出行带来哪些体验？

6. 应急管理系统

应急管理系统通过智能交通管理系统和智能交通信息系统，将交通监控中心与救援机构联合起来，为道路使用者提供车辆故障现场紧急处置、拖车、现场救护和排除事故车辆服务。

8.1.4 智慧运输装备系统

智能运输装备系统是一种综合运用通信、计算机、网络和人工智能等技术手段，对交通运输进行智能化管理和控制的系统，它包含智能运输装备以及这些装备运行所需的技术和服务支持。

智慧运输装备主要有智能网联汽车、无人驾驶轨道列车、智能船舶等[㊀]。

1. 智能网联汽车

智能网联汽车（Intelligent Connected Vehicle，ICV）是指搭载先进的车载传感器、执行

㊀ 王猛，魏学将，张庆英．智慧物流装备与应用 [M]．北京：机械工业出版社，2021：69—73.

器等装置，并融合现代通信与网络技术，具备复杂的环境感知、智能决策、协同控制等功能，实现安全、高效、舒适、节能行驶的新一代汽车。

在智能网联汽车研究初期，智能驾驶辅助技术能减少 30% 的交通事故，使交通效率提升 10%，让油耗与排放分别降低 5%，是节能环保的重要技术保障。

视野拓展

我国智能网联汽车已取得跨阶发展

2023 年 11 月 17 日，中国智能交通大会在厦门开幕，工业和信息化部、公安部、住房和城乡建设部、交通运输部联合发布《关于开展智能网联汽车准入和上路通行试点工作的通知》，为促进智能网联汽车的推广应用，提升智能网联汽车的产品性能和安全运行水平，决定开展智能网联汽车准入和上路通行试点工作。这意味着我国智能网联汽车产业发展迈出关键的一步。

我国用了 20 年左右，使新能源汽车产业达到全球领先，汽车行业正面临着重大且富有无限可能的变革机遇。这场汽车产业大变局有三个典型特征：一是能源变革，在碳中和的国际共识下，以电能为主的清洁能源正逐步替代以汽油为主的化石能源，汽车企业纷纷转向新能源技术与产品研发；二是产业变革，随着产业“数字化”进程的不断推进，汽车行业与互联网等行业的边界越来越模糊，传统汽车产业价值链正被重构，互联网等技术为汽车行业持续赋能；三是产品变革，智能、网联技术的不断发展，使得丰富的车端应用逐渐成为消费者选择的又一重要因素，这也推动着汽车产业向“软件定义 服务驱动”方向发展，软件技术重塑汽车价值定义。

智能网联汽车的主要功能模块如下：

（1）自主式驾驶辅助系统 自主式驾驶辅助系统是指依靠车载传感器系统进行环境感知并对驾驶人进行驾驶操作辅助的系统，主要可分为预警类系统与控制类系统两类。

1）常见的预警类系统包括前向碰撞预警、车道偏离预警、盲区预警、驾驶人疲劳预警、全景环视、胎压监测等。

2）常见的控制类系统包括车道保持系统、自动泊车辅助、自动紧急刹车、自适应巡航等。

（2）网联式驾驶辅助系统 网联式驾驶辅助系统是指依靠信息通信技术对车辆周边环境进行感知，对周围车辆未来运动轨迹进行预测，进而对驾驶人进行驾驶操作辅助的系统。

华为、大唐等企业研发的车间通信长期演进技术（LTE-V）系统可兼容蜂窝网、可平稳过渡至 5G 系统，是目前我国有代表性的车联网通信系统，与专用短距离通信技术（DSRC）形成竞争态势。

视野拓展

聪明车驶上智慧路

工信部数据显示，2022 年，具备组合辅助驾驶功能的 L2 级乘用车新车渗透率达到了 34.5%，全国各地纷纷开展自动驾驶出租车、无人巴士、自主代客泊车、干线物流以及无人配送等多场景示范应用。2024 年 1 ～ 6 月，中国乘用车 L2 级新车渗透率达 55.7%，其中具备领航辅助驾驶功能的新车渗透率达到 11%。

中国汽车看上海，上海汽车看嘉定，上海国际汽车城在智能网联领域同样“先人一步”。早在 2015 年，工信部就批准在嘉定建设首个国家级的“智能网联汽车试点示范区”，作为上海实施国内首批智慧城市基础设施与智能网联汽车协同发展试点的项目代表，嘉定依托示范区的建设基础，全面推进车、路、城多维数据共享共用，加快打造以智能网联汽车为核心载体的数字化基础设施样板。

行走在嘉定街头，无人出租车、无人物流车早已是司空见惯。截至 2023 年 5 月底，已有上汽享道、AUTO X、百度、小马智行等 20 家企业的 519 辆车在嘉定持续开展测试与示范应用，累计测试里程和测试时长分别占上海全市的 77% 和 86%。建成首个轻量化、规模化车路协同环境，构建首个虚拟仿真加实车测试双重应用环境，开放首个“大流量、高动态、高复杂”自动驾驶高速公路应用场景……上海嘉定“双智融合”已结出累累硕果。

（3）人机共驾　人机共驾是指驾驶人和智能系统同时分享车辆控制权，人机一体化完成驾驶任务。

（4）高度自动 / 无人驾驶　行驶的智能车，不需要驾驶人介入车辆操作，车辆将自动完成所有工况下的自动驾驶。按照美国汽车工程师学会（Society of Automotive Engineers，SAE）分级标准，汽车智能驾驶分为 6 个等级，在 L4 级别中，智能汽车能自动做出决策，完成出行驾驶。

视野拓展

智能汽车 3 个发展方向和 9 种关键技术

智能汽车从技术发展路径来分，可以分为 3 个发展方向：网联式智能汽车（Connected Vehicle，CV）、自主式智能汽车（Autonomous Vehicle，AV）、智能网联汽车（Connected and Automated Vehicle，CAV 或者 ICV）。

智能网联汽车融合了自主式智能汽车与网联式智能汽车的技术优势，涉及汽车、信息通信、交通等诸多领域，其技术架构较为复杂，可划分为“三横两纵”式技术架构：“三横”是指智能网联汽车主要涉及的车辆、信息交互与基础支撑 3 个领域技术，“两纵”是指支撑智能网联汽车发展的车载平台以及基础设施条件。

ICV 的“三横”架构涉及的 3 个领域的关键技术可以细分为以下 9 种：

1）环境感知技术，包括利用机器视觉的图像识别技术，利用雷达（激光、毫米波、超声波）的周边障碍物检测技术，多源信息融合技术，传感器冗余设计技术等。

2）智能决策技术，包括危险事态建模技术、危险预警与控制优先级划分、群体决策和协同技术、局部轨迹规划、驾驶人多样性影响分析等。

3）控制执行技术，包括面向驱动 / 制动的纵向运动控制、面向转向的横向运动控制、基于驱动 / 制动 / 转向 / 悬架的底盘一体化控制、融合车联网（V2X）通信及车载传感器的多车队列协同和车路协同控制等。

4）V2X通信技术，包括车辆专用通信系统、实现车间信息共享与协同控制的通信保障机制、移动自组织网络技术、多模式通信融合技术等。

5）云平台与大数据技术，包括智能网联汽车云平台架构与数据交互标准、云操作系统、数据高效存储和检索技术、大数据的关联分析和深度挖掘技术等。

6）信息安全技术，包括汽车信息安全建模技术，数据存储、传输与应用三维度安全体系，汽车信息安全测试方法，信息安全漏洞应急响应机制等。

7）高精度地图与高精度定位技术，包括高精度地图数据模型与采集式样、交换格式和物理存储的标准化技术，基于北斗地基增强的高精度定位技术，多源辅助定位技术等。

8）标准法规，包括ICV整体标准体系，以及涉及汽车、交通、通信等各领域的关键技术标准。

9）测试评价，包括ICV测试评价方法与测试环境建设。

ICV的发展可分为自主式驾驶辅助（对应美国汽车工程师学会SAE分级L1、L2）、网联式驾驶辅助（对应SAE分级L1、L2）、人机共驾（对应SAE分级L3）、高度自动/无人驾驶（对应SAE分级L4、L5）4个阶段。

小思考

人工智能技术为用户带来了什么体验？对物流业态的高质量发展有什么推动作用？

2. 无人驾驶轨道列车㊀

无人驾驶轨道列车是采用高度自动化的轨道列车控制系统，轨道控制中心应用大型电子计算机监控线路网的站际联系、信号系统、列车运行、车辆调度等，实现了无人化、全自动化运行的轨道列车。香港南港岛线、上海轨道交通8号线三期、北京地铁燕房线、上海轨道交通浦江线是我国自主知识产权经营的示范工程。

国际标准按照轨道交通线路自动化程度定义了4层自动化等级（GOA），自动化程度到GOA4就达到了完全自动驾驶，列车运行全部为自动驾驶，不需要工作人员参与。

全自动无人驾驶系统增加了车辆调度和乘客调度、全自动驾驶车载设备、紧急呼救按钮、障碍物探测器、车头视频监控系统、行车调度及综合监控系统、车站站台门控制系统、通信系统、视频监控系统、列车唤醒模块、选择性开关门控制盘、作业封锁开关、智能化列车自动控制系统、车载列车数据管理系统和车载列车自动驾驶子系统。

3. 智能船舶

智能船舶是指利用传感器、通信、物联网、互联网等技术手段，自动感知和获得船舶自身、海洋环境、物流、港口等方面的信息和数据，利用计算机技术、自动控制技术和大数据处理和分析技术，在船舶航行、管理、维护保养、货物运输等方面实现智能化运行的船舶。

㊀ 王猛，魏学将，张庆英. 智慧物流装备与应用[M]. 北京：机械工业出版社，2021：81—85.

我国正在积极推动智能船舶技术发展，2018 年工业和信息化部、交通运输部、国防科工局发布了《智能船舶发展行动计划（2019—2021 年）》，对智能船舶未来发展做出了规划。2019 年 5 月，交通运输部等发布了《智能航运发展指导意见》。截至 2023 年 10 月，我国已经成功制造了大连海事大学教学与实训两用船，1.4 万标箱、1.6 万标箱系列集装箱船，7.7 万吨系列多用途船，700 标箱电池动力船等；已完成 17 套船舶避碰行为监测系统 2.0 设备的安装。

视野拓展

智能船舶发展的 3 个阶段

智能船舶 1.0：智能互联阶段，智能化系统能够对船舶航行提供智能辅助支持，实现系统及数据集成、辅助决策和全生命周期的数据服务。

智能船舶 2.0：智能物联阶段，能够进行半自主化的智能航行，实现机舱、舱室等的部分自主控制以及远程控制。

智能船舶 3.0：完全自主阶段，能够进行完全自主的无人化航行，实现船岸港互联、自主靠泊、自主航行功能。

智能船舶系统主要由以下部分构成：

（1）船舶智能控制系统　船舶智能控制系统包括船舶进出港管理系统、系泊系统、智能航行系统等。其中，系泊系统分为全自动系统和半自动系统，全自动系泊系统能够实现船舶与码头的自动连接，而半自动系泊系统需要操作人员确保对接。智能船舶的全自动系泊系统无人参与，对系统的精确度要求极高。船舶智能航行系统包括路径规划、避碰、航迹控制和航向控制等功能。此外，还需要结合船舶自动识别系统（Automatic Identification System，AIS）规避其他船舶。

（2）船舶通信系统　船舶通信系统包括电子海图显示与信息系统、全球海上遇险和安全系统、全球定位系统、自动识别系统、互联网与数字交通信息技术以及多传感器信息技术等。

（3）岸基支持系统　岸基支持系统是指船舶公司为船舶提供资源、技术支持的基站。当智能船舶处于正常运行状态时，岸基支持系统负责远程监控，实时接收智能船舶的信息。

视野拓展

2017 年，中国船舶工业集团公司研制的 iDolphin38800 吨智能散货货船“大智”轮，成为首艘通过船级社认证的智能船舶，是我国智能船舶发展的里程碑。

2023 年 10 月，中国船舶集团上海船舶研究设计院制定的企业标准《智能运输船舶总体设计要求》（Q/SCZ 30001—2022）经过专业初评、专业终评及综合评定三轮评审，成为唯一获评的船舶领域“上海标准”。《智能运输船舶总体设计要求》作为目前船舶领域唯一面向智能船舶总体设计的标准，旨在满足国际海事组织（IMO）的公约框架和各国船级社规范要求的前提下，在设计过程中实现智能运输船舶有序、高效、统一的设计规制。

8.2　智慧仓储物流系统

8.2.1　智慧仓储物流系统的概念

智慧仓储物流系统

智慧仓储物流系统是指利用物联网、大数据、人工智能等技术，实现仓储管理过程的自动化、信息化和智能化，提高运输效率和服务质量的管理系统。

8.2.2　智慧仓储物流系统的功能

智慧仓储物流系统主要包括以下功能模块，通过这些模块的综合应用，可实现智能仓储管理。

1. 仓储管理

实现对货物收发记录的实时跟踪，实现智能调库、库存量计算、合理分配货位，提高库存管理效率。

2. 出 / 入库管理

使用 RFID 设备自动获取出 / 入库数量，并做好系统记录。在入库时，根据物品数量、属性自动分配货位，自动入库；在出库时，自动分拣物品，根据出库物品的数量实时计算空货位，实现实时动态货位管理。

3. 在库管理

自动盘点货物，通过条码核对物品在库状态；通过系统中环境检测传感器，实时监测仓库内的环境变化，确保物品的在库安全。

4. 数据统计

按照时间定时生成仓储管理统计报表，提供管理者准确的库存信息，强化企业的竞争力。

8.2.3　智慧仓储物流系统的构成

1. 识别系统

识别系统包含条码技术和无线射频技术。

2. 搬运系统

搬运系统包括 AGV、RGV、机器人、堆垛机、穿梭车和提升机。

3. 储存系统

储存系统包括立体化仓库及货架。

4. 分拣系统

分拣系统包括水平拣选系统以及垂直拣选系统。

5. 管理系统

管理系统包括仓库管理系统（Warehouse Management System，WMS）和仓库控制系统（Warehouse Control System，WCS）。

8.2.4 智慧仓储装备系统

智慧仓储装备系统是指综合利用物联网、大数据、人工智能、5G等先进技术，将高位立体货架、巷道堆垛机、升降设备、自动出入库输送装备、自动分拣系统装备、室内搬运车、机器人等设备进行系统集成，形成具有一定感知能力、自行推理判断能力、自动操作能力的智慧系统。

典型的智慧仓储装备系统包括自动化立体仓库系统和穿梭车式密集仓储系统。

1. 自动化立体仓库系统㊀

自动化立体仓库是一种多层储存物品的高架仓库系统，也称为自动存取系统（Automated Storage and Retrieval System，AS/RS）。它一般由高层货架、巷道堆垛起重机、出入库输送系统、自动化控制系统、仓库管理系统及其周边设备组成，能实现自动化保管和管理。简单来说，它主要由货物储存系统、货物存取和输送系统、管理和控制系统等三大系统组成。此外，还有配套的供电系统、空调系统、称重计量系统、信息通信系统等。

（1）货物存储系统　货物存储系统由立体货架的货格组成。自动化立体仓库的货架一般使用钢货架，最佳高度为15～21m；货格尺寸由托盘或者货箱的尺寸决定，货物单元之间的间距为25～60mm。

（2）货物存取和输送系统　货物存取和输送系统由巷道式堆垛机、叉车、穿梭车、自动导引车、输送机等组成。它负责货物存取、出入仓库。

小思考

智慧仓储管理系统与智慧仓储控制系统有什么区别？

（3）管理和控制系统　管理和控制系统主要由仓库管理系统和仓库控制系统组成。

仓库管理系统是一个针对仓储管理设计的实时的计算机软件系统。它能够帮助仓库管理人员实现对仓库内货物的准确记录、库存跟踪以及库存调度等功能，从而实现对仓库运作的全面监控和管理。仓库管理系统已被用于管理各种仓库，包括制造业、零售业、物流和配送等，它按照运作的业务规则和运算法则，对信息、资源、行为、存货和分销运作进行管理，以提高效率。

仓库控制系统主要用于指导仓库和配送中心内的实时活动，通过对物料搬运系统的“实时”数据管理，提供用于监控、控制和诊断的关键链接，最大限度地提高物料搬运子系统的效率。

㊀ 王猛，魏学将，张庆英．智慧物流装备与应用[M]．北京：机械工业出版社，2021：25—27.

视野拓展

2023 年 3 月 1 日，蒙牛乳业（大庆）产业集群项目核心工厂建设完成 29.6m 高的成品奶自动化立体仓库。核心工厂应用自动化工业互联网、5G 技术等，引进全球智能生产线 12 条，人均生产效率提高了 4～6 倍，是蒙牛乳业国际一流、国内领先的全球乳业加工“灯塔工厂”。

2. 穿梭车式密集仓储系统

穿梭车式密集仓储系统是基于高密度货架、穿梭车及升降机、输送机等设备，配合仓库管理系统完成货物出入库作业，具有较高空间利用率和存取效率的仓储系统。与 AS/RS 相比，它的存储密度更高，存取效率更高，系统柔性更强。

穿梭车式密集仓储系统包括硬件和软件两个部分。硬件部分主要包括穿梭车，穿梭车货架，货物提升机，称重系统、射频识读设备及外形检测系统，输送机、地面 AGV 及其他配置设备等；软件部分包括 WMS 和 WCS。

（1）穿梭车　穿梭车是智能机器人，可通过应用 RFID、条码识别技术、编程，实现取货、运送、放置自动化功能。重型四向穿梭车如图 8-2 所示。

图 8-2　重型四向穿梭车

（2）穿梭车货架　穿梭车货架用于存放货物。安装导轨的货架方便穿梭车在货架上通行，将托盘货物放到指定货位，或者从货位取出。

（3）货物提升机　货物提升机配置在仓库主巷道两端，主要应用于货物和穿梭车的换层，实现货物入库与出库。

（4）称重系统、射频识读设备及外形检测系统　称重系统对货物的重量进行检测与复核，若与标重不符则系统停止作业，将货物退回入库口。

射频识读设备一般安装在链式输送机两侧，读取货物标识，确认货物与货位一一对应。

外形检测系统结合框架结构，采用光电非接触式进行作业，对货物的长、宽、高进行检测。若有超差，则系统报警，并将货物退回入库口，保证尺寸合格的货物入库。

（5）输送机、地面 AGV 及其他配置设备　输送机控制系统通过输送机上的光电传感器判断托盘的位置与状态，自动实现托盘的进出、到位和停止作业。

地面 AGV 可实现地面多工位托盘单元货物调拨，可完成货物进库上架作业，可实现多种入库模式操作。地面 AGV 如图 8-3 所示。

图 8-3　地面 AGV

穿梭车式货架系统由瑞典 EAB 公司最先发明，大福、DEMATIC、KNAPP、TGW 等物流系统集成商也开发了相应的产品。2000 年，日本和欧洲开始应用双向穿梭车；2013 年，欧洲开始应用四向穿梭车。

2009 年，穿梭车进入中国市场，国内的世仓、英锋、华章、兰剑、音飞、伍强科技等公司自主研发两向、四向穿梭车。

视野拓展

2023 年，音飞储存集团为浙江双枪科技股份有限公司提供了智慧仓储项目建设服务，智能仓储主功能区约 5 000m^2；包括两套堆垛机立体库，层数为 6 层，整体规划 7 台双深位堆垛机，堆垛机仓库总货位 8 658 个；三台环穿 RGV 仓储系统；以及 WMS、WCS 等智慧软件系统；实现了整体仓储系统可视化、数字化、智能化运营及管理。

8.3 智慧配送物流系统

8.3.1 智慧配送物流系统的概念

智慧配送物流系统是指利用系统集成技术，使物流系统能模仿人的智能，具有思维、感知、学习、推理判断和自行解决物流经营问题的能力，从而提高运输效率和服务质量的管理系统。

8.3.2 智慧配送物流系统的功能

智慧配送物流系统主要包括以下功能模块：

（1）准确投递　通过 AI 算法自动识别客户的目的地，确保准确投递。

（2）运能预测和优化　实时获取线路运能情况，利用 AI 进行配送运能预测，线路优化，线路调度响应，避免异常发生。

（3）配送资源调度决策　利用 AI 测算站点与自提柜资源情况，合理利用末端派送资源，辅助管理人员，甚至取代管理人员做出决策。

（4）配送场景设计　根据不同的配送场景，选择智能配送设备，设计配送方案，提高快递服务业的服务质量和服务效率。

8.3.3 智慧配送物流系统的构成

智慧配送物流系统包括软件系统与硬件系统两大部分。

1. 软件系统

软件系统包括全球定位系统、地理信息系统、电子数据交换系统、基于位置的服务系统、电子自动订货系统、销售时点信息系统、货物跟踪系统和自动分拣系统。

2. 硬件系统

硬件系统包括无人配送车、配送无人机、智能储物柜和地下智慧物流管网。

视野拓展

菜鸟智慧城市配送物流系统成功入选商业科技创新应用优秀案例

2023 年 1 月 30 日，商务部召开全国电子商务工作视频会议，会上发布了全国首批商业科技创新应用优秀案例，菜鸟智慧城市配送物流系统成功入选。菜鸟通过将“时空 AI 预测能力”应用到城市内物流预测问题中，基于自研的深度时空预测模型，大幅改善时效和路径预测准确度，提升配送服务质量，各场景下的预估准确度比业界同类方法提升 15%。

8.3.4 智慧配送装备系统

智慧配送装备系统即智慧配送物流的硬件系统。

1. 无人配送车

无人配送车也叫配送机器人，是指基于移动平台技术、全球定位系统、智能感知技术、智能语音技术、网络通信技术和智能算法等支撑，具备感知、定位、移动、交互能力，能够根据用户需求，收取、运送和投递物品，完成配送活动的机器人。

配送是智慧配送物流系统的终端部分。无人配送车面对的配送场景非常复杂，需要配送机器人具备智能化，具有自主学习的能力。[㊀]

（1）快递配送

1）菜鸟小 G。菜鸟小 G 具备规划路线、避让行人、识别红绿灯、感知电梯拥挤程度、自行乘坐电梯等功能。一次能装载 10 个包裹，到达目的地的时候自动向收件人发送取件信息，并在屏幕上显示收件二维码，取件人扫码后，即可取件，如图 8-4 所示。

图 8-4 菜鸟小 G

2）京东小白。车体与箱柜分离，一次能装载 30 个包裹，能根据物品的尺寸调整柜子的大小。收货人可通过面部识别、取货码、链接等方式取货。

㊀ 韩东亚，孙颖荪. 智慧物流概论 [M]. 合肥：中国科学技术大学出版社，2023：73—80.

（2）生鲜配送

1）苏宁卧龙一号。卧龙一号高约 1m，可承重 30kg，避障能力强，可自动规划最优绕行路径，配送速度达到 12km/h，能完成苏宁小店周边社区 3km 范围内的订单配送，实现 1h 生活圈即时服务，保证生鲜果蔬、日常用品均能及时送到，如图 8-5 所示。

图 8-5　苏宁卧龙一号

2）Nuro R-1。L4 自动驾驶，可在市政道路行驶，配送速度为 30 ～ 40km/h，可承载 113kg 货物，车身有 8 个或以上摄像头，具备红绿灯识别、行人识别、自动变道、自主通过四向停车路口等功能。

（3）外卖送餐

1）饿了么万小饿。万小饿具备自主设置路线、自主上下电梯功能，能应对多种路面情况，设有三层恒温箱，可冷热分离放置。客户端收到订单后，万小饿启动配送，到达楼层后告知用户，用户取餐后完成配送，随后返回。

2）美团小袋。小袋从美团 App 上获取外卖订单信息，待外卖小哥投递餐品后开始配送，与电梯系统连接后可在楼宇内进行餐饮配送，如图 8-6 所示。

图 8-6　美团小袋

（4）医院物流

1）诺亚医院物流机器人。诺亚医院物流机器人（简称诺亚）主要用于配送药品、标本、手术室器械等，分为整体封闭式和全开放式两种。医护人员在终端系统下单，库管人员配货，诺亚配送。诺亚在配送途中能识别障碍物与人群，能语音提醒人群避障。

2）钛米自动配送机器人。钛米自动配送机器人主要用一体箱运输高级耗材，用抽屉式药柜配送普通耗材和药品，用冷链配送需要冷藏的药品、检验样本或者医疗器械，用推车配送手术前所需被服、器械包等，由医护人员通过扫码或者指纹识别取出，如图 8-7 所示。

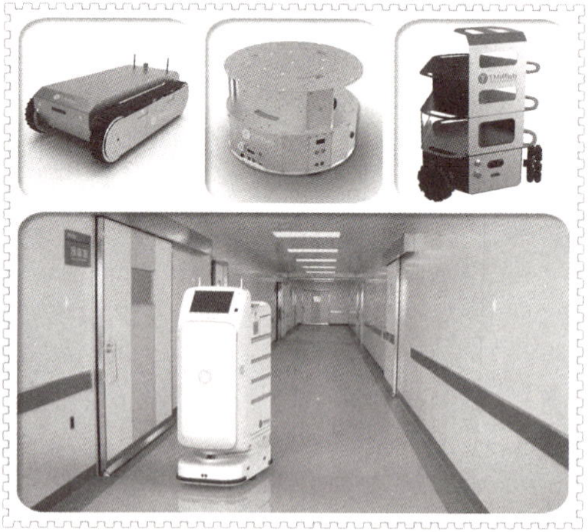

图 8-7　钛米自动配送机器人

（5）酒店服务

1）“润”。“润”是云迹公司研发的服务机器人，人们可通过语音下达运送命令。工作人员完成配货并输入房间号，机器人在送达指定地点时会自动拨打电话通知取货，并在收货人取货后自动返回。“润”具备自由移动、避障、自主乘电梯、陪人闲聊、导航引路和物品配送功能。

2）“太空蛋”。“太空蛋”是阿里巴巴研发的服务机器人，为客人提供餐饮服务，可通过语音、触摸或手势交流，设有两束激光，提醒用户其行驶路线，舱门为密闭感应式，到达配送房间后语音提示客人取货，如图 8-8 所示。

图 8-8　“太空蛋”

2. 配送无人机

无人机配送是指利用无人机技术进行物品配送和运输的方式。配送无人机是指用于物流和配送服务的无人驾驶飞行器。

相对于地面运输，无人机配送具有方便、高效、节约土地资源和基础设施的优点，适用于交通资源紧张的城市拥堵区及偏远地区。相对于航空运输和直升机运输，无人机配送具有成本低、调度灵活等优点，可以降低飞行员和机组成员的人工成本。无人机适合小批量、高频次的飞行，质量低于 2.7kg 的包裹都适合无人机配送。基于大数据处理技术，利用互联网＋无人机、机器人等技术，能够实现产能协同和运力优化。

（1）大载重、中远距离支线无人机运输　支线无人机的送货直线距离一般在 100 ～ 1 000km，吨级载重，续航时间达数小时，主要应用于跨地区货运，边防哨所、海岛物资运输，物流中心之间的货运分拨等。顺丰无人机如图 8-9 所示。

（2）末端无人机配送　末端无人机配送的空中直线距离在 10km 内，载重在 5 ～ 20kg，单程飞行时间为 15 ～ 20min，比如派送急救物资和医疗用品、派送果蔬等农产品。末端无人机如图 8-10 所示。

图 8-9　顺丰无人机

图 8-10　末端无人机

（3）无人机仓储管理　在大型高架仓库中，可使用无人机进行高架储区的检视和货物盘点；在集装箱堆场、散货堆场，可使用无人机进行物资盘点或检查巡视。仓储无人机如图 8-11 所示。

图 8-11　仓储无人机

3. 智能储物柜

智能储物柜是一款基于物联网的，能够对物品（快件）进行识别、暂存、监控和管理的设备，与PC服务器一起构建投递箱系统。它是一种新型的网络电子寄存柜，能够使电子商务网站与分布在各地的电子寄存柜形成一个完整的电子商务系统。

2015年，国务院发布了《关于积极推进“互联网+”行动的指导意见》，鼓励发展社区自提柜、冷链储藏柜、代收服务点等新型社区化配送模式。2018年，中央一号文件颁布，鼓励地方将推广智能快件箱纳入全民服务、民生工程等项目。

智能储物柜除了方便收件外，还能实现寄件操作，方便了收寄件操作。

智能储物柜集成语音识别、指纹识别、人脸识别、二维码扫码、密码开锁、智信提醒、定时送货、拿货提示等技术，可减少人员接触、避免交叉感染，还可以满足消费者的差异化服务需求。

智能储物柜可作为公检法物证柜使用，用来存储物证、案卷等资料。物证柜通过可靠的通信协议将公安网络数据与平台系统对接，使每一个案件卷宗自动生成一个二维码并与负责人关联，扫描二维码才能打开智能柜。

4. 地下智慧物流管网

地下智慧物流管网是通过使用自动导引车、两用卡车或者胶囊小车等运载工具，以单独或编组的方式在地下隧道或管道等封闭空间全自动化地运输货物，将货物配送到各终端的运输和供应系统。京东地下智慧物流管网如图8-12所示。

地下智慧物流管网系统

图8-12　京东地下智慧物流管网

地下智慧物流管网系统与客流系统分离，实现人货分流，保障交通安全；设施设备大部分应用在地下，能有效地减少对地面交通资源的占用；货物运输采用自动化输送设备，无人化运行，提高转运效率；运输工具主要是AGV、类火车系统或者胶囊体；地下设施有隧道、轨道、管道、专用集卡通道等；物流节点是用于进行货物接收、分拣、发运、存取的终端或物流中心节点；控制系统可实现车辆调度、应急处理和网络的发展建设等。

我国广州、上海、北京、雄安等地都在进行智能配送新体系建设，利用地下管廊与楼宇自动连接，实现货物全流程自动化流转，从而方便取件。

素养园地

2024年2月3日，新华社发布《中共中央 国务院关于学习运用“千村示范、万村整治”工程经验有力有效推进乡村全面振兴的意见》，就“三农”物流及相关产业链领域提出了指导性意见。

请你查阅人工智能技术、5G技术相关论述，谈谈先进的智慧物流技术对乡村物流系统发展的助推作用。

技能训练

请你选择一件物品，通过智能储物柜寄出，并跟踪物品运输轨迹，谈谈对快递物流智慧度的认识。

同步测试

一、判断题

1. 智慧运输物流系统是指利用物联网、大数据、人工智能等技术，实现物流运输过程的自动化、信息化和智能化，提高运输效率和服务质量的管理系统。 (　　)
2. 最早的智慧物流运输系统是“现代化公路”。 (　　)
3. 智慧运输管理系统被称为“ITMS”。 (　　)
4. 自主式驾驶辅助系统分为预警类系统与控制类系统。 (　　)
5. 搬运系统包括AGV、RGV、机器人、堆垛机、穿梭车和提升机。 (　　)
6. 典型的智慧仓储装备系统包括自动化立体仓库系统和穿梭车式密集仓储系统。 (　　)
7. 无人配送车又称为配送机器人。 (　　)
8. 智能储物柜只能方便收件，不能实现寄件操作。 (　　)
9. 美国是最早研究地下物流系统的国家。 (　　)
10. 地下智慧物流管网系统与客流系统分离，实现人货分流，保障交通安全。 (　　)

二、单选题

1. 最早的交通智能化起源于20世纪(　　)年代。

A. 50　　B. 60　　C. 70　　D. 80

2. 英国于1927年开通了(　　)。

A. 空中邮局　　B. 马背邮局　　C. 邮局地铁　　D. 海上邮局

3. 大型高架仓库中可使用（　　）进行高架储区的检视和货物盘点。

A. 无人叉车　　B. 无人货车　　C. 无人仓　　D. 无人机

4. 智慧配送物流系统通过（　　）自动识别客户目的地，确保准确投递。

A. AI 算法　　B. 大数据　　C. 量子计算机　　D. 射频技术

5. 穿梭车是智能机器人，可通过应用 RFID、（　　）技术、编程，实现取货、运送、放置自动化功能。

A. 条码识别　　B. AI 算法　　C. 大数据　　D. 智能识别

三、多选题

1. ITMS 系统的核心功能包括（　　）。

A. 智能调度　　B. 运输执行

C. 运费自动对账结算　　D. 高效快速

2. 智慧物流系统整合各种数据源等，以支持（　　）。

A. 数据分析　　B. 数据清洗　　C. 数据可视化　　D. 决策制定

3. 智慧仓储物流系统的功能包括（　　）。

A. 仓储管理　　B. 出 / 入库管理

C. 在库管理　　D. 数据统计

4. 自动化立体仓库是一种多层储存物品的高架仓库系统，也称为自动存取系统，一般由（　　）、仓库管理系统及其周边设备组成，它能实现自动化保管和管理。

A. 高层货架　　B. 巷道堆垛起重机

C. 出入库输送系统　　D. 自动化控制系统

5. 智慧配送物流系统的硬件系统包括（　　）。

A. 无人配送车　　B. 配送无人机

C. 智能储物柜　　D. 地下智慧物流管网

四、简答题

1. 智慧运输物流系统的功能主要包括哪些模块?

2. 智慧仓储物流系统的功能主要包括哪些模块?

3. 智慧配送物流系统的功能主要包括哪些模块?

4. 随着科技的不断发展，未来的智慧物流系统还会使用哪些技术?

5. 一般来讲，智慧物流系统包含哪些系统?

五、论述题

1. 试述智慧运输物流系统的构成。

2. 试述智慧仓储物流系统的构成。

单元9 智慧供应链特色系统的运作

知识目标

- 了解智慧制造供应链系统的含义
- 理解智慧制造供应链系统的关键特征及运作
- 了解智慧服务供应链系统的含义及环节
- 熟悉智慧农业供应链系统的含义、核心技术
- 掌握智慧农业供应链系统的应用

技能目标

- 能够描绘智慧农业供应链系统的应用
- 能够识别智慧制造供应链系统的运作方式
- 能够辨认智慧农业供应链系统的核心技术
- 能够辨析智慧服务供应链系统的环节

素养目标

- 培养对互联网+的认识，提升对产业升级的认识
- 培养服务创新意识，强化对新型供应链运作模式的思考

思维导图

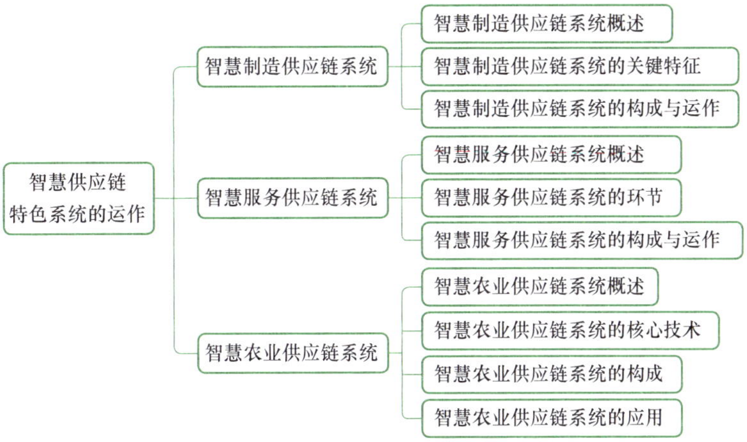

情景案例

信息化与工业化深度融合，加速产业变革

《中国制造2025》指出，全球制造业格局面临重大调整，新一代信息技术与制造业深度融合，正在引发影响深远的产业变革，形成新的生产方式、产业形态、商业模式和经济增长点。各国都在加大科技创新力度，推动三维（3D）打印、移动互联网、云计算、大数据、生物工程、新能源、新材料等领域取得新突破。基于信息物理系统的智能装备、智能工厂等智能制造正在引领制造方式变革；网络众包、协同设计、大规模个性化定制、精准供应链管理、全生命周期管理、电子商务等正在重塑产业价值链体系；可穿戴智能产品、智能家电、智能汽车等智能终端产品不断拓展制造业的新领域。我国制造业转型升级、创新发展迎来重大机遇。

《中国制造2025》明确了九大战略任务和重点——提高国家制造业创新能力、推进信息化与工业化深度融合、强化工业基础能力、加强质量品牌建设、全面推行绿色制造、大力推动重点领域突破发展、深入推进制造业结构调整、积极发展服务型制造和生产性服务业、提高制造业国际化发展水平。

推进信息化与工业化深度融合战略任务，要求推进制造过程智能化。在重点领域试点建设智能工厂/数字化车间，加快人机智能交互、工业机器人、智能物流管理、增材制造等技术和装备在生产过程中的应用，促进制造工艺的仿真优化、数字化控制、状态信息实时监测和自适应控制。加快产品全生命周期管理、客户关系管理、供应链管理系统的推广应用，促进集团管控、设计与制造、产供销一体、业务和财务衔接等关键环节集成，实现智能管控。加快民用爆炸物品、危险化学品、食品、印染、稀土、农药等重点行业智能检测监管体系建设，提高智能化水平。

思考：

基于《中国制造2025》的内容，信息化与工业化的深度融合已经成为国家战略任务和重点，请你根据对制造业发展的认知，谈谈如何将供应链管理系统与智慧制造进行深度融合。

9.1 智慧制造供应链系统

9.1.1 智慧制造供应链系统概述

智慧制造供应链系统是一种集成了智慧制造技术和供应链管理的系统。

智慧制造供应链系统将智慧制造技术与供应链管理相结合，通过数据整合、即时反馈和智能协同等方式，实现供应链全过程的数字化、网络化和智能化。它帮助企业提高供应链的效率、灵活性和适应性，提供了更高的竞争优势。

智慧制造通过整合信息技术和物理系统，实现了生产过程的数字化、网络化和智能化。智慧制造的兴起对传统供应链管理提出了新的要求和挑战。因此，理解智慧制造供应链系统的定义成为一个重要的研究领域。

1. 传统供应链管理的局限性

传统供应链管理主要关注物流、库存和运输等方面，忽视了信息和数据的重要性，而且缺乏灵活性和适应性。这些局限性在复杂的市场环境中变得更加明显，无法满足现代企业对供应链的要求。

2. 智慧制造供应链系统的基本功能

智慧制造供应链系统的基本功能包括以下几个方面：

（1）数据整合　智慧制造供应链系统通过整合各个环节的数据，包括供应商、生产厂家、物流公司和销售渠道等，拓展了供应链的经营视野。这使得企业能够更好地预测市场需求、优化库存管理和降低运营成本。

视野拓展

“数商云”助力智慧供应链管理系统整合

“数商云”是一家供应链系统开发服务商，它通过供应链系统整合将传统的企业职能管理从单个企业扩展到整个智慧供应链中的各个企业，通过战略性整合智慧供应链管理系统，提升了整个供应链上所有企业的效率。

（2）即时反馈　智慧制造供应链系统通过实时监测和分析数据，及时反馈供应链中的问题和风险。这使企业能够更快地做出决策，并采取相应的措施来应对市场变化和供应链中的不确定性。

（3）智能协同　智慧制造供应链系统通过智能算法和人工智能技术，实现了各个环节之间的协同和配合。这使企业能够更好地优化生产计划、减少缺货和损耗。

视野拓展

智能供应链系统的发展

智能供应链系统是现代制造业供应链的重要组成部分，其发展经历了从自动化到信息化再到智能化的过程。早期，人们认为自动化等同于智能，但随着科技的不断进步，智能已经演变成融合自动化、信息化、网络化等多种技术于一体的综合系统。简单来说，智能就是自动化加上信息化。

很多先进的现代制造业供应链系统已经具备了信息化、数字化、网络化、集成化、智能化、柔性化、敏捷化、可视化、自动化等先进技术特征。以智能技术在供应链上应用的具体体现来看，智能供应链系统和网络应用了先进的技术手段，如红外技术用于物体的非接触式测温与检测、激光技术用于物体的精确定位和测距、无线技术实现了设备之间的远程通信、编码技术用于对产品进行编码识别、认证技术用于对设备进行唯一标识、自动识别技术用于自动辨识产品信息、定位技术用于准确追踪物流信息、无接触供电技术用于设备的电力供应、光纤技术用于高速数据传输、大数据技术用于对海量数据的处理和分析、传感器技术用于监测环境和物流信息、RFID技术用于实时跟踪产品位置、无线传感网络技术用于实现设备之间的无线通信、卫星定位技术用于全球范围的定位等。这些高新技术的应用使智能供应链系统能够更加高效、灵活、可靠地管理和控制供应链流程，提高生产效率和降低成本。

飞力达智慧制造供应链管理服务平台如图9-1所示。

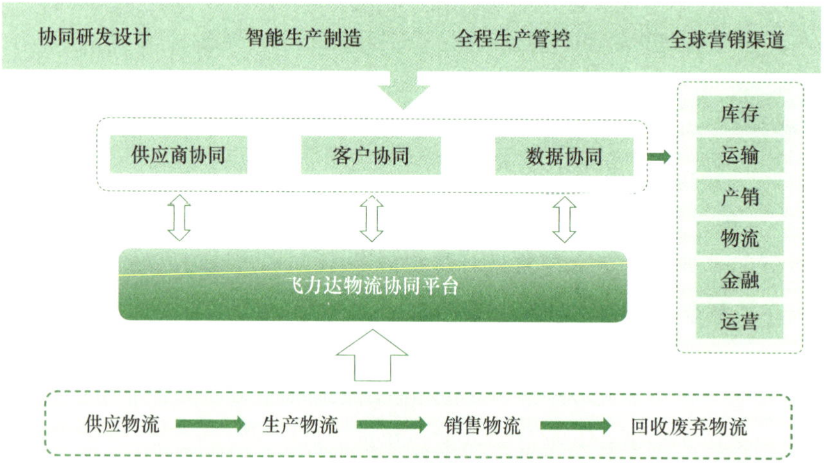

图9-1　飞力达智慧制造供应链管理服务平台

智慧制造供应链系统是现代企业实现数字化转型和智能化生产的重要手段。在物料搬运领域，传统制造供应链系统与智慧制造供应链系统产生了明显的区别（见表9-1）。

表9-1　传统制造供应链系统与智慧制造供应链系统的区别

项　　目	传统制造供应链系统	智慧制造供应链系统
多样性	只提供简单的位移	提供更多的增值服务
主动性	被动服务	主动服务
信息化	实行人工控制	实施信息管理
全面性	单一的环节管理	整体的系统优化

9.1.2　智慧制造供应链系统的关键特征

智慧制造供应链系统的关键特征

1. 信息化特征

（1）实时数据共享与协同　在智慧制造供应链系统中，实时数据共享与协同是关键特征之一。这种特征使不同环节的参与者能够实时共享和传递数据，实现信息的及时流通和有效协同，极大地提高了供应链系统的运作效率和准确性，加强了参与者之间的紧密合作和协调，提升了供应链系统的稳定性和可靠性，同时降低了潜在的风险和损失。

实时数据共享能够使供应链系统中的各个参与者及时获取最新的数据信息，帮助参与者更好地进行决策和安排工作，提高整个供应链系统的响应速度和准确性。通过共享数据，各个参与者可以对整个供应链系统进行实时监控和调整，有效避免供应链系统中的断层和延误，提高系统的稳定性和可靠性。此外，实时数据共享与协同还可以帮助各个参与者更好地预测和应对风险。

（2）数据分析与决策支持　数据分析与决策支持在智慧制造供应链系统中发挥着重要作用。应用大数据分析和人工智能等先进技术，可以对海量的数据进行深入挖掘和分析，提取出有价值的信息。这些信息为决策者提供了科学依据和智能化支持，帮助他们更好地了解市场需求和供应链状况，并做出精准的决策，提高供应链的运作效率和灵活性。例如，百胜智慧制造供应链系统有效整合了协同供应链管理、智慧制造和价值链共享，如图 9-2 所示。

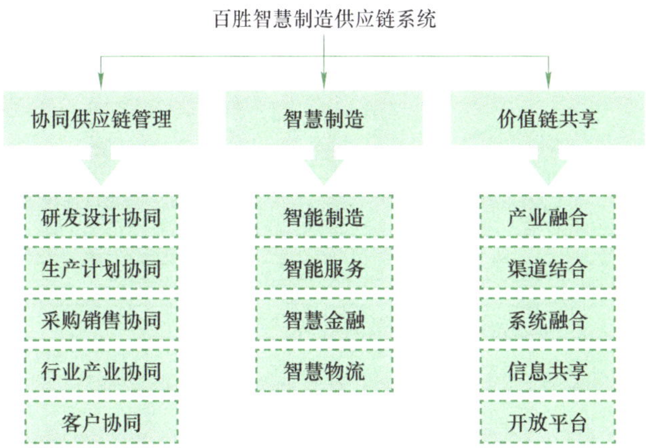

图 9-2　百胜智慧制造供应链系统

2. 协同化特征

通过建立供应链网络和信息平台，企业和供应链伙伴可以实现实时的信息共享和协同合作。通过协同合作，企业可以与供应链伙伴共同解决问题，提高供应链的整体效益。

（1）多方参与与协同合作　智慧制造供应链系统的协同化特征体现在多方参与和协同合作上。通过建立共享平台和信息交流机制，各参与方可以实现有效的协同合作，共同优化资源配置和生产流程，提高整体供应链的效益和竞争力。

多方参与是智慧制造供应链系统协同化特征的基础。不同于传统供应链系统中存在的信息不对称和资源浪费问题，智慧制造供应链系统中的每一个环节都能够得到及时的信息反馈，并能够根据需求进行相应的调整。协同合作是智慧制造供应链系统协同化特征的核心。建立信息交流机制，各参与方可以及时地获取供应链系统中其他环节的信息，从而更好地进行协调和合作。智慧供应链协同云平台示例如图 9-3 所示。

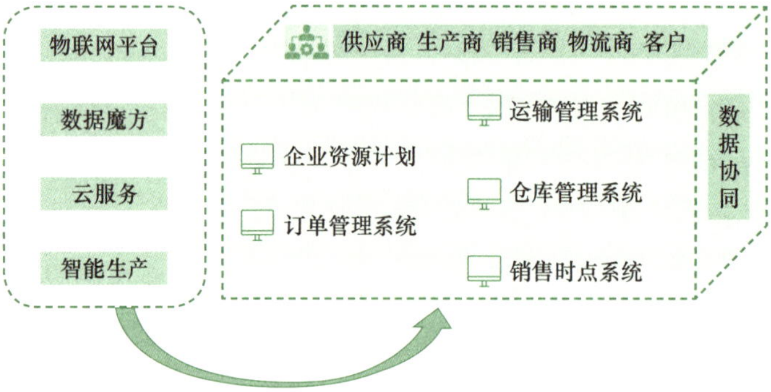

图 9-3　智慧供应链协同云平台示例

（2）伙伴关系与合作共赢　智慧制造供应链系统还强调构建伙伴关系和实现合作共赢：通过与供应商、合作伙伴和客户建立紧密的合作关系，实现资源共享和利益互补，共同推动供应链的发展和创新；通过多方参与和协同合作，供应链系统能够更好地利用现有资源，优化资源配置和生产流程。这样一来，不仅能够降低资源的浪费，还能够提高供应链系统的生产效率和产品质量。同时，也能够提高供应链系统的竞争力，使企业在市场竞争中获得更大的优势。多方参与协同合作的优势如图 9-4 所示。

图 9-4　多方参与协同合作的优势

视野拓展

智慧制造践行全球合作使命

2023 年 11 月 6 日，第六届中国国际进口博览会在上海举行。中国国际进口博览会是世界上第一个以进口为主题的国家级展会，旨在展示中国坚定支持贸易自由化和经济全球化的决心，成为推动高水平开放的平台。本届进口博览会以“新时代，共享未来”

为主题，吸引了来自154个国家、地区和国际组织的贵宾，超过3 400家企业参展，其中世界500强和行业龙头企业数量达到历届最高水平。

在技术装备展区中，罗克韦尔自动化中国区销售及渠道高级副总裁施展武与来自全球各企业的负责人共同探讨了推动制造业数字化、智能化和绿色化发展的可行路径，并展现了罗克韦尔自动化积极推动战略合作的决心。博览会为期6天，其间罗克韦尔自动化还举办了多场关于创新产品及解决方案的发布活动和战略合作签约仪式。此举旨在与大基建、计算机软件和工业自动化等领域的生态伙伴合作，通过跨界创新来塑造价值，为产业链上下游企业提供智能制造转型升级的支持。罗克韦尔自动化将充分发挥生产性、服务性链主企业的引领作用，打造跨界合作，打造“净零供应链”，重塑供应链格局。

3. 实时化特征

（1）实时监控与追踪　通过使用传感器、物联网和云计算等技术，可以实时监测物流环节的各种参数和指标，并及时追踪物流商品的位置和状态。这种实时监控与追踪技术可以帮助企业管理者及时了解商品在供应链中的运输情况，以及仓库的库存情况。它能够提供物流环节的实时数据，如温度、湿度、运输时间等，从而确保货物的安全和质量。同时，通过实时追踪，可以及时发现和解决物流中的问题，减少延误和损失。

（2）实时调度与响应　智慧制造供应链系统利用实时数据和智能算法，可以不断地监控和分析市场需求、生产能力、运输状况等信息，并根据实时情况做出相应的调度和决策。

具体来说，智慧制造供应链系统可以实时获取各个环节的数据，包括订单量、库存状况、运输时间等。通过对这些数据进行分析和处理，系统可以实时地了解当前的物流任务情况，以及各个环节的瓶颈和限制因素。利用智能算法，根据实时数据进行优化调度，将任务分配给最合适的资源，并实时监控任务的执行情况。另外，智慧制造供应链系统还具有快速响应能力。当面对突发事件或者市场需求变化时，系统可以快速做出相应的调整和决策，以适应新的情况。例如，当某个运输环节出现问题或者某个产品的需求量增加时，系统可以及时进行调度和重新分配资源，以保证物流任务的顺利进行。

4. 智能化特征

（1）自动化与智能控制　通过引入机器人技术和智能设备，可以实现生产线的自动化操作，减少人力成本和生产时间，并提高产品质量和一致性。通过利用物联网技术和无人机等智能设备，可以实现货物的智能化追踪和管理，提高物流与仓储的效率和准确性，降低运输成本和仓储成本。

（2）智能预测与优化　智慧制造供应链系统利用大数据分析、人工智能和机器学习等技术，可以从大数据中学习和发现模式，并对供应链中的各个环节进行预测和优化。通过分析历史数据和趋势，系统可以预测供应链中可能出现的问题，预测需求的变化，并提前做出调整。这有助于企业更有效地调配资源，避免过剩或不足的情况发生，提高供应链的效率和灵活性。

9.1.3 智慧制造供应链系统的构成与运作

1. 智慧制造供应链系统的构成

（1）物联网和传感器技术　通过物联网和传感器技术，实现对制造环境、设备和产品的实时监测和数据采集。这些数据提供了生产过程中的关键信息，有助于实现智能化的制造和供应链管理。

（2）数据管理和分析平台　建立数据管理和分析平台，对采集到的数据进行存储、处理和分析。此平台可以应用数据挖掘、机器学习和人工智能等技术，实现对生产数据的预测、分析和优化。

（3）制造执行系统　制造执行系统是智慧制造供应链系统中关键的组成部分，用于管理生产计划、调度和监控。它能够实时跟踪和控制生产过程中的各个环节，确保生产任务的顺利执行。

（4）供应链管理系统　供应链管理系统用于协调和管理供应链中的各个环节，包括原材料采购、生产计划、库存管理和物流协调等。通过智能化的供应链管理，实现供需匹配和减少库存成本。

（5）客户关系管理系统　客户关系管理系统用于管理和维护与客户之间的关系，包括销售、市场营销和售后服务等。通过客户关系管理系统，实现与客户的有效沟通和需求管理。

（6）智能制造设备和机器人　智慧制造供应链系统依赖智能制造设备和机器人的应用，通过自动化的生产设备和机器人系统，提高生产效率和质量，并减少人为操作的风险和误差。

（7）数据安全和网络通信　智慧制造供应链系统需要建立安全的数据存储和传输机制，保障数据的安全性和保护隐私，构建稳定可靠的网络通信基础设施，保证各组成部分之间的高效通信和协同工作。在智慧制造供应链系统中（见图 9-5），围绕数据安全和网络通信，有效整合智能制造设备和机器人、物联网和传感器技术、客户关系管理系统、数据管理和分析平台、供应链管理系统、制造执行系统，协同工作，以保证数据的安全和网络通信的畅通。

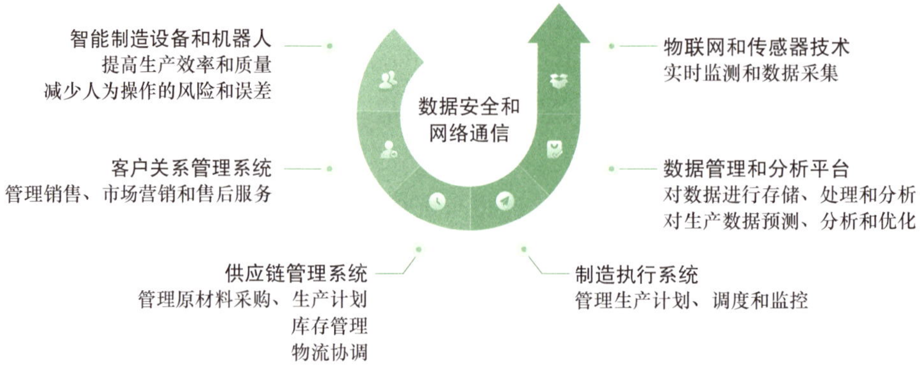

图 9-5　智慧制造供应链系统的构成

视野拓展

制造业供应链管理定制化

"益邦供应链"是一家专注于为制造业提供定制化供应链协同管理方案的服务商。为了实现供应链协同，企业需要打通不同系统之间的连接，搭建智能供应链协同云平台，以实现内部协同。这涉及将企业资源计划系统与运输管理系统等系统连接起来，对接电子商务的大数据，包括实时订单数据和需求预测数据等。此外，企业还可以利用第三方电子商务平台，如慧业网，实现与企业资源管理计划系统的无缝对接，以促进供应链协同。"益邦供应链"为制造业提供了多样化的仓配一体解决方案，如跨境仓配、线上与线下库存融合和多渠道共享仓配等。通过供应商管理库存以及相关的托管仓、超级一体化仓、定制配和全网配等产品，实现了国内国外、线上与线下多平台、多渠道库存的一体化仓配管理。这为制造业提供了从采购、生产到销售的一站式供应链管理解决方案。

2. 智慧制造供应链系统的运作

智慧制造供应链系统通过信息技术和智能化手段来优化制造业供应链的管理和运作，实现生产过程的智能化和高效化。智慧制造供应链系统包括供应商管理系统、生产管理系统、销售管理系统等。这些系统通过信息共享和数据分析相互关联，形成一个完整的供应链管理网络。

智慧制造供应链系统的运作方式有很多种，在智慧供应链一体化方案设计、供应商库存管理、"线边物流"等方面均有应用。下面以"线边物流"为例进行介绍。

"线边物流"是指针对生产线加工制造所提供的一种重要的物流服务。它从车间入口的物料交接区开始，经过物料缓存区，延伸至生产线的每个工位，并涉及上游工位到下游工位之间的物料运转，以及逆向物流中的器具和物料流动，直至成品下线并暂存于车间内，如图 9-6 所示。

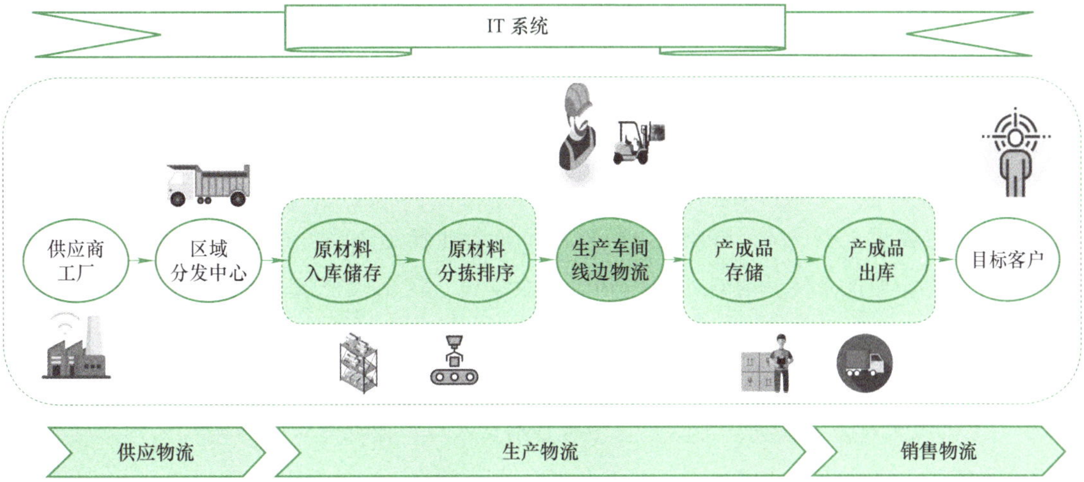

图 9-6　"线边物流"在智慧制造供应链系统中的应用

在整个生产过程中，“线边物流”是厂内物流的核心，也是最为复杂的部分。它的目标是使生产线在高效、顺畅、经济的状态下运行。为实现这一目标，“线边物流”需要满足以下几个方面的需求：

1）“线边物流”要能够按照生产计划，及时将物料送达生产线上的各个工位。这需要进行良好的物料运输管理，确保物料的准确性和及时性。

2）“线边物流”还需要提供物料的缓存区，以便在生产线工位需要时能够快速获取所需的物料。这有助于减少生产线的停机时间，并提高生产效率。

3）“线边物流”需要管理好上游工位和下游工位之间的物料运转。在生产过程中，物料需要从一个工位流向另一个工位，而“线边物流”的任务就是确保这个过程能够顺利进行。

4）“线边物流”还涉及逆向物流的管理，即成品下线后的物料回收和处理。这包括对器具和物料的再利用或处理，以减少资源的浪费。

5）“线边物流”要考虑车间内的暂存区管理。在生产过程中，可能会出现一些临时性的问题，需要暂时存放物料。这就需要合理规划暂存区，确保物料能够被妥善地保管和管理。

“线边物流”在车间内为生产线加工制造提供了重要的物流服务。它不仅涉及物料的运输和缓存，还包括上游工位到下游工位之间的物料运转、逆向物流的管理，以及车间内的暂存区管理。科学有效的“线边物流”管理，可以提高生产线的效率和质量、降低成本，为企业创造更大的价值。

视野拓展

劢微机器人助力汽车零部件制造，物流效率提升

汽车内饰一直是汽车竞争的重点，而皮革作为常用的包覆材料和品质代表，在销售时起着重要作用。随着汽车厂商对内饰品质的要求越来越高，很多汽车零部件生产企业通过智能制造来提升市场竞争力。场内智能物流解决方案提供商劢微机器人的客户A公司是汽车座椅皮革行业的领导者之一，集真皮制造、裁断加工和销售于一体，在汽车行业享有盛誉。然而，在内部物流升级方面，A公司面临一些挑战。为了解决这些问题，他们采用了劢微机器人的无人叉车解决方案，实现了汽车皮革成品仓库的自动化输送。

A公司面临的主要问题有：传统的人工搬运模式劳动强度大、协同效率低，仓库货物进出频繁、数据不透明、找货效率低，招工难、用工贵。这些问题让A公司陷入困扰，因此需要更好地降低成本并提高效益。

以“堆高式无人叉车MW-SL14”为核心的硬件解决方案，结合仓储管理系统、设备控制系统和调度系统，实现了智能物流的自动化。这不仅使汽车皮革成品仓库的运作变得更加高效，还进一步提高了仓库的存储密度，从而帮助企业降低成本并提高效益。这个方案实现的成效如下：

1）引入无人叉车系统，实现了货物的自动出入库，使机器人24h无人化作业成为可能。降低了企业的经营管理成本，提升了整体搬运效率。

2）软硬件一体化交付，实现了货物数据的追溯跟踪。企业可以随时了解物流进度，进行异常监控，使管理更加透明、便捷和高效。

3）智能物流是智能制造不可或缺的一环，高效有序的场内物流是确保高品质生产的重要保障，也有助于工厂的精益化管理，提升企业的竞争力。

9.2　智慧服务供应链系统

9.2.1　智慧服务供应链系统概述

1. 智慧服务供应链系统的含义

智慧服务供应链系统是一种集成了现代信息技术和创新管理理念的系统。智慧服务供应链系统通过信息技术和智能化手段来提升服务业供应链的效率和质量，满足消费者的个性化需求和提供优质的服务体验。

智慧服务供应链系统的核心是建立一个连接供应商、生产商、分销商和消费者的网络平台，通过物流、信息流和资金流的协同运作，实现供应链的高效运转和优化决策。同时，通过引入人工智能、大数据分析、云计算、物联网等技术，在供应链的各个环节提供智能化的监控、预测和调控，使其具备更强的响应能力和灵活性。

（1）满足消费者的个性化需求　在智慧服务供应链系统中，消费者个性化需求的满足是核心目标之一。通过技术手段，系统能够收集和分析消费者的偏好和需求信息，并将其转化为具体的产品或服务。这样，消费者可以得到更加符合自己需求的定制化产品和个性化服务，从而提升消费者的体验和满意度。

（2）提供优质的服务体验　智慧服务供应链系统还注重提供优质的服务体验。通过引入智能化技术，例如人工智能、大数据等，系统能够对服务过程进行实时监测和分析，及时发现和解决潜在的问题，从而提供更加高效和准确的服务。同时，系统还可以通过提供多种渠道和方式进行服务交互，如在线咨询、移动应用等，以方便消费者随时随地获取所需服务。

2. 智慧服务供应链系统的分类

智慧服务供应链系统可以基于不同的条件进行分类，以下是几种常见的分类方法：

（1）基于业务功能的分类　根据智慧服务供应链系统在业务上所涉及的功能，可以将其分为以下四类：

1）供应商关系管理系统（Supplier Relationship Management，SRM）：主要用于管理与供应商之间的关系，包括合作伙伴选择、采购流程管理、供应商评估等。

2）客户关系管理系统（Customer Relationship Management，CRM）：用于管理与客户之间的关系，包括市场开发、销售、售后服务等。

3）物流管理系统（Logistics Management System，LMS）：负责实现物流活动的计划、执行与控制，涉及物流信息的跟踪、仓储和运输等。

4）运营管理系统（Operation Management System，OMS）：主要用于协调和监控供应链中各个环节的运营活动，包括生产计划、库存管理、订单处理等。

（2）基于智能技术的分类　根据智慧服务供应链系统应用的智能技术，可以将其分为以下四类：

1）数据分析与预测系统：利用大数据分析和机器学习等技术，对供应链中的数据进行挖掘和分析，从而提供预测和决策支持。

2）自动化与机器人系统：通过引入自动化设备和机器人，实现供应链中不同环节的自动化操作，提高效率和减少人为错误。

3）物联网系统：通过物联网技术，实现对供应链中各个节点和物流信息的实时监测和追踪，提高可见性和可控性。

4）区块链系统：利用区块链技术，实现供应链数据的去中心化存储和共享，提高数据的安全性和可信度。

（3）基于供应链阶段的分类　根据智慧服务供应链系统在供应链阶段所处的位置，可以将其分为以下三类：

1）采购系统：涉及与供应商之间的交互和合作，主要负责供应商选择、采购流程管理和供应商绩效评估。

2）生产系统：包括生产计划、物料管理、生产过程控制等，确保生产活动的高效运行。

3）配送系统：主要负责物流管理和“最后一公里”配送，包括仓储管理、运输管理和配送服务等。

智慧服务供应链系统的分类如图 9-7 所示。

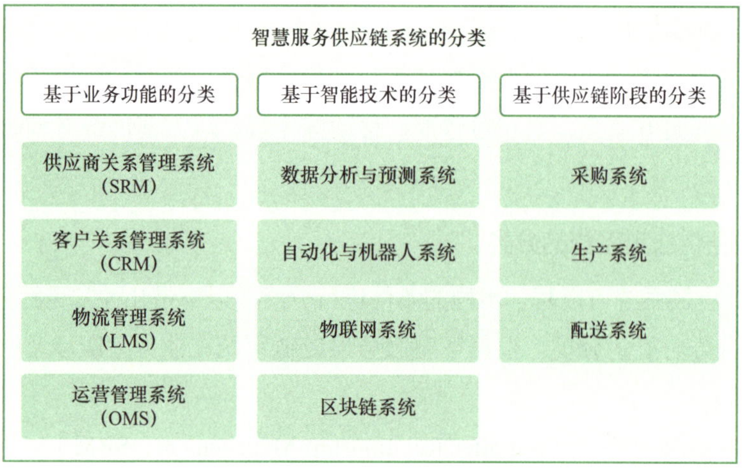

图 9-7　智慧服务供应链系统的分类

3. 智慧服务供应链系统的关键功能

智慧服务供应链系统是基于信息技术和智能化手段的一种供应链管理方式，旨在提升服务业供应链的效率和质量，满足消费者的个性化需求和提供优质的服务体验。优化供应链流程并关注消费者的需求，能够帮助企业实现良好的经营绩效，并赢得更多消费者的信任和忠诚度，其关键功能有五个方面，如图 9-8 所示。

智慧服务供应链系统的关键功能

图 9-8 智慧服务供应链系统的关键功能

（1）信息集成与共享 企业通过数据收集、整合和共享，实现供应链各方之间的实时信息交流和协同决策，提高信息透明度和准确度。

（2）计划与预测 企业通过运用先进的算法和模型，对供应链的需求、生产、库存和物流进行精准的预测和规划，降低库存成本和运输成本，提高供应链的效率和灵活性。

（3）供应商管理 企业通过对供应商的评估、选择和绩效监控，实现供应链上下游的紧密合作和优质资源的整合，提高供应链的稳定性和品质控制水平。

（4）订单管理与交付 企业通过智能化的订单接收、处理和跟踪系统，提供快速、准确的订单响应和交付服务，提高客户满意度和供应链的可信度。

（5）售后服务与反馈 企业通过建立完善的售后服务平台，及时响应客户的投诉和需求，提供个性化的服务体验和持续改进机制，增强客户忠诚度和口碑。

视野拓展

鲜易控股融合第一、二、三产业，形成智慧服务供应链系统

鲜易控股是一家旨在构建智慧生鲜供应链生态圈的产业互联网平台企业，旗下子公司包括众品食业、鲜易供应链、鲜易网和冷链马甲等，涵盖生鲜行业、温控供应链和垂直生鲜 B2B 电商等领域。鲜易控股在全国范围内建立了生产加工基地和温控供应链服务基地，致力提高生鲜产业链的效率和质量。鲜易实现了第一、二、三产业的全领域融合，贯通“农牧—制造—商贸”，形成了集合农牧采购、制造、分销、冷链物流、国际业务、供应链金融、技术咨询、数据连通、标准制定的强大智慧服务供应链系统，完成了“从牧场到餐桌”的全产业链业务。

9.2.2 智慧服务供应链系统的环节

智慧服务供应链系统包括服务需求识别、服务资源协调、服务执行和服务评估等环节。通过智能化技术的支持，可以实现服务过程的自动化和个性化。

1. 服务需求识别

服务需求识别是智慧服务供应链系统的第一个环节。通过收集和分析用户的需求信息，系统可以准确地识别用户的服务需求，并进行分类和优先级排序。智慧服务供应链系统利用人工智能技术和大数据分析方法，可以从海量的数据中提取有价值的信息，为用户提供个性化的服务建议和推荐。

2. 服务资源协调

服务资源协调是智慧服务供应链系统的关键环节。在服务需求识别之后，系统需要根据用户的需求，将服务资源进行有效的分配和调度。通过智能化的资源管理和调度算法，系统可以实现服务资源的最优配置，监控和管理服务供应商和服务执行者的工作情况，确保服务质量和效果。

3. 服务执行

服务执行是智慧服务供应链系统的核心环节。在服务需求识别和服务资源协调的基础上，系统需要对服务进行高效执行。通过智能化的服务执行流程和自动化技术，系统可以实现服务过程的自动化和标准化，提高服务的一致性和可靠性。同时，系统还可以根据用户的反馈和评价，及时调整和改进服务流程。

4. 服务评估

服务评估是智慧服务供应链系统的最后一个环节。通过收集用户的反馈和评价信息，系统可以对服务质量和效果进行评估和分析。系统利用数据挖掘和机器学习技术，可以从大量的评价数据中提取出有价值的信息，为服务供应商提供改进和优化建议。同时，系统还可以对服务供应商和服务执行者进行绩效评估和考核，从而提高整个供应链的运作效率和质量。

视野拓展

百世智慧供应链系统与全链路服务

数字化浪潮推动下的消费变革，促使供应链行业向数智化发展。智慧供应链数字化升级可以满足多渠道应用场景，百世智慧供应链系统为服装企业提供全链路数据支持，提供提前分仓与智能调度、销售与生产预测等不同场景，助力服装企业降本增效。

百世智慧供应链通过持续深耕服装供应链，为客户提供定制化的智能供应链系统和一站式运营服务。其通过优派服务，整合全市场的快递资源与服务商，并提供智能快递管理服务，实现运营质量和成本的最优组合。对于知名企业汇美集团，百世智慧供应链系统提供了全链路仓储配送服务，并在电商仓配一体化的基础上不断延展，实现线上与线下一体化的库存管理。此外，百世还通过自主研发的运输管理系统，实现门店配送全链路可视化，客户可以通过移动端 App 或微信小程序实时在线管理订单运输的全过程。运输服务融入区块链技术，实现全链路发货和收货环节的全程无纸化交接，提升信息安全和运营效率。

9.2.3 智慧服务供应链系统的构成与运作

1. 智慧服务供应链系统的基本构成要素

智慧服务供应链系统由以下要素构成：信息技术支持、合作伙伴管理、供需匹配与协调、客户需求预测与个性化定制以及服务质量控制。这些要素相互关联和相互作用，共同构成了智慧服务供应链系统的基础。

（1）信息技术支持　信息技术是智慧服务供应链系统的核心支撑，包括物联网、大数据分析、云计算、人工智能等技术。企业应用这些技术，可以实现信息的实时采集、分析和共享，从而提高供应链的可见性和协同性。

（2）合作伙伴管理　合作伙伴管理是智慧服务供应链系统中的重要要素，它涉及供应商、分销商、服务提供商等各个环节的合作和协调。企业通过建立稳定的合作关系，可以实现资源共享、风险共担和互利共赢。

（3）供需匹配与协调　供需匹配与协调是智慧服务供应链系统中的关键环节。企业通过准确预测客户需求、灵活调整供应链资源，并利用信息技术实现供需的精准匹配和协调，可以实现高效的服务交付。

（4）客户需求预测与个性化定制　客户需求预测与个性化定制是智慧服务供应链系统中的重要环节。企业通过对客户行为和偏好进行深入了解和分析，可以实现精准的需求预测，并提供个性化的定制服务，从而提升客户满意度和忠诚度。

（5）服务质量控制　服务质量控制是智慧服务供应链系统中的核心环节。企业通过建立有效的质量监控机制和反馈机制，能及时发现和解决问题，实现服务质量的持续改进和优化。

2. 智慧服务供应链系统的运作流程

（1）客户需求获取和识别　在智慧服务供应链系统中，首先需要获取客户的需求信息，并进行准确的识别。可以通过各种渠道收集客户的需求，如市场调研、客户反馈等。同时，需要利用先进的分析工具和算法对客户需求进行深入分析，以确保准确理解客户的需求。

（2）供应商选择和合作伙伴管理　根据客户需求，智慧服务供应链系统选择合适的供应商和合作伙伴。通过评估供应商的能力、信誉和价格等因素，选择最佳的合作伙伴，并与供应商建立长期合作关系，进行供应链合作伙伴管理，包括供应商绩效评估、合同管理等。

（3）计划与协调　在智慧服务供应链系统中，计划和协调是必不可少的环节。根据客户需求和供应商的资源情况，制订供应链计划，包括生产计划、物流计划等。同时，通过智能化技术实现信息共享和协同，确保供应链各环节的协调和顺畅。

（4）实施与执行　实施和执行是智慧服务供应链系统的核心环节。根据计划，完成产品的生产和物流等环节，确保产品按时交付给客户。同时，利用智能化技术对供应链中的各个环节进行监控和管理，及时发现和解决问题。

（5）监控与改进　智慧服务供应链系统需要不断地进行监控和改进。通过数据分析和指标监控，对供应链系统进行评估和优化，发现潜在的问题和改进机会。同时，与供应商和合作伙伴合作，共同提升供应链的效率和质量，实现持续改进。

通过以上流程，智慧服务供应链系统可以更好地满足客户需求，提高供应链的效率和质量，实现可持续发展。未来，随着人工智能和大数据技术的不断发展，智慧服务供应链系统将会得到更广泛的应用和推广。

视野拓展

智慧服务供应链创新案例

目前，我国各个行业已经涌现出一批积极开拓新局面的企业。它们对于智慧供应链的创新不再仅仅是简单地适应现有的经济模式和商业环境，而是结合各自的行业特点，引入新科技，构建全新的平台，并且创造全新的商业模式、管理技术以及竞争战略。这些企业通过不断创新和改进，实现了商业模式的转型升级，从而在市场竞争中取得了优势地位。智慧服务供应链创新企业案例见表 9-2。

表 9-2　智慧服务供应链创新企业案例

序　号	名　称	类　型	平台定义	供应链创新亮点
1	有种网	农业供应链	种植农业供应链服务平台	产前、产中、产后一站式生产性服务平台，推动种植农业供给侧改革
2	美菜网	农业与餐饮业融合	生鲜移动电商平台	以互联网＋供应链解决海量非标准 SKU、B2B 行业的痛点
3	鲜易	第一、二、三产业融合	智慧生鲜供应链生态圈	以供应链的“连接”能力实现第一、二、三产业的融合发展
4	乐商云集	流通服务供应链	“平台＋产品＋服务＋资源”鞋服行业供应链平台	模式创新与技术创新同步
5	怡亚通	流通服务供应链	新流通商业生态圈	扁平化、社区化、共享化，打造新流通商业生态圈
6	中驰车福	流通服务供应链	汽配供应链服务云平台	端到端打通并覆盖汽车全生命周期服务的供应链平台

（续）

序号	名称	类型	平台定义	供应链创新亮点
7	找铅网	绿色供应链	铅循环产业供应链平台	通过供应链平台解决循环产业的价值链失衡
8	川山甲供应链	生产性服务供应链	MRO 行业“物联网 +B2R”平台	形成工业互联网，优化 MRO 供应链，最高节省 40% 综合成本
9	传化网	生产性服务供应链	智慧物流与供应链生态	践行创新、协调、绿色、开放、共享发展理念，既整合流通，又赋能制造；既践行绿色，又发展金融
10	欧冶云商	制造业服务化 + 产业互联网	大宗商品产业互联网平台	基于产业互联网构建的开放式生态圈，以及欧冶速度
11	众陶联	制造业服务化 + 产业互联网	陶瓷产业互联网平台	制造业服务化发展、产业互联网推动产业升级
12	中企云链	供应链金融	互联网供应链金融共享平台	以创新模式搭建供应链金融共享平台，构造供应链 + 金融生态圈
13	联诺	供应链金融	智慧供应链金融	供应链金融的在线化进一步打破了供应链金融市场的边界
14	准时达	全球供应链管理	智慧供应链管理实时协同平台	精益供应链管理 + 全球布局助力“中国制造 2025”
15	宏伟供应	供应链管理服务	核电行业供应链管理服务平台	供应链管理服务公司的升级迭代

9.3 智慧农业供应链系统

9.3.1 智慧农业供应链系统概述

智慧农业供应链系统是一种通过应用物联网、大数据、人工智能等技术，实现农业生产、加工、运输和销售环节的数字化、智能化管理的系统。信息技术和智能化手段可以提高农业供应链的可追溯性、安全性和可持续性，提高农产品的质量和安全性，优化资源利用，实现农业生产的可持续发展，促进农业产业链的升级和优化。

智慧农业供应链系统是一个综合性的系统，包括种植管理系统、生产执行系统、物流管理系统和市场营销系统等。这些系统之间通过数据共享和智能分析相互链接，形成一个有机的农业供应链网络。

（1）种植管理系统　种植管理系统是智慧农业供应链系统的重要组成部分。通过该系统，农户可以监测和管理农作物的生长环境、施肥情况以及病虫害防治等。种植管理系统可以自动采集各种环境参数，并根据科学算法进行分析和预测，为农户提供精准的种植方案和决策支持。

种植、养殖环境监控系统架构如图 9-9 所示。

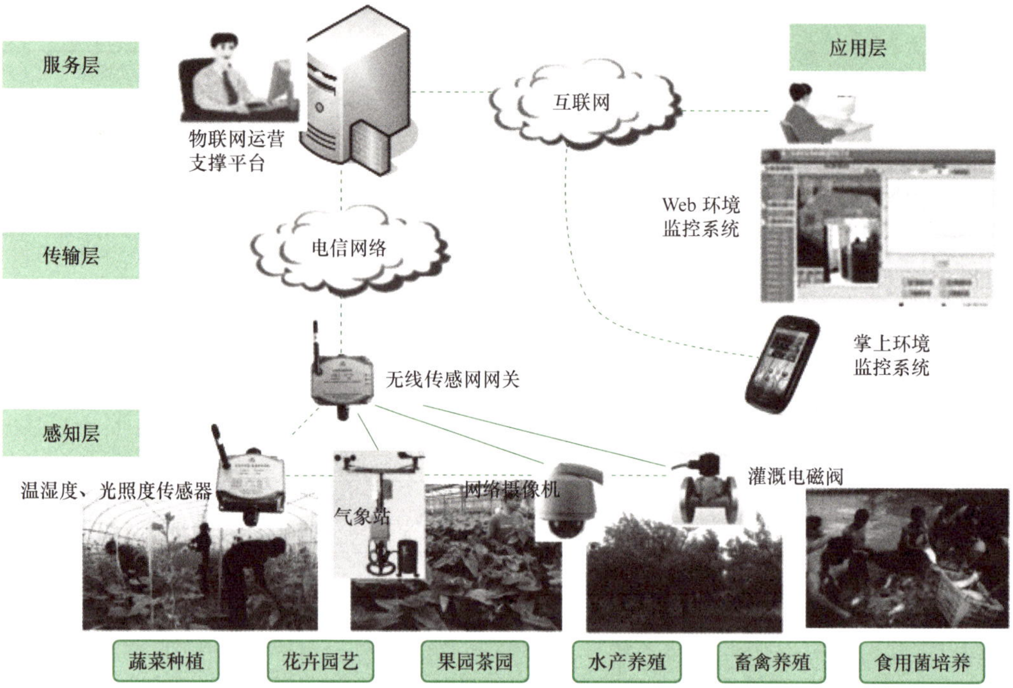

图 9-9　种植、养殖环境监控系统架构

（2）生产执行系统　生产执行系统负责监控和管理农产品的生产过程。它可以跟踪和记录农产品的生产环节，包括播种、施肥、灌溉、采摘等。同时，生产执行系统还可以与种植管理系统和物流管理系统进行数据交互，实现信息的共享和协同，从而提高农产品的生产效率和质量。

（3）物流管理系统　物流管理系统是智慧农业供应链系统的核心环节之一。它通过优化调度和资源配置，实现农产品的快速、高效运输。物流管理系统可以根据农产品的不同特性和需求，制订合理的运输计划，并实时监控运输过程中的温湿度、防护等环境参数，保证农产品的安全和质量。

（4）市场营销系统　市场营销系统则负责农产品的销售和推广工作。通过市场营销系统，农户可以了解市场需求和价格趋势，制定合理的销售策略。同时，市场营销系统还可以与物流管理系统进行密切配合，实现农产品的及时上市和销售。

总之，智慧农业供应链系统通过种植管理系统、生产执行系统、物流管理系统和市场营销系统的协同作用，实现了农业供应链网络的有机链接，为农产品的生产、运输和销售提供了科学、智能的支持，推动了农业的现代化和可持续发展。

视野拓展

美菜网的智慧农业供应链发展之路

美菜网通过智慧农业供应链的发展，实现了农产品从生产到销售的高效连接，提高了农产品的品质和可追溯性，为消费者提供了安全、新鲜的农产品。

（1）农产品供应链整合　美菜网通过线上平台将农产品的生产者、批发商和零售商连接起来，实现供应链的整合和优化；与农场直接合作，通过线上预订和采购，将农产品从源头快速送达零售商。这种供应链整合模式提高了农产品的流通效率和质量。

（2）农业物联网技术应用　美菜网在农业物联网技术上进行了积极的探索和应用。其利用传感器、数据分析和人工智能等技术，实现对农产品生产环境的监测和管理；通过实时监测土壤湿度、温度、光照等参数，帮助农户科学种植、减少浪费和提高产量。

（3）冷链物流建设　由于农产品的保鲜需求，冷链物流在智慧农业供应链中起着关键作用。美菜网在全国范围内建设了冷链物流中心，保证农产品在运输过程中的低温保鲜。

（4）数据分析和预测　美菜网利用大数据分析和预测技术，对市场需求和供应进行分析和预测；通过对采购数据、销售数据和消费者需求的分析，做出更准确的采购决策和供应链管理。

（5）品质溯源和食品安全　美菜网注重产品品质和食品安全，利用溯源技术对农产品的生产、加工和流通环节进行追踪和管理。其与农场合作，建立可溯源的供应链体系，确保农产品的质量和安全性，提升消费者的信任度。

9.3.2 智慧农业供应链系统的核心技术

智慧农业供应链系统的核心技术是指传感器技术、云计算、数据分析和预测模型等几个关键领域。这些技术在智慧农业中起到了至关重要的作用。它们的应用将改变传统农业的生产方式，提高农业的智能化和可持续发展水平。

1. 传感器技术

传感器技术是智慧农业供应链系统的基础。安装传感器设备，可以实时监测农田的土壤湿度、温度、光照等环境参数，同时还可以检测作物的生长情况和病虫害的发生。传感器技术的应用可以帮助农民及时采取措施，调整农业生产策略，从而提高生产效益，降低农业风险。

2. 云计算

云计算是智慧农业供应链系统的关键技术之一，提供强大的计算和存储能力，方便数据的收集、处理和共享。通过将大量的农业数据存储在云平台上，并结合人工智能和机器学习算法进行数据分析和处理，可以实现对农业生产过程的全面监测和管理。云计算技术可以帮助农民提高生产决策的科学性和准确性，提高农产品的品质和产量。

3. 数据分析

数据分析是智慧农业供应链系统不可或缺的技术手段。对农业数据进行挖掘和分析，可以发现潜在的问题和风险，并提供相应的解决方案。数据分析还可以帮助农民优化资源配置，提高供应链的效率和灵活性。

4. 预测模型

预测模型是智慧农业供应链系统的重要组成部分。利用历史数据和统计算法，可以建立农产品产量、市场需求和价格等方面的预测模型。这些模型可以为农民提供准确的决策支持，帮助他们合理安排生产计划和销售策略，提高经济效益。

视野拓展

常见的预测模型

（1）时间序列模型　时间序列模型根据历史数据的趋势和季节性变化进行预测。常见的时间序列模型包括移动平均模型、自回归模型、自回归移动平均模型和季节性自回归移动平均模型等。

（2）回归模型　回归模型通过建立变量之间的关系进行预测。常见的回归模型包括线性回归、多元线性回归和逻辑回归等。回归模型需要考虑多个影响因素，并通过统计方法确定变量之间的相关性。

（3）机器学习模型　机器学习模型可以基于大量的历史数据学习模式进行预测。常见的机器学习模型包括决策树、随机森林、支持向量机和神经网络等，可处理非线性关系和多维数据，进行复杂预测。

（4）面板数据模型　面板数据模型使用跨时间和跨地区的数据，考虑不同因素对预测值的影响。常见的面板数据模型包括固定效应模型和随机效应模型等。

这些预测模型的选择取决于具体的数据特征和预测目标。通常情况下，结合多种模型并根据具体情况进行验证和调整，能够提高预测的准确性和可靠性。

9.3.3　智慧农业供应链系统的构成

智慧农业供应链系统通常包括以下几个组成部分：

（1）农业生产环节　农业生产环节包括农田管理、种植、畜牧养殖等农业生产活动。该环节通过传感器、监测设备等技术手段实时采集和监测相关数据，如土壤湿度、气象条件、植物生长信息等。

（2）数据采集与通信技术　利用物联网和传感器技术，实现对农业生产过程中各种要素的数据采集，包括土壤、气象、水质等环境数据，以及作物生长、动物健康等相关数据。同时，通过通信技术将采集到的数据传输到数据管理与分析平台。

（3）数据管理与分析平台　数据管理与分析平台用于存储、处理和分析采集到的农业数据。通过数据分析和挖掘，提取有用的信息，进行农业生产决策支持，如灌溉调度、施肥方案等。

（4）农产品质量与溯源管理　运用商品编码、RFID 标签等技术手段，对农产品进行溯源管理和质量追踪，记录农产品的种（养）植环境、生长过程、加工、监测、物流等信息，确保农产品的质量和安全。

（5）物流与配送管理　整合配送资源和物流服务，实现农产品的及时、高效配送。通过智能调度和路径优化，减少运输时间和成本，确保产品的新鲜度和时效性。

（6）农业生产者与消费者接口　建立农业生产者与消费者之间的信息交互接口，以促进直接沟通和交易。通过电子商务平台、移动应用等，消费者可以直接购买农产品，同时农业生产者也能了解市场需求，提高农产品的销售效益。

智慧农业供应链系统通过数据采集、管理和分析，优化生产和供应环节，提高农产品的质量、可追溯性和经济效益。同时，通过信息共享和协同合作，实现农业生产者、供应商和消费者之间的有效连接，增强供应链的可持续性和竞争力，实现农业资源的高效利用以及农产品的优质供应。

视野拓展

有种网：互联网＋现代农业

有种网是在国家“一带一路”倡议指引下注册成立的农业供应链服务平台，利用河西走廊全球种子基地优势，在中国酒泉种子产业园投资建设种子交易中心，致力构建新型农业综合服务体系。

（1）全产业链覆盖　有种网通过整合种子生产、农产品种植、农机设备、农产品加工、物流配送等环节，实现从种子到农产品最终销售的全流程管理和服务。

（2）智能农业技术应用　有种网大量采用智能农业技术，如农田环境监测、无人机巡检、远程遥控、智能灌溉等，提高了农田管理和作物生产的效率和质量，实现了农业生产的科学化和智能化。

（3）数据驱动决策　有种网利用大数据分析和人工智能技术，通过对种植环境、气象数据、市场需求等数据的整合和分析，实现了农产品产量、需求和价格的准确预测和调控。

（4）质量控制和溯源　有种网与供应商建立严格的准入标准，并通过严格的质量把控流程、物流追溯系统和溯源标识，实现农产品的溯源和品质控制。

（5）金融服务支持　有种网为供应商和农户提供金融服务支持。其与金融机构合作，为农业生产者提供贷款、信用支付和供应链金融等服务，解决了农业生产中的资金问题，促进了供应链上的资金流动。

通过这些特色，有种网实现了农业供应链的智慧化，推动了农业现代化发展和农民的普惠金融服务。

9.3.4　智慧农业供应链系统的应用

智慧农业供应链系统通过应用物联网、大数据和人工智能等技术，实现农业生产、加工、运输和销售环节的数字化、智能化管理，可以提高农产品的质量和安全性，优化资源利用，促进农业产业链的升级和优化。

智慧农业供应链系统的应用主要包括以下几个方面。

1. 农产品生产种植管理

智慧农业供应链系统的应用不仅限于传感器技术监测土壤湿度、温度和光照等环境参数，还可以通过数据分析和预测模型来实现农作物的精准灌溉、施肥和病虫害监测。这样的创新应用可以大大提高农产品的产量和质量，进一步满足市场的需求。

智慧农业供应链系统可以实现对农产品生产全过程进行实时监控和管理。同时，还可以实现对农产品生产过程中使用的化肥、农药等情况进行追踪和记录，确保农产品的安全和质量。其通过数据分析和预测模型，可以优化农产品的生产计划，提高生产效率和质量。

2. 农产品流通管理

农产品流通管理是智慧农业供应链系统的关键环节，涉及从农田到消费者手中的整个流程，包括采摘、包装、运输、加工和销售等多个环节。智慧农业供应链系统可以实现农产品的追溯管理，通过物联网技术和数据采集设备，可以实时监测农产品的生长状况、品质和数量等信息，并将其记录在区块链上，实现全程追溯。这不仅方便了农产品的质量控制，也增强了消费者对农产品的信任度。此外，智慧农业供应链系统还可以提供市场预测和价格分析等功能，通过对市场需求和价格走势的分析，可以帮助农民合理安排生产计划和销售策略，提高经济效益。农产品流通环境管理系统架构如图 9-10 所示。

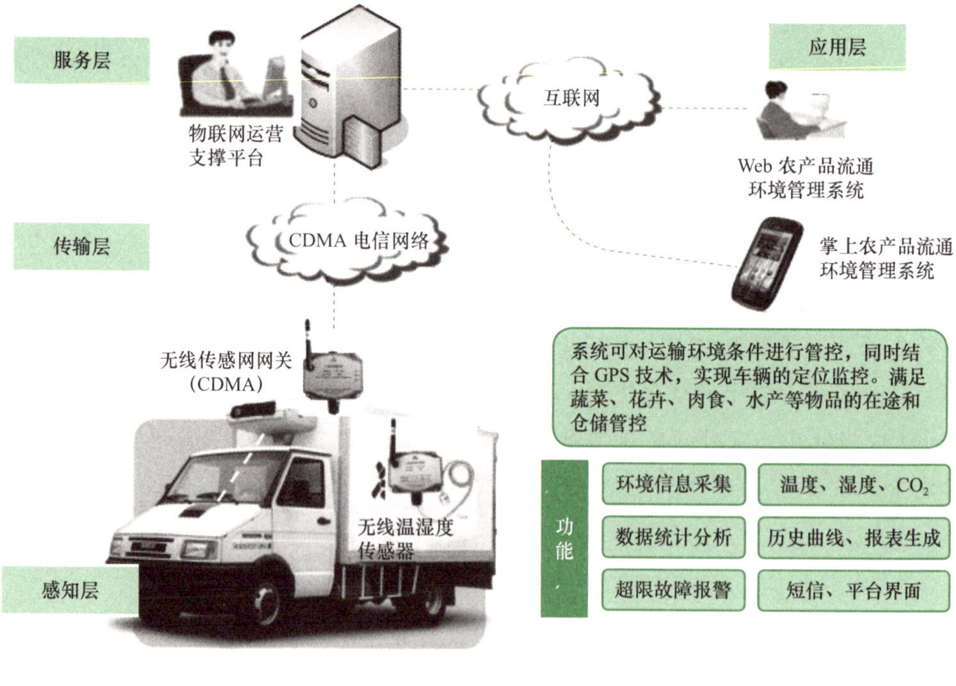

图 9-10　农产品流通环境管理系统架构

智慧农业供应链系统还可以优化配送和运输过程。通过智能调度算法和实时交通信息，可以合理规划农产品的运输路线，避免拥堵和延误，提高配送效率。同时，该系统还可以监测运输过程中的温度、湿度等环境指标，确保农产品的新鲜度和安全性。

3. 农产品加工和包装管理

在智慧农业供应链系统中，数据分析和预测模型起着关键作用。通过对收集到的数据进行分析，可以揭示农产品加工过程中的潜在问题，并及时采取措施进行调整和改善。比如，利用物联网技术和传感器网络，可以对农产品加工设备和包装过程进行实时监测和控制。同时，利用预测模型可以对农产品加工环节进行优化，提前预测可能出现的问题，并采取相应的措施，从而降低损耗和环境污染。

智慧农业供应链系统的运用还能够使农产品加工过程更加智能化和自动化。通过与物联网技术相结合，各个环节之间实现了无缝连接和信息共享，实现了农产品加工过程的自动控制和管理。农产品在加工过程中的各项参数都可以被实时监测和控制，确保其质量稳定和一致性。

4. 农产品运输和仓储管理

通过物联网技术和传感器网络的应用，智慧农业供应链系统能够实时监控农产品的运输过程。传感器可以安装在农产品运输车辆上，可以监测车辆的位置、速度、温度等信息，确保农产品在运输过程中的安全性和稳定性。同时，传感器还可以监测运输车辆的状况，如是否发生故障或异常情况，从而能够及时采取措施进行修理或调整运输计划。除了对运输车辆的监控，智慧农业供应链系统还可以实时监测农产品的仓库环境。通过在仓库中安装传感器，可以实时监测温度、湿度、气体浓度等因素，确保农产品的质量和新鲜度。当环境异常时，系统会立即发出警报，以便及时处理。

通过对收集到的车辆和环境数据进行分析，系统可以得出运输路线的优化方案。例如，根据不同的目的地和产品特性，系统可以确定最佳的运输路线，从而减少运输时间和成本。此外，预测模型还可以通过分析历史数据和当前市场情况，预测农产品的需求量和价格走势，帮助农民和供应商做出更合理的决策。

5. 农产品销售和供应链管理

智慧农业供应链系统通过物联网技术和大数据分析，可以提供精确的市场需求分析和销售预测，帮助农民合理安排生产计划和销售策略；通过智能化技术和预测模型，可以提供决策支持和市场预测，帮助农民和企业进行合理的供应链规划和决策，提高农产品的市场竞争力。

智慧农业供应链系统应用大数据和人工智能技术，可以实现对农产品市场需求和销售情况的实时监测和分析，预测市场需求变化趋势。同时，根据不同的市场需求进行农产品的分级、打包和定价，提高农产品的附加值和市场竞争力，并对供应链各环节进行优化管理。

视野拓展

智慧农业和溯源管理信息系统

随着食品安全问题日益受到重视，农作物食品的追根溯源成为安全监管的必备工具和要求。在溯源管理的前提下，利用智慧农业在种植、运输、销售等各个环节产生的信息痕迹，并将其通过网络进行汇集整理，可以形成溯源痕迹。这样做将大大降低溯源系统建设的成本和难度。

建设智慧农业和溯源管理信息系统的目的是实现农业种植专家系统全程监控，指导农户安全、合理、高效地种植蔬菜、水果等农产品。采摘后，运营商将对农产品进行加工分装，并直接配送至终端消费场或消费者家中。在生产和配送的每一个环节都采用物联网技术进行信息化管控，可以自动或手工标记、采集产品溯源的详细信息，然后利用二维码技术上传至云端存储。最终，消费者可以通过查询溯源信息来了解产品的来源。政府部门可以根据不同的管辖权限，在线实施对供应链上各环节的监管。

智慧供应链特色系统在现代经济中扮演着重要的角色，可以提高供应链管理的效率和质量，促进产业链的升级和优化。通过对智慧制造供应链系统、智慧服务供应链系统和智慧农业供应链系统的研究，我们可以更好地理解这些系统的含义、内涵界定、构成和运营模式，并为实践中的供应链管理提供有益的参考和借鉴。

素养园地

请你查阅基于物联网技术的农业生产管理、追踪产品流向的区块链技术、大数据分析和人工智能算法进行市场预测等材料，谈谈先进技术与高质量发展指标约束对智慧供应链系统生态化发展的机遇和挑战。

技能训练

请你选择一个身边的智慧供应链综合平台，观察分析供应链上、中、下游的组合机制，谈谈对智慧供应链创新发展的认识。

同步测试

一、判断题

1. 传统供应链管理主要关注物流、库存和运输等方面，忽视了信息和数据的重要性，而且缺乏灵活性和适应性。（　　）

2. 智慧制造供应链系统通过采集、传输和分析大量的数据，帮助企业实现供应链的信息专有化。 ( )

3. 供应链合作关系的供应商规模可能很小。 ( )

4. 多方参与是智慧制造供应链系统协同化特征的基础，建立信息交流机制便于获得供应链各环节的信息。 ( )

5. 实时追踪可以解决智慧农业供应链系统中的所有问题，减少延误和损失。 ( )

6. “线边物流”要能够按照生产计划，及时将物料送达生产线上的各个工位。 ( )

7. 物流管理系统主要用于协调和监控供应链各个环节的运营活动，包括生产计划、库存管理、订单处理等。 ( )

8. 服务执行是智慧农业供应链系统的核心环节。 ( )

9. 服务评估是智慧服务供应链系统的最后一个环节。 ( )

10. 通过种植管理系统，农户可以监测和管理农作物的生长环境、施肥情况以及病虫害防治等。 ( )

二、单选题

1. 通过物联网和（ ）技术，实现对制造环境、设备和产品的实时监测和数据采集。这些数据提供了生产过程中的关键信息，有助于实现智能化的制造和供应链管理。

A. 区块链　B. 数据挖掘　C. 传感器　D. 大数据

2. （ ）是智慧农业供应链系统的关键技术之一，提供强大的计算和存储能力，方便数据的收集、处理和共享。

A. 云计算　B. 传感器　C. 数据分析　D. 预测模型

3. （ ）使用跨时间和跨地区的数据，考虑不同因素对预测值的影响。常见的面板数据模型包括固定效应模型和随机效应模型等。

A. 回归模型　B. 面板数据模型

C. 机器学习模型　D. 时间序列模型

4. 建立农业生产者与消费者之间的（ ），可以促进直接沟通和交易。

A. 信息管理系统　B. 客户信息管理系统

C. 信息交互接口　D. 信任机制

5. 不同于传统供应链系统中存在的信息不对称和资源浪费问题，智慧制造供应链系统中的每一个环节都能够得到及时的（ ），并能够根据需求进行相应的调整。

A. 信息共享　B. 通知　C. 沟通交流　D. 信息反馈

三、多选题

1. 通过（ ）、（ ）标签等技术手段，对农产品进行溯源管理和质量追踪。

A. 区块链　B. 数据挖掘　C. 商品编码　D. RFID 标签

2. 利用（　　）和（　　）技术，实现对农业生产过程中各种要素的数据采集，包括土壤、气象、水质等环境数据，以及作物生长、动物健康等相关数据。

A. 数据分析　　B. 传感器　　C. 监测设备　　D. 物联网

3. 智慧制造供应链系统通过智能算法和人工智能技术，实现了各个环节之间的协同和配合。这使得企业能够更好地（　　）。

A. 优化生产计划　　B. 减少缺货

C. 减少损耗　　D. 提升服务

4. 供应链合作关系具有（　　）的特点。

A. 长期、稳定、紧密合作　　B. 供应商规模大

C. 供应商对产品质量负全部责任　　D. 实现信息共享

5. 供应链管理系统用于协调和管理供应链的各个环节，包括（　　）。

A. 原材料采购　　B. 生产计划　　C. 库存管理　　D. 物流协调

四、简答题

1. 简述智慧制造供应链系统的构成。
2. “线边物流”为使生产线在高效、顺畅、经济的状态下运行，需要满足哪些需求？
3. 简述基于业务功能的智慧服务供应链系统包含的类型。
4. 简述智慧服务供应链系统的运作流程。
5. 简述生产执行系统在智慧农业供应链系统中的作用。

五、论述题

1. 智慧服务供应链系统在现实中有哪些具体应用？
2. 如果你是一名智慧农业创业者，请思考如何配置供应链系统可以使企业在竞争中获得优势。

10

单元10
智慧物流供应链平台的安全维护

知识目标

- 掌握智慧物流供应链平台安全维护的基本概念和原则
- 了解智慧物流供应链平台安全维护的重要性
- 掌握智慧物流供应链平台安全运营的策略
- 了解智慧物流供应链平台风险防范的措施
- 掌握智慧物流供应链平台维护和更新的策略及方法

技能目标

- 能够设计和实施有效的智慧物流供应链平台安全运营策略和风险防范措施
- 能实施智慧物流供应链平台维护和更新的策略及方法
- 能评估和改进智慧物流供应链平台的安全性

素养目标

- 培养学生的安全意识和责任感，增强学生的集体观念和协作理念
- 培养安全运营策略和风险防范意识，增强创新思维和实践能力

思维导图

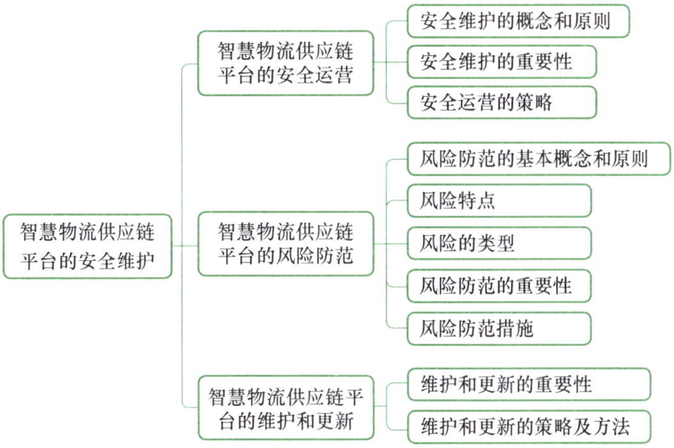

情景案例

某知名电商企业在全国范围内拥有大量的物流配送中心，其智慧物流供应链平台每天需要处理海量的订单和物流信息。然而，近期该平台频繁出现数据泄露和系统瘫痪问题，给企业的运营带来了极大的困扰。经过深入调查，发现问题的根源在于系统的安全防范措施不足，同时缺乏有效的应急预案。为了解决这些问题，该企业采取了一系列安全运营措施。首先，加强了数据加密和访问控制，防止敏感信息被非法获取。其次，建立了完善的安全审核机制，对系统进行全面的安全漏洞扫描和风险评估。最后，加强了应急预案的制定和演练，确保在系统故障等紧急情况下能够迅速响应和处理。

通过实施这些措施，该企业智慧物流供应链平台的运营状况得到了改善，数据泄露和系统瘫痪问题得到了有效解决。这使企业的运营效率大幅提升，客户满意度也明显提高。

案例分析：

智慧物流供应链平台的安全维护至关重要。一旦发生安全问题，不仅会给企业带来经济损失，还会对企业的声誉和用户信任产生严重影响。因此，我们需要重视智慧物流供应链平台的安全维护，采取有效的措施来保障平台的稳定性和安全性。

案例说明了智慧物流供应链平台安全运营的重要性。只有确保平台的安全、稳定、可靠，才能保证企业的正常运营和客户的满意。智慧物流供应链运营平台的安全运营是维护平台稳定、可靠运行的关键。它涉及多个方面，如数据安全、网络安全、物理安全、应用程序安全等。任何安全漏洞都可能导致敏感信息的泄露、业务中断或声誉受损。因此，安全运营是维护平台稳定、可靠运行的基石。

思考：

请你根据身边企业的供应链平台的安全维护情况，谈谈对供应链平台安全维护的认识。

10.1 智慧物流供应链平台的安全运营

10.1.1 安全维护的概念和原则

1. 安全维护的概念

安全维护是一种定期和持续的工程或管理活动，旨在保护和维护资产、环境以及人员的生命财产安全。它包括一系列措施，如安全运营、风险防范和维护更新等，旨在确保整个供应链系统的稳定、可靠和安全。

2. 安全维护的原则

（1）数据安全　智慧物流供应链平台涉及大量数据，有货物信息、客户信息、交易信息等。数据安全是平台安全的基础，需要采取严格的数据保护措施，确保数据的机密性、完整性和可用性。

（2）网络安全　智慧物流供应链平台依赖网络通信和数据传输。网络安全是防止网络攻击和保护网络基础设施的关键。这包括采用安全的网络协议、防火墙、入侵检测和入侵防御系统等技术手段。

（3）物理安全　智慧物流供应链平台的物理安全包括对关键设施和数据的物理访问控制，以及保障通信设备和数据存储设备的物理安全。

（4）应用程序安全　智慧物流供应链平台的应用程序安全是防止恶意攻击和未经授权访问的关键。这包括对应用程序进行安全审查和测试，采用安全的编程实践，减少潜在的安全风险。

智慧物流供应链平台的安全维护

（5）风险管理和应急响应　智慧物流供应链平台的安全维护需要建立完善的风险管理和应急响应机制，及时发现和处理潜在的安全风险和事件，确保平台的稳定性和可靠性。

10.1.2　安全维护的重要性

1. 保障供应链稳定

智慧物流供应链平台是现代物流体系的核心，其安全稳定运行对于保障全球贸易和物流活动至关重要；通过加强平台的安全维护，可以确保供应链各个环节的顺畅运作，减少意外中断和延误，从而维护全球供应链的稳定性。

2. 保护敏感信息

智慧物流供应链平台涉及大量敏感信息，包括货物信息、客户信息、交易信息等。这些信息若被非法获取或泄露，可能导致企业遭受重大损失，甚至面临法律风险。因此，加强平台的安全维护是保护敏感信息的必要措施。

3. 确保业务的连续性

智慧物流供应链平台的正常运行是企业业务连续性的重要保障。如果平台遭受攻击或出现故障，可能导致企业无法正常运作，影响客户服务质量和企业的声誉。加强平台的安全维护，可以确保业务的连续性，降低潜在的业务风险。

4. 平衡运营效率与安全性

智慧物流供应链平台通过自动化、智能化的技术手段提高物流运营效率。然而，这些技术手段也增加了平台的复杂性和安全风险。加强平台的安全维护可以确保这些技术手段的稳定运行，从而在提高运营效率的同时保障安全性。

5. 保证合规性

随着全球数据安全和隐私保护法规的不断完善，企业需要确保其数据处理活动符合相关法规的要求。智慧物流供应链平台作为企业数据处理的重要环节，其安全维护对于满足合规要求具有重要意义。

6. 维护企业声誉

智慧物流供应链平台的安全状况直接关系到企业的声誉和品牌价值。如果平台出现安全问题，可能导致客户信任度下降，影响企业形象和市场竞争力。因此，加强平台的安全维护是维护企业声誉的必要手段。

安全维护的重要性如图 10-1 所示。

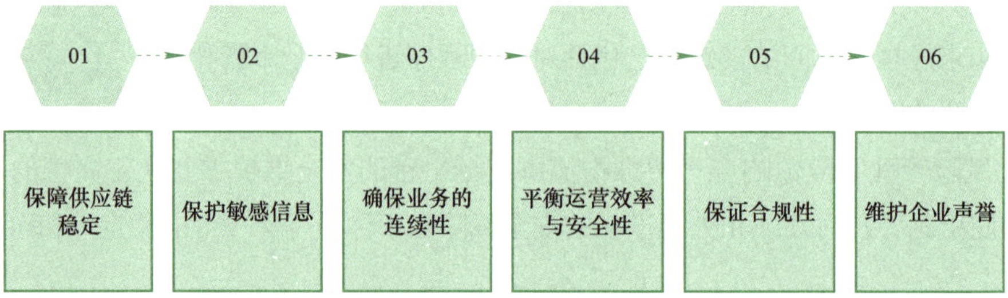

图 10-1　安全维护的重要性

10.1.3　安全运营的策略

1. 建立健全安全管理体系

建立健全安全管理体系是智慧物流供应链平台安全运营的基础。一套完善的安全管理体系，应涵盖安全政策、安全培训、明确的职责和权限以及安全事件应急响应计划等。企业要确保所有员工都了解安全要求，有效地提高平台的安全性和可靠性。

2. 保障物理安全

保障物理安全是智慧物流供应链平台安全运营的重要环节。这包括对关键设施进行严格监控，如安装监控摄像头、限制访问区域等，确保只有授权人员才能访问。同时，定期进行安全审核和检查，可以有效地防止未经授权的访问和恶意攻击，确保设施的物理安全。

3. 强化网络安全

强化网络安全是智慧物流供应链平台安全运营的核心，可以采用网络安全新技术和协议等，保护平台免受网络攻击和未经授权的访问。同时，应定期进行安全审核和检查，及时发现和处理潜在的安全问题。

4. 数据安全和隐私保护

数据安全和隐私保护是智慧物流供应链平台安全运营的重要方面。企业应制定严格的数据保护政策，确保用户和业务数据的安全。这包括采用加密和其他安全措施，以防止数据被泄露和滥用。同时需要建立网上的数据备份和回复机制，确保数据的可靠性和完整性。

5. 保障应用程序安全

保障应用程序安全是智慧物流供应链平台安全运营的关键环节。企业应采取严格的安全措施，确保应用程序没有漏洞，无法被恶意利用。这包括对开发的应用程序进行严格的安全审核和测试，采用安全的编程实践，减少潜在的安全风险。同时，应定期进行应用程序更新和维护，修复潜在的安全漏洞。

视野拓展

智慧物流供应链运营平台的安全运营需要从多个方面入手，建立健全的安全管理体系，保障物理安全、强化网络安全、确保数据安全和隐私保护以及应用程序安全等。在实际工作中，我们需要结合企业的实际情况，制定有针对性的安全运营策略和措施，以保障平台的稳定性和可靠性。同时，我们还需要不断学习和掌握新的安全技术和管理方法，及时更新和完善平台的安全措施，以应对不断变化的安全挑战。

小思考

针对智慧物流供应链平台的安全运营，你认为未来的发展趋势和挑战是什么？如何应对这些挑战？

10.2　智慧物流供应链平台的风险防范

随着智慧物流供应链平台的快速发展和应用，风险无处不在，平台面临的安全风险也日益突出。这些风险可能来自网络攻击、数据泄露、物理破坏等多个方面，对平台的稳定性和安全性构成了严重威胁。因此，风险防范是安全维护的重要组成部分。为了应对这些风险和挑战，企业需要采取相应的防范措施，确保智慧物流供应链平台的稳定性和可靠性。

10.2.1　风险防范的基本概念和原则

1. 风险防范的概念

风险防范是指通过一系列措施和手段，预防和减轻可能对组织或个体造成损害的风险。

2. 风险防范的原则

（1）预防为主　风险防范应注重预防，即在风险发生之前采取措施，防止其发生或减轻其影响。

（2）全面管理　风险防范应注重全面管理，即对智慧物流供应链平台的各个环节、各个层面进行风险评估和管理，不遗漏任何可能产生风险的环节。

（3）科学决策　风险防范需要科学决策，即基于科学分析和评估，制定合理的风险应对策略。

（4）可控性　风险防范应保证风险的可控性，即对于可能出现的风险，应采取有效措施进行控制和管理，确保其不超出可承受的范围。

（5）及时应对　风险防范应注重及时应对，即在风险出现后，应迅速采取措施进行处置，防止其扩大或恶化。

（6）持续改进　风险防范应注重持续改进，即对于已经出现过的风险，应进行总结和反思，不断完善和优化风险防范措施。

10.2.2　风险特点

智慧物流供应链平台的风险特点如图 10-2 所示。

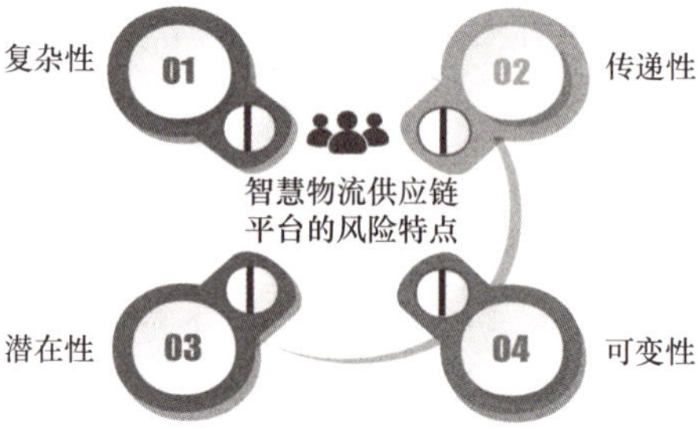

图 10-2　智慧物流供应链平台的风险特点

1. 复杂性

智慧物流供应链平台涉及多个环节、多个主体，其风险因素较为复杂，包括内部管理、外部环境、人为因素等。

2. 传递性

智慧物流供应链平台的各个主体之间存在紧密的关联，一个环节的风险可能传递到下一个环节，甚至影响到整个供应链。

3. 潜在性

智慧物流供应链平台的风险可能具有一定的潜在性，不容易被及时发现和识别。

4. 可变性

智慧物流供应链平台的风险可能随着时间和环境的变化而发生变化，需要持续关注和管理。

10.2.3　风险的类型

1. 网络攻击风险

智慧物流供应链平台依赖网络通信和数据传输，因此可能面临来自黑客、恶意软件等网络攻击者的威胁。这些攻击者可能通过窃取、篡改或破坏数据，导致平台运行中断、业务数据泄露等严重后果。

2. 数据泄露风险

智慧物流供应链平台涉及大量敏感信息，如货物信息、交易数据、客户信息等。如果数据保护措施不到位，可能会导致数据泄露，给企业带来巨大的经济损失和声誉损失。

10.2.4 风险防范的重要性

1. 保护企业的核心资产

智慧物流供应链平台涉及企业的核心资产，包括客户信息、订单数据、物流信息等。这些信息如果被泄露或损坏，可能会给企业带来巨大的经济损失和声誉损失。因此，加强风险防范是保护企业核心资产的重要手段。

2. 维护业务连续性

智慧物流供应链平台是全球供应链的重要组成部分，一旦出现安全问题，可能导致全球供应链中断，给企业带来巨大的经济损失和声誉损失。因此，加强风险防范是维护业务连续性的关键措施。

3. 提升企业的竞争力

有效的风险防范措施可以提高智慧物流供应链平台的稳定性和安全性，提升企业的服务质量和服务效率，从而增强企业的竞争力。

4. 满足法律法规的要求

随着对数据保护和信息安全的要求越来越严格，各国政府纷纷出台了相关的法律法规。企业必须遵守这些法律法规，加强风险防范是满足法律法规要求的必要条件。

5. 应对市场的不确定性

市场的不确定性可能导致物流业务的中断或调整，智慧物流供应链平台的风险防范可以提前预测和应对这些不确定性，帮助企业及时调整策略，减少损失。

6. 避免供应链中断

智慧物流供应链平台的风险防范可以避免供应链中断，通过对供应链的监控和预警，及时发现和解决潜在问题，确保供应链的稳定性和持续性。

7. 建立良好的企业形象

智慧物流供应链平台的风险防范可以建立良好的企业形象，通过加强安全管理，提高企业的社会责任感和公信力，增强客户对企业的信任和认可。

综上所述，智慧物流供应链平台的风险防范非常重要，它不仅关系到企业的核心利益，还对整个供应链的稳定性和安全性具有重大影响。因此，企业应该采取积极的措施，加强风险防范，确保智慧物流供应链平台的稳定性和安全性。

10.2.5 风险防范措施

1. 加强网络安全防护

建立完善的技术保障体系，采用多层次的安全防护措施，包括防火墙、入侵检测和防御系统、数据加密等，保护网络通信和数据的安全性。同时，加强网络安全监控和预警，及时发现和应对网络攻击，确保平台的稳定性和可用性。

2. 强化数据保护措施

对敏感数据进行加密存储和传输，确保数据的机密性和完整性。建立完善的数据备份和恢复机制，防止数据泄露或损坏。保护客户信息和数据的安全性，采用先进的数据加密技术和安全协议，加强网络安全防护检测与防范黑客攻击和病毒入侵。建立完善的安全管理制度，提高员工的安全意识，定期进行安全审计和检查。

3. 加强物理安全保障

对关键设施和数据的物理访问进行严格控制和管理，采取必要的物理安全措施，如门禁系统、监控摄像头等，防止未经授权的访问和破坏。

4. 制订业务连续性计划

制订完善的业务连续性计划，确保在发生安全事件或灾难时，智慧物流供应链平台能够快速恢复运行，保障全球供应链的稳定性。

5. 定期进行安全审核和检查

定期对智慧物流供应链平台进行安全审核和检查，发现潜在的安全风险和漏洞，并及时采取相应的措施加以修复。

6. 建立信息共享和协作机制

加强与供应商和合作伙伴的信息共享和沟通，与合作伙伴建立信息共享和协作机制，共同应对安全威胁和风险，加强信息沟通和协作。建立信息共享机制，及时获取供应链上下游的动态信息，了解市场需求和趋势，提高决策效率和协同效应，降低信息不对称带来的风险。

7. 加强人员培训和意识提升

培养专业的风险管理人才，组建风险管理团队，加强员工的安全意识和技能培训，提高员工对安全问题的敏感度和应对能力，确保员工能够按照规定的流程和要求进行操作和管理。进行全面的风险管理，负责风险识别评估和控制措施的制定与实施，提供风险管理策略和建议，为企业的决策提供依据和支持。

8. 利用智能化监控和预警系统

利用物联网技术和大数据分析手段，建立智能化监控和预警系统，对平台进行持续的监控和分析，实时监测智慧物流供应链平台的运行状态和数据，及时发现异常情况和潜在风险，并采取相应的预警措施。通过数据挖掘和分析发现潜在的风险点和改进点，制定相应的改进措施和方法，不断完善和优化平台的风险防范机制，提高企业的抗风险能力和竞争力。

9. 强化供应链安全管理

与供应商、合作伙伴等建立供应链安全管理体系，明确供应链各方的安全责任和义务，加强供应链风险评估和管理，确保整个供应链的安全性和稳定性。

视野拓展

智慧物流供应链平台运营风险防范措施

某智慧物流供应链平台在运营过程中遇到了风险，某个供应商出现了产品质量问题，导致平台需要对消费者进行赔偿和退货处理。由于该供应商是平台的核心供应商之一，因此对平台的运营产生了较大影响。

针对这一风险，该智慧物流供应链平台采取了以下措施：

在事件发生前，平台已经对供应商进行了全面的风险评估，包括产品质量、交货期、售后服务等方面。然而，这次事件表明平台需要更加关注供应商的质量控制环节。平台决定加强对供应商的质量监管，定期对供应商进行质量检查和评估，及时发现和解决潜在问题。

在事件发生后，平台立即启动应急预案，与供应商协商解决方式。平台决定暂停该供应商的供货资格，同时积极与供应商协商赔偿和退货处理事宜。在协商达成一致后，平台对消费者进行了赔偿和退货处理，并及时调整了供应链运营策略，以降低类似风险的发生概率。

平台对员工进行了风险管理培训，加强员工对供应链风险的认识和应对能力。平台还建立了完善的风险管理机制，包括风险评估、预警、应对和处置等环节，以提升平台的风险防范能力。

平台与供应商之间建立了信息共享机制，及时了解供应商的生产情况、质量控制等方面的信息。通过信息共享和互通互联，平台可以更好地掌握供应链的运营情况，及时发现和解决潜在问题。

平台积极配合相关部门的监管和执法工作，加强对违法违规行为的查处和惩罚力度。通过加强监管和执法力度，平台可以有效地遏制违法违规行为的发生，保障整个供应链的稳定性和效率。

10.3 智慧物流供应链平台的维护和更新

智慧物流供应链平台是一个复杂的系统，由于各种原因可能导致平台的性能、安全性、稳定性等方面出现下降或问题，需要持续地维护和更新以适应不断变化的环境和需求。维护和更新不仅是保证平台性能的重要手段，也是确保其安全性的关键措施。本节将重点探讨智慧物流供应链平台的维护和更新策略和方法。

10.3.1 维护和更新的重要性

1. 保持平台的性能

随着业务量的增长和变化，智慧物流供应链平台需要不断优化和更新，以保持其性能和效率。通过对平台进行维护和更新，可以确保其满足不断变化的业务需求。

2. 提高平台的安全性

智慧物流供应链平台涉及大量的敏感信息和重要数据，提高平台的安全性是至关重要的。通过及时进行维护和更新，可以修复潜在的安全漏洞，加强安全防护措施，提高平台的安全性和稳定性。

3. 保证平台的稳定性

智慧物流供应链平台的稳定性对于全球供应链的运行至关重要。通过及时进行维护和更新，可以修复潜在的问题和故障，确保平台的稳定性和可靠性。

4. 适应市场变化

智慧物流供应链平台需要不断适应市场变化和需求，及时进行维护和更新，可以帮助企业快速响应市场变化，提升企业的竞争力和市场适应能力。

视野拓展

智慧物流供应链平台维护和更新案例

某电商智慧物流供应链平台在运营过程中，由于业务量的增长和变化，平台性能逐渐下降，订单处理速度变慢，客户服务质量下降。同时，平台的安全性也面临挑战，出现了数据泄露和黑客攻击的问题。这些问题不仅影响了企业的业务运营，也给企业的声誉和客户信任带来了负面影响。

为了解决这些问题，该企业决定对智慧物流供应链平台进行维护和更新。首先，他们对平台的性能进行优化，升级了硬件设备，扩大了云计算资源，提高了数据处理能力。其次，他们加强了平台的安全防护措施，采用了新的加密技术和安全协议，堵住了漏洞，防止了黑客攻击和数据泄露。同时，他们还进行了完善的备份和恢复，确保在维护和更新过程中不会丢失重要的数据和信息。

通过采取一系列的维护和更新措施，该电商企业的智慧物流供应链平台的性能得到了显著提升，订单处理速度加快，客户服务质量提高。同时，平台的安全性也得到了有效保障，数据泄露和黑客攻击问题得到了解决。这些维护更新措施不仅提高了平台的性能和安全性，也增强了企业的竞争力和市场适应能力。

【启示】

这个案例说明了智慧物流供应链平台维护和更新的重要性。通过对平台的维护和更新，可以保持其性能、提高安全性、增强稳定性，确保其满足不断变化的业务需求。同时，也可以帮助企业快速响应市场变化，提升企业的竞争力和市场适应能力。

10.3.2 维护和更新的策略及方法

1. 平台维护和更新的策略

（1）计划性策略　通过建立明确的维护和更新计划，企业能够系统性地规划和管理平台的维护和更新工作，确保所有活动都围绕明确的目标和时间表进行，从而提高整个过程的效率和效果。

（2）预防性策略　通过定期检查和评估，企业可以及时发现并解决平台潜在的问题和风险，防止小问题演变成大故障，确保平台的持续稳定运行。

（3）合作性策略　与供应商保持紧密合作，企业能够及时获取新的技术信息和更新包，确保平台的技术水平始终保持在行业前沿，同时减少因技术落后而带来的风险和成本。

（4）安全性策略　通过制定备份和恢复策略、建立监控和预警系统、进行合规性和安全性审核等措施，企业能够确保平台数据的安全性和完整性，同时降低了因安全问题带来的潜在风险。

2. 平台维护和更新的方法

（1）制订明确的维护更新计划　企业应根据平台的实际情况和需求，制订详细的维护更新计划，明确维护和更新的目标、时间表、负责人等关键信息，以确保整个过程的顺利进行。

（2）定期进行全面的检查和评估　企业应定期对平台进行全面的检查和评估，包括硬件、软件、网络等各个方面，及时发现并解决潜在的问题和风险。

（3）加强与供应商的合作和沟通　企业应与供应商建立良好的合作关系，及时获取新的技术信息和更新包，确保平台的维护和更新工作能够及时进行。

（4）制定完善的备份和恢复策略　企业应建立完善的备份机制，定期备份平台的数据和信息，以防止数据丢失。同时，还应建立快速恢复机制，确保在出现问题时能够迅速恢复到正常状态。

智慧物流供应链平台维护更新的策略和方法

（5）提供培训和技术支持　企业应为员工提供定期的培训和技术支持，提高他们的技术水平和应对问题的能力，以便更好地进行平台的维护和更新工作。

（6）利用监控和预警系统　企业应建立完善的监控和预警系统，实时监测平台的运行状态和数据变化，及时发现异常情况和潜在风险，并采取相应的预警措施。

（7）进行严格的测试和验证　在每次维护和更新后，企业应进行严格的测试和验证工作，确保维护和更新的效果及质量达到预期目标，不会对平台的性能、安全性、稳定性等方面产生负面影响。

（8）建立紧急响应机制　企业应建立紧急响应机制，对突发的问题和故障能够迅速做出反应并采取相应的措施进行修复和处理，以确保平台的正常运行不受影响。

（9）定期进行合规性和安全性审核　企业应定期进行合规性和安全性审核，确保平台符合相关的法律法规要求和企业内部规定，同时保证平台的安全性和稳定性，降低潜在的法律风险和安全隐患。

平台维护和更新的方法如图 10-3 所示。

图 10-3　平台维护和更新的方法

智慧物流供应链平台的维护和更新是保证平台持续稳定运行的重要环节。企业应该根据自身的实际情况制定合理的维护和更新策略及方法，定期进行检查和评估，及时发现和解决问题。同时加强员工培训和技术支持，建立监控预警系统、版本控制系统，确保维护和更新的效果和质量达到预期目标，适应市场变化，提升企业的竞争力和市场适应能力，为全球供应链的正常运转提供有力的保障。

素养园地

华为全球智慧物流供应链平台不仅着眼于物流运作的各个环节，更致力打造一个高度集成、协同工作的全球供应链网络。在大数据技术的驱动下，华为能够实时监控和分析整个供应链的动态，确保资源的高效配置和流程的顺畅执行。

请你查阅资料，剖析华为全球智慧物流供应链平台在风险管理领域的创新举措。

技能训练

随着全球化和网络化的快速发展，供应链管理已成为企业运营中不可或缺的一环。供应链的安全运营和风险防范不仅关系到企业的稳定运营，还直接影响到客户满意度和企业声誉。特别是在大数据时代，海量的数据和信息流动为供应链管理带来了前所未有的机遇与挑战。然而，与此同时，大数据的引入也增加了数据安全和隐私保护的风险。如何在享受大数据带来的便利的同时，确保供应链的安全运营，成为当前企业亟待解决的问题。

基于此背景，谈谈你身边某一供应链企业的安全运营策略与风险防范机制，并进一步了解该企业是如何防范日常运营中的供应链安全问题的。

同步测试

一、判断题

1. 智慧物流供应链平台的安全运营主要关注的是数据的安全性和完整性。（　　）
2. 在智慧物流供应链平台中，风险防范主要是为了防止外部攻击。（　　）
3. 在维护和更新智慧物流供应链平台时，只需要关注软件系统的更新。（　　）
4. 智慧物流供应链平台的数据加密是保障安全运营的重要措施之一。（　　）
5. 风险评估是智慧物流供应链平台风险防范的组成部分。（　　）
6. 智慧物流供应链平台的用户权限管理不属于安全运营的范畴。（　　）
7. 在智慧物流供应链平台中，定期备份数据是维护和更新的重要环节。（　　）
8. 智慧物流供应链平台的风险防范不包括对员工的安全培训。（　　）
9. 智慧物流供应链平台的硬件故障不会影响平台的安全运营。（　　）
10. 智慧物流供应链平台的维护和更新只需要在出现问题时进行。（　　）

二、单选题

1. 智慧物流供应链平台安全运营的核心是（　　）。

A. 数据处理速度　　B. 用户体验

C. 信息安全与稳定性　　D. 物流效率

2. 智慧物流供应链平台风险防范的措施不包括（　　）。

A. 定期安全审核　　B. 数据加密

C. 用户权限管理　　D. 提高物流速度

3. 智慧物流供应链平台维护和更新的主要目的是（　　）。

A. 提升物流效率　　B. 确保平台稳定与安全

C. 增加用户数量　　D. 扩大市场份额

4. 在智慧物流供应链平台中，（　　）环节对防范内部泄露风险至关重要。

A. 数据加密　　B. 用户认证

C. 风险评估　　D. 用户权限管理

5. (　　)是维护智慧物流供应链平台时不需要考虑的。

A. 软件系统更新　B. 硬件设备维护

C. 网络安全检查　D. 市场营销策略

三、多选题

1. 智慧物流供应链平台安全运营需要考虑(　　)。

A. 数据加密　B. 用户权限管理

C. 物流效率　D. 系统稳定性

2. 智慧物流供应链平台风险防范措施包括(　　)。

A. 防火墙设置　B. 风险评估

C. 数据备份　D. 安全培训

3. 智慧物流供应链平台的维护和更新包括(　　)。

A. 软件系统升级　B. 硬件设备更换

C. 网络安全检查　D. 市场营销推广

4. (　　)可能影响智慧物流供应链平台的安全运营。

A. 外部网络攻击　B. 内部操作失误

C. 硬件设备老化　D. 市场竞争加剧

5. 在智慧物流供应链平台中，(　　)可以提升风险防范的效果。

A. 增加物理安全防护　B. 定期进行安全审核

C. 提升员工的安全意识　D. 加快物流速度

四、简答题

1. 简述智慧物流供应链平台安全维护的重要性。
2. 列举智慧物流供应链平台可能面临的风险。
3. 在智慧物流供应链平台中，用户权限管理的作用是什么?
4. 为什么需要定期对智慧物流供应链平台进行维护和更新?
5. 如何通过培训提升员工在智慧物流供应链平台风险防范中的作用?

五、论述题

1. 论述智慧物流供应链平台在安全运营中应如何平衡数据安全与物流效率的关系。
2. 分析智慧物流供应链平台的风险防范措施，并说明其在实际运营中的意义。

参 考 文 献

[1] 朱占峰，陈勇. 供应链管理 [M]. 4 版. 北京：高等教育出版社，2022.

[2] 施云. 智慧供应链架构：从商业到技术 [M]. 北京：机械工业出版社，2022.

[3] 靳荣利. 供应链管理基础 [M]. 北京：机械工业出版社，2021.

[4] 马士华，林勇. 供应链管理 [M]. 6 版. 北京：机械工业出版社，2020.

[5] 魏学将，王猛，张庆英. 智慧物流概论 [M]. 北京：机械工业出版社，2020.